DER WEG NACH LUV

1. Auflage 1988
2. Auflage 1996
Gesamtgestaltung: Eugen Kunz
Druck: Dönges-Druck, 35683 Dillenburg
ISBN 3-89287-711-4

Der Weg nach Luv

Alte Erzählungen – neu entdeckt

Band XI

Christliche Schriftenverbreitung
Postfach 10 01 53
42490 Hückeswagen

‚Luv' ist in der Seemannssprache die Seite eines Schiffes, die dem Wind zugekehrt ist.

‚Lee' ist die Seite, die vom Wind abgekehrt ist.

Der Kapitän eines Segelschiffes achtet auf See nicht nur auf den Kompaß, sondern orientiert sich beim Steuern grundsätzlich auch nach der Windrichtung, nach der ständig gegenwärtigen Linie von Luv nach Lee, die immer den Drehpunkt seines Schiffes schneidet.

Luv ist oben, Lee ist unten.

Den Weg nach Luv — gegen den Wind — muß man sich erkämpfen, nach Lee kommt man von selbst, treibt man, versackt man. Also ist Luv das Mühsame, Zeitraubende — zugleich aber das Bessere, Sicherere. Lee dagegen ist das Zweitrangige, Mindere — auch das Gefährlichere.

„... damit ihr prüfen möget, was das Vorzüglichere sei ..."

(Philipper 1, 10)

Inhalt:

Seite

Um der Krone willen 7

Heimkehr 136

Die verlorene Banknote 177

Um der Krone willen

„Ich bringe schlechte Nachricht", verkündete der Bedienstete, als er ins Schreibzimmer des Kaufmanns Dirk Rampaerts trat. Es war an einem hellen Sommermorgen in den ersten Julitagen des Jahres 1584.

„Schlechte Nachricht – gar eine Trauerbotschaft, Hans?" entgegnete der Kaufmann betroffen. „Was ist?"

„Unser allergnädigster Fürst ist nicht mehr. Gestern ist er in Delft in seinem eigenen Hause ermordet worden."

„Der Prinz von Oranien!" rief der Kaufmann entsetzt. „Weißt du gewiß, daß das wahr ist?"

„Leider, Herr", entgegnete der Mann. „Als ich vorhin am Damm vorbeikam, hörte ich es aus erster Hand; gerade war ein Bote aus Delft gekommen und hatte die Nachricht mitgebracht."

„Das ist Philipps Werk!" sagte Dirk Rampaerts entrüstet. Er gab seinen Schreibern verschiedene Anweisungen und ging hinaus, um sich zu überzeugen, ob diese Nachricht wirklich wahr sei.

Es war die alte Stadt Amsterdam, wo soeben diese erschütternde Nachricht von Haus zu Haus ging. Jahrelang hatte das Land unter dem harten spanischen Joch geseufzt. Bald nach Luthers Auftreten waren die Niederländer mit der Lehre der Reformation bekannt geworden. Auch von Genf aus, wo viele flämische Edle studierten, drang das Evangelium in die Niederlande.

Aber dem Kaiser Karl V. war es ein Dorn im Auge, daß die verhaßte Ketzerei in seinen Erblanden Wurzel faßte. Darum veröffentlichte er im März 1520 das erste seiner grausamen Edikte zur Unterdrückung der neuen Lehre; er verordnete, es sollten alle der Ketzerei Überführten den Tod durchs Feuer, durchs Grab oder durchs Schwert erleiden; das heißt: sie sollten lebendig verbrannt, lebendig begraben oder enthauptet werden.

Diesen schrecklichen Strafen waren alle verfallen, die ketzerische Bücher verkauften, abschrieben oder kauften; alle die Versammlungen abhielten oder solchen beiwohnten; alle die über die Heiligen Schriften disputierten, und alle, die die Lehren der Reformation predigten oder verteidigten.

So kam Trübsal über das Land. Als Philipp II. an die Regierung kam, wurde es noch schlimmer. Tausende von Niederländern duldeten, kämpften und starben. Tausende mußten den Angstkelch leeren und erlitten unter schrecklichen Qualen den Märtyrertod. Philipps Befehle wurden durch den grausamen Herzog Alba ausgeführt. So hatte das unglückliche Land viel und schwer zu leiden, weil es sich der Einführung des Inquisitionsgerichts widersetzte und sich die Freiheit wahren wollte, Gott entsprechend den Anweisungen Seines Heiligen Wortes zu dienen. Philipp war fest entschlossen, ihnen allen seine Religion aufzuzwingen. —

Unter der Statthalterschaft des Prinzen von Oranien, Wilhelms des Schweigsamen, brachen wieder bessere, hoffnungsvollere Tage an. Er war ein gottesfürchtiger, treuer Mann, dem für sein Land kein Opfer zu schwer war. Der eine große Lebenszweck, für den er seine ganze Kraft einsetzte, war die Vertreibung der Spanier vom Boden der Niederlande. Schon hatte sich dank seiner Bemühungen und seines umsichtigen Verhaltens die Republik Holland gebildet. Nach menschlichem Ermessen würde er wohl auch sein letztes großes Ziel erreicht haben und somit für sein Land ein besonderer Segen geworden sein – wenn er länger gelebt hätte.

Das sah auch Philipp mit kluger Berechnung voraus. Deshalb beschloß er im fernen Escorial des Prinzen Tod. Wiederholt wurde ein Mordversuch auf Prinz Wilhelm versucht. Am 10. Juli 1584 gelang die verbrecherische Tat. Eine Kugel traf ihn, und das Volk verlor seinen Vater und Beschützer.

Herr Rampaerts fand gar bald die Wahrheit der traurigen Nachricht bestätigt. Die Leute standen in kleinen Gruppen beisammen und sprachen leise und voll Erbitterung über die grauenvolle Tat; die Bewohner der ganzen Stadt schienen von Schrecken und Furcht wie gelähmt. Der Kaufmann ging dann zum Rathaus, und dort erfuhr er nähere Einzelheiten.

Ein eben aus Delft gekommener weiterer Bote berichtete, daß am Tag zuvor ein Mann sich im Hause des Prinzen versteckt hatte. Als der Prinz vom Mahl aufstand und am Arm seiner Gemahlin in das angrenzende Zimmer trat, legte der Mörder auf ihn an und schoß ihn nieder.

Dirk Rampaerts vermochte nicht sogleich in sein Büro zurückzugehen, und so stieg er in seine Wohnung hinauf, die im selben Gebäude lag. Auch dort wußte man schon von dem schlimmen Ereignis.

„Vater, ist es wirklich wahr?" fragte seine Tochter Marie mit Tränen in den Augen.

„Ja, leider, mein Kind." Er legte Marie den Arm um die Schultern und schritt mit ihr auf das Sofa zu, auf dem seine Frau ruhte. Frau Rampaerts sah sehr blaß aus, denn sie war krank gewesen.

„Also wirklich wahr, Dirk?" fragte sie. „Dann wehe unserem Land!"

„Gott im Himmel lebt noch, Geliebte", tröstete er sie und nahm neben ihr Platz. Er ergriff ihre Hände, die ein wenig zitterten, und versuchte sie zu trösten. „Er kann andere erwecken, die Seinen Willen ausrichten, wenn auch unser geliebter Landesherr von uns gehen mußte."

„Aber zu solch einer Zeit! Wo überall Schwierigkeiten sind! Wo Antwerpen in Gefahr und der Fürst von Parma im Lande ist – in solcher Zeit unser Oberhaupt zu verlieren!"

„Ja, es ist wahrlich ein schwerer Verlust. Aber wir wollen nicht verzagen. Unsere Sache ist eine gerechte Sache, und unser Gott kann uns aus der Hand des Tyrannen erretten."

„Was werden die Staaten jetzt tun, Vater?" fragte sein Sohn Karl, der dem Gespräch aufmerksam gefolgt war.

„Das weiß ich nicht, mein Junge. Wir haben ja noch einige tüchtige Männer unter uns – wenn die erste Bestürzung vorbei ist, dann werden sie ohne Zweifel Pläne entwerfen für das Wohl unseres Volkes und erwägen, wie sie am besten die Wünsche und Vorstellungen Prinz Wilhelms zur Ausführung bringen."

„Hätte der Prinz nur so lange gelebt, bis Graf Moritz alt genug war, um an seine Stelle zu treten! Aber der ist leider noch zu jung, obgleich er jetzt schon als klug und weitblickend gilt", bemerkte Frau Rampaerts.

„Er ist erst siebzehn – nicht alt genug, um ein Volk in solch kritischer Lage zu regieren. Wir wollen zu einem Höheren aufblicken. Der Herr wird ganz sicher zu unserer Hilfe erscheinen und Sein Volk erretten, das zu Ihm schreit."

„Das wolle Er tun!" sagte Frau Rampaerts. „Möchten wir doch alle deinen festen Glauben haben, Dirk, und über das Dunkel zu Ihm aufschauen können, der im Lichte thront!"

Lange konnte der Kaufmann nicht bei seiner Familie bleiben. Die Pflicht rief ihn ins Geschäft. Er hatte einen bedeutenden Schiffshandel, und seine Zeit war reichlich besetzt. Doch hatte der Versuch, seine Frau zu trösten, ihn selbst aufgerichtet, und er kehrte an sein Schreibpult zurück mit der festen Zuversicht, daß Gott die gerechte Sache schützen werde. –

„Was ist doch dieser König Philipp für ein Schurke!" rief Karl voll Zorn. „Wäre ich zwei Jahre älter, ich ginge sofort zur Armee, um gegen ihn zu kämpfen!"

Bei diesen heftigen Worten ihres Sohnes wurde der Mutter das Herz schwer. Sie wußte, daß er auch ausführen würde, was er sagte, und wie hätte sie ihn von der Verteidigung ihres Heimatlandes abhalten dürfen!

Da klopfte jemand an die Tür, und gleich darauf trat ein hochgewachsener bärtiger Mann ins Zimmer.

„Mynheer Jakobsohn!" rief Frau Rampaerts. „Seid herzlich willkommen! Bringt Ihr uns Nachricht aus Antwerpen?"

„Ja. Vor drei Wochen sah ich Eure Tochter Christine."

Die Augen der Mutter sahen ihn gespannt an.

„Es geht ihr gut. Die beiden Damen haben sie sehr gern und sind immer sehr besorgt um sie. Frau Else fühlt sich gesundheitlich nicht so ganz auf der Höhe – sicher wegen der vielen Unruhen im Lande. Aber Frau Margarete ist gesund und munter."

„Ich wollte, Christine wäre hier bei uns daheim. Sie hat es ja bei den Schwestern meines Mannes sehr gut, das weiß ich; aber Antwerpen ist in großer Gefahr, und hier ist es sicherer. Hättet Ihr sie doch mitgebracht!"

„Das hätte ich sofort getan, wenn Ihr mir rechtzeitig den Auftrag gegeben hättet. Zwar – das Reisen ist jetzt gefährlich für ein junges Mädchen, denn rings um Antwerpen wimmelt es von spanischen Soldaten, und für mich allein war es schon nicht immer leicht durchzukommen."

„Glaubt Ihr, daß Antwerpen fallen wird?" fragte Frau Rampaerts besorgt.

„Das kann man noch nicht sagen. Sankt Aldegond ist ein tapferer, umsichtiger Mann, und er wird tun was er kann. Unser allergnädigster Prinz vertraute ihm voll und ganz. Noch vor einigen Wochen war er mit einigen Vertrauten in Delft vorstellig, um mit dem Prinzen zu beratschlagen, ob es zweckmäßig sei, die Deiche zu durchbrechen und das Wasser bis zur Stadt zu leiten. Die Stadt ist im Augenblick wohl nicht in besonderer Gefahr. Der Prinz von Parma bedroht nicht nur Antwerpen, sondern auch Gent, Dendermond, Mecheln und Brüssel, und kein noch so tüchtiger Feldherr kann so viele Städte auf einmal bezwingen. Er soll allerdings über ein Heer von etwa achtzehntausend Mann verfügen."

„Wir leben in gefahrvollen Zeiten", sagte Frau Rampaerts.

„Wahrlich da habt Ihr recht. Und da Prinz Wilhelm nicht mehr bei uns ist, sieht alles noch düsterer aus. Wißt Ihr, daß trotzdem gestern die Staaten beschlossen haben, mit Gottes Hilfe für die gute Sache weiterzukämpfen und kein Opfer zu scheuen? König Philipp hat es nicht mit Feiglingen zu tun!"

Später kam der Hausherr wieder herauf, und die beiden Männer besprachen ernst und eingehend die Lage im Lande. Frau Rampaerts hörte dem Gespräch zu, und immer wieder mußte sie an ihre Tochter in Antwerpen denken.

Vor mehreren Monaten war Christine von Herrn Rampaerts' Schwestern zu einem längeren Besuch eingeladen worden. Die Tanten versprachen, mütterlich für sie zu sorgen, und so wurde sie vom Vater hingebracht. Jetzt aber, da die Stadt bedroht war, dachte die Mutter mit Besorgnis an ihr Kind und wünschte es so bald wie möglich ins Elternhaus zurück. Nur im Aufschauen zu ihrem allmächtigen, allweisen Gott und Vater fand sie immer wieder Trost und Mut. –

Die beiden Schwestern Margarete und Else Rampaerts besaßen in Antwerpen ein schönes Haus nahe der Stadtmauer. Finanziell kannten sie keine Not, und so vermochten sie trotz der unruhigen Zeitläufe ein recht beschauliches und ruhiges Leben zu führen. Schon von Kindheit an hatten sie hier gewohnt und fühlten sich hier ganz daheim. Sie fühlten sich hier auch sicher. Jedoch wurden ihnen die Tage manchmal recht lange, so daß sie ihre Nichte eingeladen hatten, ein Weilchen bei ihnen Ferien zu machen und ein wenig Abwechslung und Frohsinn ins stille Haus zu bringen.

Christine kam gerne. Es gefiel ihr hier, und sie ging gern durch die Stadt und besonders zum Hafen, wo Schiffe vieler Nationen aus- und einliefen. Manchmal begleitete sie ihre Tante Margarete zu Einkäufen in die Stadt oder auch die treue Dienerin des Hauses, Anna van den Hove, die schon viele Jahre gewissenhaft und zuverlässig diente und im Hause der beiden Schwestern wohnte.

Die beiden Schwestern und ihre Dienerin bekannten sich zum evangelischen Glauben. In ihren jungen Jahren waren Margarete und Else Rampaerts von ihrem Vater oft zu geheimen Gottesdiensten in Wäldern an verstecktem Ort außerhalb der Stadt mitgenommen worden. Auch hatten sie mehr als einmal geächtete Prediger des Wortes Gottes beherbergt und wußten von teuren Freunden und Bekannten, die ihren Glauben mit dem Tode besiegelt hatten. Sie selbst waren durch ihr zurückgezogenes Leben der Aufmerksamkeit der Behörden und somit allen Nachstellungen bisher entgangen. Not hatten sie persönlich noch nicht erfahren.

Anna dagegen hatte schon viel Schweres um ihres Glaubens willen erduldet; ihr Glaube war schon mehrere Male schwer geprüft worden. Ihr Vater, ihre Mutter und drei Brüder waren der furchtbaren Inquisition zum Opfer gefallen und getötet worden. –

„Darf ich heute Frau van Nuten besuchen, Tante Margarete?" fragte Christine an einem sonnigen Vormittag.

„Kind, nicht allein! Es ist sehr unruhig auf den Straßen draußen."

„Anna will mich mitnehmen. Sie kommt bei Frau van Nutens Haus vorbei, denn sie muß auf den Markt."

„Christine möchte am liebsten nur immer bei Frau van Nuten sein", wandte Frau Else ein.

„Nein, Tante Else", entgegnete Christine, „nur dann und wann. Frau van Nuten erzählt immer so spannend aus ihrer Jugend und von Frankreich, wo sie aufgewachsen ist."

„Und junge Mädchen sind immer neugierig auf spannende Geschichten", gab die Tante nicht gerade freundlich zurück.

„Nein, Else", wandte die Schwester ein, „laß dem Kind die Freude. Frau van Nuten ist eine liebe, gottesfürchtige Frau, ein Stündchen in ihrer Gesellschaft tut Christine gut."

Das Mädchen kleidete sich um und machte sich mit der alten Magd auf den Weg. Wie Frau Margarete gesagt hatte, war es auf den Straßen sehr unruhig. Der Prinz von Parma näherte sich mit einem größeren Heer der Stadt, und die Einwohner waren dabei, sie für die Belagerung und die Verteidigung auszurüsten.

Es waren mehrere Wochen seit der Ermordung des Prinzen von Oranien vergangen. Die Staaten, weit davon entfernt sich einschüchtern zu lassen, hatten beschlossen, sich bis zum äußersten zur Wehr zu setzen. Sankt Aldegond war kurze Zeit zuvor zum Bürgermeister und Oberbefehlshaber von Antwerpen ernannt worden. Als persönlicher Freund Prinz Wilhelms, der ihm unbedingt vertraut hatte, als entschiedener Christ, tüchtiger Gelehrter und überzeugter Patriot war er gewiß der passendste Mann seiner Zeit für solch wichtigen Posten. Trotzdem empfanden viele in der Stadt, daß es durch den Tod des Prinzen an wirklicher Weisheit und echtem Mut fehlen werde. Zudem hatte Sankt

Aldegond eine recht schwierige Position; er war zwar Oberhaupt, doch zugleich war er nur einer unter den vielen Räten der Stadt, die alle mitredeten und mitregierten.

Er bemühte sich jetzt ganz besonders darum, Antwerpen hinreichend mit Lebensmitteln zu versehen, denn Alexander Farnese, Prinz von Parma, rückte stündlich näher. Dendermond hatte sich ergeben, und Antwerpen würde ganz sicher in kurzer Zeit von feindlichen Truppen umzingelt sein. —

Christine fand ihre Freundin daheim; Frau van Nuten freute sich immer sehr, wenn Christine sie besuchte.

„Willkommen, Kind", sagte sie freundlich und gab ihr einen Kuß auf die Wange. „Heute bin ich allein, und da freue ich mich ganz besonders über deinen Besuch. Du bleibst doch etwas länger? Anna sagt deinen Tanten, daß du bei mir gut aufgehoben bist und nachher sicher heimgeleitet wirst."

Froh folgte Christine ihr in das große, gemütliche Wohnzimmer, das reich mit Polstern und geschnitzten Eichenmöbeln ausgestattet war; in den tiefen Fensternischen dufteten blühende Pflanzen.

„Mein Mann ist zu einer Ratssitzung gerufen worden", sagte Frau van Nuten und zog die junge Besucherin neben sich auf einen gemütlichen Fenstersitz, „und sie werden voraussichtlich scharf aneinandergeraten. Sankt Aldegond befürwortet das Durchbrechen des Blaugarendeiches, so daß die Wasser der Nordsee bis an unsere Stadt fließen können. Aber die Schlächter sind entrüstet über diesen Vorschlag, und viele vom Magistrat sind auch dagegen."

„Wenn er durchbohrt wird, werden ja alle angrenzenden Wiesen und Weiden überschwemmt", meinte das Mädchen.

„Gewiß. Darum sind auch viele Bürger dagegen. Auf diesen Wiesen weiden eine große Anzahl Ochsen und Rinder, und etliche Ratsherren verweisen darauf, daß uns die Tiere bei einer Belagerung als Nahrung dienen müßten. Und doch sollte man lieber die Wiesen und die Ochsen opfern, um dadurch eine Belagerung abzuwenden. Vor dem Verhungern brauchen wir uns nicht zu fürchten, wenn das weite Meer bis an unsere Landungsplätze reicht. Sankt Aldegond tritt sehr entschieden für diesen Plan ein, und mein Mann gibt ihm recht. Unser Prinz Wilhelm hatte es zuerst vorgeschlagen, und wir alle wissen, wie weise seine Ratschläge waren. Ach, daß er nicht mehr bei uns ist, um unsere Sache zu führen!"

„Aber wenn Sankt Aldegond und die Behörden es für richtig halten, warum geschieht es dann nicht auch gleich?"

„Weil Sankt Aldegond nur eine Stimme unter vielen hat, obwohl er Bürgermeister ist", sagte Frau van Nuten in besorgtem Ton.

„Glaubt Ihr wirklich, daß für Antwerpen Gefahr besteht?" wollte Christine wissen.

„Nach dem, was ich von des Königs Verordnungen kenne, muß ich es glauben, zumal Alexander von Parma ein sehr tüchtiger Feldherr ist."

Als sie Christines erschrockenes Gesicht sah, fuhr sie fort: „Wie es auch kommen mag, Kind, wer dem Herrn Jesus angehört, ist überall geborgen, ob in einer belagerten Stadt oder in einer freien. Du kennst etwas von dem Frieden den man genießt, wenn man dem Heiland angehört, nicht wahr, mein Kind?"

„Ja, ich darf es dankbar bekennen. Die alte Hausmagd meiner beiden Tanten war mir Wegweiser und Hilfe. Meine Tanten sind gut und freudlich und sehr um mich bemüht, aber in geistlichen Dingen verdanke ich viel der alten Anna. Sie wurde mir in den Wochen, in denen ich bei ihnen bin, oft zum Segen. Sie hat persönlich schweres Herzeleid erfahren, und das scheint sie nur näher zu Gott geführt zu haben. Sie lebt wirklich in ständiger praktischer Gemeinschaft mit ihrem Heiland und Herrn. Mir hat ihr fester, stiller Glaube viel geholfen."

„Ja, sie ist in Wahrheit eine echte Jüngerin ihres Herrn. In ihrer bescheidenen Stellung lebt sie für Ihn, den sie liebt, und sie wird gewißlich die Krone erlangen, die Er den treuen Nachfolgern verheißen hat. Ich freue mich, daß du sie schätzen gelernt hast."

Christine wunderte sich, daß Frau van Nuten die Magd ihrer Tanten so genau kannte, und diese sagte weiter:

„Durch Anna wurde auch ich mit Gottes Friedensbotschaft bekannt. Ich traf bei einem Krankenbesuch in der Altstadt mit ihr zusammen; ich hatte Speise und Kleidungsstücke mitgebracht für eine Leidende, aber Trost konnte ich ihr nicht bringen. Das konnte Gottes Wort allein, und diesen Balsam brachte Anna. Ich sah die Veränderung, die in dem Herzen der Sterbenden vorging, ich hörte auch die Worte der Liebe, die diese einfache Magd der Kranken vorlas und vorsprach. Erst später erfuhr ich wer sie war."

Interessiert hörte Christine ihrer Freundin zu. Dann sagte sie leise: „Ich glaubte, Ihr hättet die Wahrheit in Eurem eigenen Vaterland kennengelernt; dort war sie ja früher bekannt als bei uns."

„Ich kannte sie schon als Kind", antwortete Frau van Nuten. „Im Leben geliebter Menschen stellte sie sich mir dar. Aber es ist ein Unterschied, ob man nur weiß, daß man einen rechtmäßigen König und Herrn hat, oder ob man auch unter seiner Friedensherrschaft lebt und wandelt und Ihn lieb hat."

„Da habt Ihr recht", nickte Christine nachdenklich. „Er herrscht auch in meinem eigenen Elternhaus in Amsterdam. Vater und Mutter lieben Ihn – doch ich selbst kenne dieses große Glück erst seit einigen Monaten."

„Danke Gott, daß du es kennengelernt hast!" sagte Frau van Nuten liebevoll. „Vielleicht führte dich der Herr Jesus gerade zu diesem Zweck hier nach Antwerpen. Was nun auch die Zukunft bringen mag, wir sind in Seiner Hand – Er sorgt für uns."

„Es werden stürmische Tage kommen, Frau van Nuten", sagte eine klare männliche Stimme, und ein junger Mann schritt auf sie zu und verneigte sich höflich. Er hatte ihre letzten Worte gehört.

„Louis Bordait!" rief Frau van Nuten überrascht und reichte ihm herzlich die Hand.

„Ich hatte keine Ahnung, daß Ihr wieder in unserer Stadt seid!"

„Erst gestern bin ich gekommen", sagte der junge Franzose. „Vor einer Stunde traf ich Euren Gatten auf der Straße, und er mahnte mich, Euch zu besuchen – obwohl es wahrlich keiner Mahnung bedurft hätte, diejenige zu besuchen, die mir bei meinem früheren Aufenthalt hier wie eine Mutter gewesen ist! Doch Ihr habt schon Besuch, ich komme sicher ungelegen . . ."

„O nein. Dies ist Christine Rampaerts, sie wird ebenso gern wie ich Nachrichten aus Frankreich hören. Wie sieht es dort aus?"

„Traurig. Wie kann es anders aussehen bei solch einem

König wie Heinrich dem Dritten? Eitel, leichtsinnig", antwortete der junge Mann bitter, „denkt er nur an sein eigenes Vergnügen und haßt die Hugenotten. Er umgibt sich mit vielen Günstlingen, und die sind genau so eitel und unwert wie er selbst."

„Ihr sprecht zornig", bemerkte Frau van Nuten.

„Ich bin zornig. Aber das sind viele in Frankreich, die mit Freuden den Edlen von Navarra an der Spitze des Staates sähen."

„Er ist der nächste Erbe, nicht wahr?" fragte Christine.

„Ja, aber er ist Protestant, und das Volk erklärt, es will keinen protestantischen König. Also weiß ich nicht, wie es werden wird. Eines aber weiß ich: daß wir bessere Tage sehen würden, wenn er an der Spitze stände. Die Hugenotten bekämen dann ihre Rechte und würden den Niederländern mit den Waffen in der Hand zu Hilfe kommen."

„Wie sieht er aus?" fragte Christine.

„Ein frisches, frohes Gesicht, gebietende blaue Augen, lange Nase, dichter krauser Bart. Er ist mittelgroß, gewandt und stark, offen und schlagfertig, immer gut gelaunt und tapfer wie ein Löwe. Das ist sein Bild, Fräulein Christine, so gut ich's zu zeichnen vermag."

„Das ist ja ein anziehendes Bild", meinte Frau van Nuten.

„Ein wahrheitsgetreues. Alle Hoffnungen ruhen auf ihm."

„Dann fürchte ich, sie werden zuschanden", entgegnete Frau van Nuten.

„Warum meint Ihr das?"

„Hoffnungen, die auf einen Menschen allein gegründet sind,

stehen nie fest. Navarra ist bei allen seinen guten Eigenschaften kein fester Charakter. Um die Zeit der Pariser Bluthochzeit schwur er seinem Glauben ab, und — "

„Verzeihung", unterbrach der junge Mann eifrig, „wer kann ihm das verdenken? Er tat es um seines Lebens willen, wie er nachher eingestand, als er sich wieder furchtlos zu den Hugenotten bekannte."

„Ich fürchte, es ist ihm nicht Herzenssache. Vielleicht würde er um der Krone willen dasselbe noch einmal tun."

„Ihr tut ihm unrecht, Madam – wahrlich, Ihr tut ihm unrecht. Von ihm kann man sagen: Jeder Zoll ein König! Und wenn er auf den Thron kommt, wird er königlich handeln."

„Jedenfalls hat er offensichtlich einen warmen Verehrer", versetzte Frau van Nuten lächelnd. „Jetzt aber laßt uns eine Erfrischung zu uns nehmen. Mein Mann kann leider nicht vor Abend heimkommen."

„Nein, ich fürchte, es geht heute im Rat stürmisch zu. Als ich durch die Straßen schritt, hörte ich allerlei Gerede darüber. Sankt Aldegond hat einen schweren Stand."

„Das ist leider wahr. Gott lasse ihre Beratungen zu einem guten Ende kommen, damit wir von den Schrecknissen einer Belagerung verschont bleiben!" —

Die Befürchtungen der Bürger Antwerpens waren nur zu begründet. Alexander Farnese, Fürst von Parma, drohte die Schelde zu überbrücken und auf diese Weise die Stadt zu bezwingen. Ob es ihm gelang? Die Niederländer glaubten es nicht recht, Alexander aber setzte ruhig seine Vorbereitungen fort.

Die Schelde war bei Antwerpen eine halbe Meile breit und sechzig Fuß tief, mit voller rascher Strömung. Etliche Meilen abwärts teilte sich der Fluß in breite Arme, die in die Nordsee mündeten. In diesen Buchten und Strömungen drängte sich die Flotte der Seeländer zusammen. Das waren furchtlose Seeleute, die alles aufbieten wollten, um Parmas Pläne zu durchkreuzen. Zwischen der Stadt und dem Ozean erstreckte sich viele Meilen weit tiefgelegenes Land, das äußerst mühsam der See abgerungen und durch starke Deiche geschützt worden war. Der bedeutendste dieser Deiche hieß Blaugarendeich. Wurde dieser durchbohrt, so kamen die Wasser des Ozeans bis an die Mauern von Antwerpen, und die Seeleute konnten mit ihren Schiffen zum Schutz der Stadtbevölkerung herbeieilen und die Stadt retten.

Prinz Wilhelm hatte diesen Plan gefaßt und auch Sankt Aldegond und einige seiner Räte davon überzeugt. Aber jetzt war der Prinz tot, und man wandte sich gegen den Plan; man war entrüstet beim bloßen Gedanken an eine solche Tat. Viele spotteten über Parmas Absicht, die Schelde zu überbrücken; sie hielten dies für unmöglich und nahmen sicher an, daß die jährlichen Überschwemmungen zu Beginn des Frühlings alle schon getroffenen Vorbereitungen zerstören würden. Aber Parma ließ nicht nach. Den ganzen Sommer und Herbst hindurch blieb der General unermüdlich tätig. Er bezog Stellung auf dem linken Scheldeufer, Antwerpen beinahe gegenüber, und machte das Dörfchen Kalloo zu seinem Hauptquartier. Indes warteten die Leute von Antwerpen ruhig weiter, ohne besondere Anstalten zu ihrer Verteidigung zu treffen.

Eines Morgens wurde den beiden Schwestern Rampaerts ein Besuch gemeldet. Es war Herr Verkampt. Er und seine Familie waren mit den Schwestern befreundet, darum überraschte sein früher Besuch nicht.

„Eben ist ein Bote von Amsterdam gekommen", sagte er, „und hat auch für Euch Briefe mitgebracht, Frau Margarete."

Dabei überreichte er ihr ein Briefpäckchen. Sie brach das Siegel und sagte froh: „Von meinem Bruder? Nachrichten von ihm sind immer willkommen. Seit mehreren Wochen haben wir nichts mehr von dort gehört."

„Es ist jetzt schwierig, Briefe in unsere Stadt zu bringen", meinte Herr Verkampt, „überall in der Umgebung sind Spanier. Graf Mansfeld steht am diesseitigen Ufer, nur zehn Meilen von hier."

„Ist das möglich?" riefen die Damen. „Dann sind wir ja fast ganz umzingelt!"

„Ja, das sind wir. Von den Generalstaaten ist der Befehl ergangen, sofort allerlei Vorräte für mindestens ein Jahr hereinzuschaffen, und dem Admiral Treslong ist die Ausführung übertragen. Ich möchte Euch dringend raten so viel Vorräte wie möglich aufzukaufen, damit Ihr versorgt seid, wenn es zur Belagerung kommen sollte. Augenblicklich ist reichlich zu haben, denn es gibt Fährleute genug, die für gutes Geld ihr Fahrzeug zwischen Parmas Posten hindurchschmuggeln. Doch das dauert sicher nicht mehr lange. Erst gestern fiel eine Barke in die Hände der Feinde. Die gesamte Besatzung fand den Tod, und das Boot mit den verstümmelten Leichen ließ man auf die Stadt zutreiben, damit uns unsere Lage bewußt werde."

„Entsetzlich!" rief Frau Else schaudernd, und Christine wurde ganz blaß.

„Uns Reformierte macht so etwas um so entschlossener, bis zum Tod Widerstand zu leisten", sagte Herr Verkampt. „Es zeigt uns, was wir zu erwarten haben, wenn unsere

Stadt in die Hände der Spanier fallen sollte. König Philipp kennt kein Erbarmen. Er wird lieber das ganze Land verheeren, als einen einzigen darin dulden, der seine Meinung nicht teilt."

„Es scheint fast, es sollten die Tage des grausamen Alba wiederkehren", meinte Frau Margarete besorgt.

„Parma ist nicht so brutal wie Alba, wohl aber ebenfalls so fest entschlossen, seines Herrn Willen durchzusetzen. Nun, Antwerpen ist stark, und es sind tapfere Männer hinter seinen Wällen. Ohne harten Kampf geben wir unsere Stadt nicht preis. – Doch ich halte Euch vom Lesen Eurer Briefe ab, Frau Margarete. Meine Frau wird sich zu jeder Zeit über Euren Besuch freuen."

„Wie geht es Frau Verkampt?" fragte Margarete freundlich.

„Es geht ihr gut, aber sie macht sich viele Sorgen um Adrian."

„Ihr habt nichts wieder von ihm gehört?"

„Leider nicht das geringste. Seine Mutter fürchtet, er ist in der Gewalt der Inquisition."

Paul Verkampts Gesicht trübte sich; hastig nahm er Abschied, als fürchte er weiter zu sprechen. –

„Sprach Mynheer Verkampt von seinem Sohn?" fragte Christine, als er fort war.

„Ja, von seinem ältesten Sohn. Vor etwa eineinhalb Jahren reiste er in geschäftlichen Angelegenheiten nach Spanien, und seitdem hat seine Familie nichts mehr von ihm gehört."

„Vielleicht ist er doch nicht in den Händen der Inquisition", meinte Christine. „Gegenwärtig ist es sicher kaum möglich, Nachricht aus Spanien nach Antwerpen zu schicken."

„Mag sein", entgegnete Else. „Aber Adrian war für seine Offenheit bekannt, er machte nie einen Hehl aus seiner Meinung – gerade wie auch sein Vater. Und so etwas hören die Spanier nicht gern. – Nun aber lies endlich die Briefe, Margarete. Was gibt es Neues?"

„Dirk schreibt zuversichtlich", sagte Margarete, als sie die eng beschriebenen Bogen las. „Sie sind alle fest entschlossen, sich Philipp nicht zu fügen, sondern ihre Freiheit bis zum äußersten zu verteidigen. Er scheint große Hoffnung auf den jungen Prinzen Moritz zu setzten, der seinem Vater nacharte und vielleicht in dessen Fußstapfen trete. Gebe Gott, daß es so ist! Der junge Prinz habe sich bereit erklärt, den Interessen der Republik sein Leben zu weihen. Auch hoffen die Staaten auf Unterstützung von England..."

„Wie geht es zu Hause?" fragte Christine, denn das lag ihr am meisten am Herzen.

„Deine Mutter ist noch nicht wieder ganz bei Kräften, doch hofft dein Vater, daß sie bald völlig gesund wird. Sie sorgt sich sehr um dich, Christine. Aber da kann sie doch wirklich beruhigt sein, du bist bei uns doch gut aufgehoben, und zudem wäre es im Augenblick wohl kaum möglich, die Stadt zu verlassen, um nach Amsterdam zurückzukehren."

„Kind, wie könnten wir dich auch missen, du bist ja unser einziger Lichtblick hier", warf Else in recht verdrießlichem Ton ein. Tante Else verließ kaum noch ihren Platz auf ihrem Sofa und klagte immer öfter über allerlei Beschwerden, und sie sah auch recht blaß und kränklich aus. Sie liebte jedoch ihre Nichte sehr, und der Gedanke, Christine könnte sie verlassen, war ihr unerträglich.

Christine freute sich über das Lob, und sie antwortete:

„Ich bin auch wirklich gern hier, aber ich mache mir Sorgen

um Mutter. Gewiß, Vater und Marie werden es an guter Pflege nicht fehlen lasse, aber ich muß trotzdem viel an sie denken. Ob es wohl doch irgendwie möglich ist, ihnen zu Hause mündlich oder schriftlich Nachricht zukommen zu lassen?"

„Das weiß ich nicht. Wir wollen Mynheer Verkampt fragen, wenn er wiederkommt." —

Für die nächste Zeit war es aber unmöglich, Nachrichten aus der Stadt zu bringen. Admiral Treslong hatte hier und da unweise Händel angefangen und weigerte sich, Sankt Aldegonds Anweisungen zu befolgen und Vorräte in ausreichender Menge zu beschaffen, wenn nicht zuvor zwei Mitglieder des Rats entlassen würden, die er nicht leiden mochte. Die Staaten waren endlich mit ihrer Geduld am Ende; sie trauten ihm ohnehin nicht mehr, und schließlich setzten sie ihn in Gewahrsam. Die Stadt war nicht einmal zur Hälfte mit den erforderlichen Lebensmittelvorräten versorgt. —

Wochen und Monate vergingen, und der Winter zog ins Land. Die stürmischen Herbstwinde hatten einige der kleineren Deiche zerbrochen; aber der gewaltige Blaugarendeich und sein Partner, der Kowenstyn, ragten noch aus dem Wasser hervor und versperrten die Zufahrt nach Antwerpen, während Parmas Brücke mit raschen Schritten ihrer Vollendung entgegenging.

Endlich im November wurde auf einstimmigen Beschluß hin der Befehl erlassen, beide Deiche zu durchstechen. Nun sahen Ratsherren und Bürger und auch die Schlächter ein, daß Prinz Wilhelm klug geraten hatte. Hätte man nur rechtzeitig danach gehandelt, dann wäre die Stadt gerettet worden. Jetzt aber war es zu spät. Alexander von Parma hatte die beiden Deiche inzwischen in seine Gewalt gebracht und den Kowenstyn mit spanischen Kanonen wohl verwahrt. Antwerpen war endgültig von der Außenwelt abgeschlossen.

Und dennoch eilte Alexander nicht mit der Belagerung und dem Sturmangriff. Er wußte, die Niederländer standen mit Frankreich und England in Verbindung, und er fürchtete, es könnte von dort in kurzem ein starkes Entsatzheer zur Hilfe eilen. Außerdem wurde er von seinem König hinsichtlich der Versorgung mit Kriegsgut, Waffen und Nahrungsmitteln sehr kurz gehalten; König Philipp erwartete von seinen Soldaten stets höchsten Einsatz und pünktlichen Gehorsam, aber selten bequemte er sich dazu, sie entsprechend zu besolden. Oft war Parma in Verlegenheit, wenn es galt die Armee aufzufüllen und mit dem täglichen Bedarf zu versehen. So wurde ihm bei seinen Kriegszügen von seinem eigenen Herrn nicht die nötige Unterstützung zuteil. —

Es war an einem kalten Novembertag, als Paul Verkampt bei Else und Margarete erneut einen Besuch machte. Er traf dort auch Frau van Nuten und Louis Bordait an.

„Habt ihr schon das Neueste gehört?" fragte er nach der ersten Begrüßung.

„Nein; was ist geschehen?"

„Der Prinz von Parma will es mit Güte versuchen. Erst gestern sandte er ein Schreiben an den Stadtrat. Er fordert uns auf zu bedenken, was für ein Elend wir über Frauen und Kinder bringen, wenn wir uns länger widersetzen. Er erklärt, wir verdankten unsere unglückliche Lage unserem ehemaligen Landesherrn, dem Prinzen von Oranien, und er drängt uns sehr, den Forderungen König Philipps Folge zu leisten, der unserem Lande nur Heil und Frieden wünsche."

„Der Prinz von Parma schreibt so etwas an Niederländer!" spottete der junge Franzose.

„Er versichert, es nur zu tun, um damit unserem Land ein weiteres schweres Blutvergießen zu ersparen."

„Das kann jeder sagen", wandte der junge Mann ein. „Was werden die Staaten tun? Wie werden sie sich entscheiden?"

„Noch weiß man es nicht. Gebe Gott, daß sie zu dem rechten Entschluß kommen! Wer sehnt sich nicht nach Frieden? Aber nimmer kann dieser uns werden auf Kosten unserer Freiheit – vor allem nicht auf Kosten unseres Glaubens!"

„Wir könnten unserem Gott doch auch im geheimen dienen, wenn es öffentlich nicht erlaubt würde", warf Else ängstlich ein.

„Ach, Frau Else, das ist nicht einem jeden gegeben. Die meisten von uns drängt es im Herzen, unseren Glauben frei und offen und furchtlos zu bekennen, obwohl wir alle wissen, was von Philipps Gnade zu halten ist."

„Also Ihr würdet zum Widerstand raten?" fragte Louis Bordait.

„Ganz gewiß. Darin liegt die einzige Möglichkeit unserer Rettung. Wenn Euer Land uns helfen würde, dann hätten wir die Spanier bald vertrieben."

„Der König von Frankreich ist mit Philipp zu sehr befreundet, um jemals für die Niederländer die Waffen zu ergreifen", entgegnete Bordait.

„Ich sehe das auch so", meinte Herr Verkampt nachdenklich. „Gott allein kann uns helfen, daß unser Land von diesem spanischen Joch frei wird." –

Als der Besuch gegangen war, wandte sich Christine an Tante Margarete:

„Tante, was für ein Recht hat König Philipp, unserem freien Land die Inquisition aufzuzwingen?"

„Das Recht des Stärkeren", erwiderte Else von ihrem Sofa aus; „das Recht eines mächtigen und reichen Landes gegen ein kleines und schwaches. Aber Gott sieht es, und Sein ist die Vergeltung. Inzwischen müssen wir warten und dulden."

„Und hoffen", ergänzte Christine. „Es werden gewiß auch wieder einmal bessere Tage kommen." —

Zehn Tage lang ratschlagten die Staaten über Parmas Botschaft. Dann erklärten sie ihm, sie könnten auf seinen Vorschlag nicht eingehen. Denn einem König wie Philipp, der an Folter und Blutvergießen Freude habe, könnten sie nicht trauen und glauben – zumal wenn sie zurückblickten und sähen, welch unerhörten Jammer er schon über ihr Land gebracht habe.

Daraufhin nahm Parma die Arbeiten am Brückenbau wieder auf. Wohl behinderten die Winterstürme und die Eisschollen den Fortgang des gewaltigen Werkes, aber er baute unermüdlich weiter, bis gegen Ende Februar die Brücke fertig, die Schelde abgesperrt und Antwerpen völlig eingeschlossen war.

Jetzt sahen die Antwerpener mit eigenen Augen, wie es stand. Die Brücke war an ihren beiden Enden durch starke Türme gesichert, zwischen denen unablässig spanische Soldaten patrouillierten. Auch der Kowenstyner Deich war sehr stark befestigt; in den Dörfern und auf dem Lande ringsum wimmelte es von Spaniern.

Sankt Aldegond hatte alle Hände voll zu tun. Es tat not, so

schnell wie möglich die Festungswerke der Stadt zu verstärken und wenigstens jedem plötzlichen Angriff vorzubeugen. —

Während so die Arbeiten für die Sicherheit der Stadt innerhalb der Mauern zügig vorangetrieben wurden, vergaßen auch die Verantwortlichen der Staaten allgemein nicht, Antwerpen alle mögliche Unterstützung zukommen zu lassen, denn diese Stadt war ein zu wichtiges Bollwerk, um preisgegeben zu werden, besonders da sie den Schlüssel zu den südlichen Staaten bildete. Die Seeländer unternahmen mit gepanzerten Schiffen viele Angriffe auf die Deiche. Manchmal hatten sie Erfolg, aber verschiedenemal wurden sie auch verlustreich zurückgeschlagen. Und immer beobachteten viele hundert Augen ihre Unternehmungen von den Wällen der Stadt aus. —

„Wohin so eilig?" fragte Mynheer Verkampt, als er eines Tages Louis Bordait auf der Werft begegnete.

„Ich habe von Sankt Aldegond eine dringende Nachricht an Giannibelli zu überbringen. Der Italiener ist als sehr tüchtiger Ingenieur bekannt und arbeitet an einem Plan, wie wir Parmas Brücke zerstören und die Stadt retten können. Sankt Aldegond möchte wissen, wie weit dieser Plan gediehen ist. Bitte schweige darüber, die Sache muß geheim bleiben."

„Was hat Giannibelli im Sinn, wie will er das bewerkstelligen?"

„Ich kann dazu nichts Näheres sagen, doch soviel weiß ich, daß er Brander ausrüsten und gegen die Brücke treiben lassen will."

„Wie kommt es, daß dieser Mann auf einmal auf unserer Seite steht – er war doch früher mit unseren Feinden?"

„Ja, er hielt sich vorher zu den Spaniern. Aber König Philipp hat ihn einmal in aller Öffentlichkeit empfindlich gekränkt, und das vergißt er ihm nie. Er hat geschworen sich zu rächen."

Es war ein kühner Plan, und Giannibelli zweifelte nicht, daß er auch gelingen werde. Doch die Ratsherren taten sich sehr schwer, ihre Zustimmung zu geben. Der Italiener verlangte vor allem zwei große Schiffe von der stadteigenen Flotte und eine bestimmte Anzahl kleinerer flacher Boote; sie zu bewilligen fiel den Herren nicht leicht.

Endlich willigten sie dann doch ein, und Giannibelli machte sich sofort ans Werk. Er ließ die großen Schiffe mit Schießpulver füllen; darüber mußten die Seeleute kantige Marmorbrocken, Kanonenkugeln, Schrott, Alteisen und ähnliches gefährliches Gut stapeln, soviel nur irgend aufzutreiben war. Darüber kam eine Ladung Holz, damit die Schiffe keinen Argwohn erregten.

Außerdem wurden eine Anzahl kleinerer Boote mit Teer und Terpentin gefüllt. Diese Boote sollten bei günstigem Wasserstand und Wind von Antwerpen aus vor den beiden großen Schiffen herfahren, im rechten Augenblick in Brand gesteckt werden und als brennende Fackeln all die vielen kleinen Boote der Spanier vertreiben und so eine offene Gasse schaffen bis zu Brücke. Der mit der Leitung betraute Admiral hatte die Order, unmittelbar nach der Zerstörung der Brücke von einem bestimmten Boot eine Rakete aufsteigen zu lassen und damit anzuzeigen, daß der Plan geglückt sei. Das Signal sollte der seeländischen Flotte das Zeichen sein, sofort mit ihren Schiffen, die mit Lebensmitteln und wichtigem Gebrauchsgut hoch beladen waren, Antwerpen anzulaufen und der bedrängten Stadt zu Hilfe zu kommen.

Der Plan war nach und nach doch in der Stadt allgemein bekannt geworden, und die Bürger taten in jener Nacht kaum ein Auge zu. Die Boote wurden um Mitternacht vom Stapel gelassen und in Brand gesteckt. Die Spanier machten große Augen, als sie das Flammenmeer, das sich in den Fluten der Schelde gespenstisch spiegelte, auf sich zukommen sahen. Ehe sie recht zur Besinnung kamen, steuerte auch eines der beiden großen Schiffe direkt auf die Brücke zu. Es war die „Hoffnung". Die Spanier richteten ihre Kanonen auf das große Fahrzeug und zielten auf die ungeschützte Bordwand gerade über der Wasserlinie. Da erschütterte eine gewaltige Explosion die Luft, so daß die Erde meilenweit erbebte.

Der Plan war geglückt – die Brücke zerstört.

Eine große Anzahl der spanischen Soldaten hatte den Tod gefunden.

Sankt Aldegond und Giannibelli sahen aufs äußerste gespannt zum Himmel auf, wo nun doch die Rakete aufleuchten mußte. Aber sie warteten vergebens. Durch eine grobe Unachtsamkeit wurde dieses so entscheidende Signal nicht gesetzt, und damit war der Erfolg der ganzen Anstrengung verspielt. Sankt Aldegond raste vor Zorn. Er wollte sein Amt sofort niederlegen und von jeglicher Verantwortung zurücktreten. Nach seiner Meinung gehörte der Admiral an den Galgen. Aber wem hätte das noch genutzt! –

Christine hatte die ganze Nacht mit ihren Tanten und mit Anna im höchstgelegenen Zimmer des Hauses zugebracht und hinausgeschaut auf die Schelde. Sie hatten die brennenden Boote stromabwärts treiben sehen und in atemloser Spannung auf die Explosion gewartet. Und dann hatte ein furchtbarer Donner die Nacht erhellt und alle Fenster und Türen im Haus zum Klirren gebracht.

„Schrecklich!" stöhnte Frau Else, als kurze Zeit später die letzten Flammen erloschen und die Nacht um so finsterer erschien.

„Ja, es ist schrecklich. Aber vielleicht bedeutet das Geschehen da draußen für uns Rettung und Freiheit. Doch nun laßt uns hinuntergehen, daß wir ein wenig zur Ruhe kommen", gemahnte Margarete.

„Wie sollte ich schlafen können bei all den vielen Aufregungen!" erwiderte ihre Schwester gereizt.

„Wenn die Herrin ihre Sorgen auf Gott werfen möchte", bemerkte Anna bescheiden, „Er weiß, wie es um uns steht, und sorgt für uns."

„Du hast gute Nerven, Anna. Dich nimmt so etwas nicht besonders her", entgegnete Frau Else unfreundlich.

„Unser Herr und Heiland nimmt sich der Schwachen mit besonderer Liebe und Sorgfalt an", sagte Anna ruhig. „Er kann heben und tragen und erretten." Ganz sicher wußte auch sie, was es bedeutete, unter dem Schutz der Obrigkeit in Frieden und Freiheit zu leben und die Wohlfahrt des Landes zu erfahren. Aber gerade sie wußte auch, daß wahre Freiheit nur da sein kann, wo der Geist des Herrn ist, und daß wirklicher Frieden nur der Friede Gottes sein kann, der allen Verstand übersteigt. Dieser Friede war ihr kostbar, und er regierte in ihrem Herzen.

Christine schaute zu Anna hin. Sie spürte deutlich, daß die alte Hausmagd aus eigener Erfahrung sprach. Da wurde auch sie wieder zuversichtlicher. –

Endlich begann es zu tagen. Als die Bürger der Stadt erfuhren, wieviel durch die Nachlässigkeit des Admirals verloren war, machten sie ihrer Enttäuschung und ihrem Zorn in bitteren Worten Luft. Auf der Seite der Spanier war zwar der Verlust groß, jedoch der Gewinn für die Stadt nur gering.

„Es ist zum Verzweifeln", klagte Mynheer van Nuten. „Wenn wir jetzt nicht endlich alle Kräfte zusammennehmen und wirklich in völligem Einvernehmen handeln, ist unsere Sache verloren. Im Augenblick fehlt es tatsächlich an einem geeigneten Mann, der unser Geschick in die Hand nehmen könnte."

„Ihr müßtet Navarra haben", sagte der junge Bordait begeistert. „Mein Volk braucht ihn, Euer Volk braucht ihn. Käme er an die Spitze, so wäre uns allen geholfen."

„Es nutzt nichts, etwas zu wünschen, was nicht zu haben ist", entgegnete Herr van Nuten ernst. „Wir müssen jetzt fest zusammenstehen und entschieden handeln. Es gilt den Schaden wieder gutzumachen. Sankt Aldegond drängt auf einen Schlag gegen die Spanier auf dem Kowenstyner Deich. Er meint, wenn es uns jetzt noch gelänge, den Deich zu durchbohren und das Wasser bis an die Stadtmauern steigen zu lassen, seien wir gerettet."

Der Angriff kam zustande. An einem Maimorgen in aller Frühe stürmten die Antwerpener unter der Führung ihres Bürgermeisters den Hang des Deiches empor. Unter den Offizieren befand sich auch der junge Prinz Moritz. Es entbrannte ein schlimmes Ringen. Mann stand gegen Mann. Da war kaum Platz auf dem schmalen Deich, und viele der tapferen Kämpfer wurden im Gedränge ins Wasser gestoßen, wo manchem seine schwere Ausrüstung zum Verderben wurde. Kanonendonner zerriß die Luft und dichter Pulverdampf nahm den Kämpfenden die Sicht. Erbittert schossen und stachen und schlugen sie aufeinander ein.

Schließlich gelang es, die Spanier ein gut Stück zurückzudrängen, und eilig begann eine größere Anzahl Antwerpener mit Hacken, Spaten und Schaufeln den Deich aufzureißen und eine Rinne auszuheben. Schon floß das Wasser durch die Rinne, immer rascher, immer mächtiger, der Durchstich vergrößerte sich, und bald strömte es immer breiter werdend ins tiefergelegene Umland der Stadt.

In Antwerpen hatte sich von Stunde zu Stunde die Angst gemehrt. Ehefrauen, Mütter, Verlobte, Schwestern wußten ihre Lieben draußen in erbarmungslosem Kampf. Sie hörten das Getümmel, das Schreien der Kämpfenden und das Klirren der Waffen, es krachten Schüsse und donnerten Kanonen. Ach, wie mancher würde nicht mehr wohlbehalten heimkommen! Es dünkte die Zurückgebliebenen schwerer zu warten als zu kämpfen. –

Am Vormittag machten sich Christine und Margarete auf den Weg zu einem Besuch bei Frau Verkampt, deren beide Söhne mit ins Gefecht auf den Deich gezogen waren. Sie lag auf dem Sofa, den Kopf in ein dickes Tuch gehüllt. Sie war am Ende ihrer Kraft und vermochte keinen Lärm von der Straße her zu vertragen. Doch war sie dankbar für den Besuch.

„Mich wundert, daß Ihr den Mut habt, auf die Straße zu gehen und mich zu besuchen."

„Wir mußten so an Euch denken, Ihr seid sicher sehr in Sorge um Eure Söhne. Mynheer Verkampt ist hoffentlich nicht auch mit da draußen...?"

„Nicht auf dem Deich – Gott sei Dank! Er ist irgendwo in der Stadt und hilft wo er kann – ganz sicher auch ständig in Gedanken bei seinen Söhnen."

Noch immer drang Kanonendonner vom Deich herüber, so

daß die Fensterscheiben hell klirrten. Frau Verkampt preßte die Hände vors Gesicht.

„Der Krieg ist doch etwas Furchtbares", sagte Christine leise.

„Ja, das ist wahr, mein Kind. Und doch gibt es noch Schlimmeres. Mein armer, armer Junge, mein Adrian – mein Ältester, wo mag er jetzt sein? Ketten, Gefängnis, Folter – ?" Und wieder schauderte sie.

„Vielleicht steht es auch ganz anders um ihn, vielleicht geht es ihm gut, er ist in Sicherheit, hat keine Not . . .", tröstete Frau Margarete. „Wir haben doch noch nichts von einer Gefangennahme oder einem Verhör gehört."

„Das freilich nicht. Aber wenn er frei wäre, hätte er uns in all der Zeit ganz sicher eine Nachricht zukommen lassen."

„Unsere Stadt ist ja schon eine ganze Weile von der Außenwelt abgeschnitten. Und selbst wenn das nicht so wäre, könnte eine Nachricht bei all den vielen Unruhen unserer Tage schon in Spanien verlorengegangen sein."

„Das mag wohl sein. Aber Adrian ist ein treuer Jünger seines Heilandes, und er macht aus seiner Meinung keinen Hehl. Und gerade das wird in Spanien doch nicht geduldet!"

„Aber er ist auch besonnen, wie sein Vater uns sagte, und er begibt sich nicht unnötig in Gefahr", entgegnete Margarete.

„Ich weiß wohl. Aber die Inquisition hat Mittel und Wege, auch den Schweigsamsten zum Reden zu bringen und seine Gedanken zu erforschen. Zudem besteht bei Adrian die Gefahr, daß sein flämischer Dialekt ihn verrät, obwohl er sehr gut spanisch spricht."

„Steht er nicht unter Gottes Hut – ist er nicht dort wohlgeborgen?" versuchte Christine die Bekümmerte zu trösten.

„Ach Kind, wie viele, viele treue Jünger Jesu sind schon von der Inquisition verfolgt, gefoltert und hingemordet worden!"

„Aber keiner von ihnen war ohne Trost, und welch einen Lohn werden sie empfangen!"

Frau Verkampt sah Christine dankbar an, dann bat sie Frau Margarete:

„Laßt mir Eure Nichte ein Weilchen hier. Sie versteht zu trösten und Mut zu machen. Mein Mann wird sie nachher sicher heimgeleiten."

Christine blieb also noch mehrere Stunden und unterhielt sich mit Frau Verkampt, und dieser tat es gut, mit jemandem einmal ausführlich über ihren verschollenen Sohn zu sprechen.

Sie erzählte aus Adrians Jugendjahren, von seiner Bekehrung und seiner Entschiedenheit für seinen Heiland und Herrn; stets habe er sich furchtlos zu Ihm bekannt.

„Paul und Klaus machen mir auch Freude und sind mir gute Söhne", schloß sie, „aber sie sind nicht so entschieden wie Adrian."

„Des Herrn Augen sehen auf die Treuen im Lande", sagte Christine ernst. „Sie stehen gewißlich unter Seinem besonderen Schutz. Ich glaube sicher, daß Ihr Euren Sohn wiederseht, Frau Verkampt. Darf ich Euch jetzt etwas aus Gottes Wort vorlesen? Das wird Euch besser trösten als ich es vermag."

Damit zog sie ein kleines Psalmbuch aus der Tasche, ein Abschiedsgeschenk ihrer Mutter, schlug es auf und las Psalm 121:

„Ich hebe meine Augen auf zu den Bergen, von welchen mir Hilfe kommt..."

Sie las bis zum Schluß. Stille folgte, kein Wort wurde gesprochen. Aber mit Freude erkannte Christine, daß Frau Verkampt nicht mehr so leidend und so ängstlich um sich schaute. Die Freundin fiel sogar in einen leichten Schlaf.

Christine hing ihren Gedanken nach. Sie persönlich hatte noch kein besonderes Leid erfahren; aber gerade in den vergangenen Monaten hatte sie gesehen, durch wieviel Trübsal andere aus ihrer Umgebung und ihrer Verwandtschaft gehen mußten. Doch hatte auch sie erkennen können, wie die Hand Gottes zu helfen und zu trösten vermag.

Plötzlich wurde es auf der Straße lebendig. Ungewohnte Geräusche drangen herein und ließen sie aufhorchen. Frau Verkampt erwachte und richtete sich erschrocken auf. Da begannen die Glocken zu läuten.

„Was ist da passiert? – die Glocken läuten!" fragte sie erschrocken."

„Irgend etwas muß da draußen vorgefallen sein, denn die Straße ist voller Menschen", erklärte Christine, die eilends ans Fenster getreten war.

In diesem Augenblick ging die Tür auf, und Herr Verkampt trat ins Zimmer.

„Wir haben gesiegt, meine Lieben! Der Kowenstyn ist in unserer Hand! Das erste seeländische Versorgungsschiff hat die Bresche durchfahren und Lebensmittel gebracht, und weitere folgen."

„Gott sei Dank!" rief Frau Verkampt und faltete die Hände. „Aber unsere Söhne..?"

„Ich habe noch nichts Näheres erfahren. Das Schiff ist eben

gelandet, und erst die nachfolgenden werden weitere Nachrichten mitbringen."

„Du freust dich wohl gar nicht so recht darüber?"

„Ich mache mir große Sorgen. Sankt Aldegond hat seinen Platz auf dem Deich verlassen, um die Siegesbotschaft persönlich in die Stadt zu bringen. Das kann nicht gutgehen. Das hätte doch auch durch andere geschehen können! Er hätte unbedingt dort bleiben müssen, daß die ganze Aktion wirklich zum Erfolg führt. Die Spanier werden ganz sicher erneut versuchen . . . "

„Wie viele Fehler sind gemacht und werden noch gemacht, dafür sind wir Menschen", seufzte seine Frau.

„Vielleicht sehe ich zu düster. Aber es ist jetzt noch nicht die Zeit zum Feiern! Im Rathaus soll es hoch hergehen, das dünkt mich noch zu früh. Doch läßt sich das jetzt nicht ändern. – Wie gut, daß du während der letzten Stunden nicht allein warst! Jetzt aber muß ich Fräulein Christine heimbringen. Auf den Straßen geht es turbulent zu." -

Ja, es ging hoch her in Antwerpen. Jedermann glaubte, es sei die Zeit für eine Siegesfeier. Anstatt sich weiter um die Sicherheit der Stadt zu mühen und alles Denkbare für ihre Verteidigung zu unternehmen, gab man sich trügerischen Hoffnungen hin.

Noch waren die Festlichkeiten nicht zu Ende, da kamen Flüchtende vom Deich her, verwundet, am Ende ihrer Kraft, und berichteten von einem sehr heftigen Gefecht und einer empfindlichen Niederlage der Antwerpener. Parma war erneut bis an den Kowenstyn vorgedrungen und kämpfte erbittert an der Spitze seiner Leute, die dadurch neuen Mut bekamen und sich ungestüm dem Feind entgegenwarfen. Die Antwerpener, ohne Führer und durch den unvermuteten

Angriff völlig überrascht, wichen bald zurück und mußten den Damm aufgeben. Fast zweitausend Soldaten hatten in diesen wenigen Tagen ihr Leben verloren, die meisten durch die Waffen des Feindes, viele aber auch in den Fluten der Schelde. –

Louis Bordait kehrte nach drei Tagen völlig entkräftet aus dem Kampfgeschehen zurück. Seine Landsmännin, Frau van Nuten, pflegte ihn mütterlich. Er war waffenlos und schwer verwundet im letzten Aufgenblick einem spanischen Lanzenstich entgangen, indem er sich vom Damm ins Wasser stürzte. Wie ein Wunder vermochte er sich schließlich mit letzter Kraft durch die Fluten bis ans Stadttor zu retten. Nun packte ihn ein heftiges Fieber.

Auch Christine hatte jetzt alle Hände voll zu tun. Wie viele Verwundete gab es zu versorgen, wie viele Verzagte zu trösten!

Frau Verkampt wollte sich nicht trösten lassen. Tag um Tag wartete sie auf die Heimkehr ihrer drei Söhne. „Drei Söhne, und alle tot!" klagte sie oft.

„Nein, Frau Verkampt, so dürft Ihr nicht sprechen. Vielleicht konnten sie sich doch retten, halten sich irgendwo versteckt und haben nur keine Möglichkeit, Euch Nachricht zu schicken. Wartet nur ein wenig noch und vertraut – o, da pocht jemand an die Haustür!"

„Wer ist da?" fragte Frau Verkampt erschrocken. Schon klangen schwere Fußtritte durchs Haus, und dann öffnete sich die Tür und ein Soldat stand im Zimmer, in völlig zerrissener Uniform und ohne Waffen.

„Was führt Euch zu uns?" sprach Frau Verkampt ihn an.

„Mutter – kennst du mich nicht mehr?"

Paul – !" Und schon lagen Mutter und Sohn einander in den Armen.

„Paul! Paul! Endlich! Welch eine Freude!" Sie wußte sich kaum zu fassen. Dann fragte sie gespannt: „Und Klaus? was ist mit ihm?"

„Klaus – o, er lebt auch noch und ist in Sicherheit. Aber er war zu sehr verletzt, um mitkommen zu können. Er ist am Bein verwundet."

„Du bist auch verwundet!" Frau Verkampt schaute besorgt auf den Verband, den er um den Kopf trug. Sie war so überrascht, ihren Sohn wiederzuhaben, daß sie gar nicht bemerkte, wie müde und schwach er war. Aber Christine und das Zimmermädchen eilten hinaus, um etwas zu Essen zu holen. Paul mußte gleich zulangen und sich stärken. Dann löste seine Mutter ihm den Verband vom Kopf, reinigte die Wunde und legte ihm einen neuen Verband an.

„Klaus ist in Sicherheit, Mutter", berichtete Paul weiter. „Er konnte mit einem der seeländischen Schiffe flüchten, die auch mich mitnahmen. Er kam so nach Amsterdam; die Patrioten nahmen ihn freundlich auf, und im Hause des Bürgers Rampaerts wird er freundlich und liebevoll umsorgt."

„Mein Elternhaus!" rief Christine freudig überrascht. „Da ist Euer Sohn gut aufgehoben, Frau Verkampt."

„Gott sei gelobt!" antwortete diese, und wieder kamen ihr die Tränen. „Soviel Gnade habe ich nicht verdient! Gott schickt Seine Segnungen oft unerwartet – so sagtest du mir auch schon, Kind. – Du bist ziemlich verletzt, mein Sohn", wandte sie sich besorgt an Paul, als er sein Gesicht im Schmerz verzog.

Ich denke, das ändert sich hier unter deiner guten Hand schnell, Mutter. Doch ich bin sehr müde, der Tag war anstrengend, und die Seereise setzte mir auch sehr zu. Frau Rampaerts hätte auch mich gern dabehalten und gepflegt, aber ich hatte keine Ruhe, ich wußte, daß du wartest. Klaus ist außerstande sich auf den Heimweg zu machen, und da mußte ich doch so schnell wie möglich heimkommen..."

Christine hatte neugierig zugehört. Nun nahm sie sich ein Herz und fragte gespannt: „Wie ging es meiner Mutter?"

„Sie sah sehr blaß aus, aber sie und Ihr Herr Vater haben es uns an nichts fehlen lassen und uns aufs beste versorgt."

„Sie werden es sicher gern getan haben", meinte Christine überzeugt und freute sich sehr über alle diese Nachrichten.

„Es ist doch schön daheim zu sein", sagte der junge Mann und streckte der Mutter die Hand hin. „Die Stunden auf dem Deich waren fürchterlich."

„Sprich nicht davon, Paul", bat die Mutter leise.

„Ein Wunder, daß Ihr entkommen konntet", warf Christine ein.

„Ja, wirklich ein Wunder. Aber die Seeländer halfen so viel sie nur konnten. Sie zogen uns in ihre Schiffe und segelten sofort nach Norden."

„War Klaus die ganze Zeit bei dir?" fragte die Mutter.

„Wir fochten eine Zeitlang dicht beieinander, aber im Getümmel und in dem dichten Pulverdampf verlor ich ihn aus den Augen. Ich dachte, er sei gefallen, bis ich nach Amsterdam kam und ihn bei Mynheer Rampaerts traf. Er war einen Tag vor mir dort hingebracht worden."

Da meldete das Zimmermädchen, daß Anna gekommen sei, um Christine abzuholen, und diese erhob sich und verabschiedete sich.

„Lebt wohl, liebe Frau Verkampt", sagte sie. „Ich bin so dankbar, daß ich Euch zuversichtlicher verlassen darf, als ich Euch antraf."

„Lebe wohl, mein Kind, Gottes Güte ist wunderbar! Jetzt kann ich sogar auf Adrians Heimkehr hoffen."

Noch waren Christine und ihre Begleiterin nur wenige Schritte gegangen, da begegnete ihnen Mynheer Verkampt, der mit gesenktem Kopf herankam und sie erst gar nicht sah.

Christine sprach ihn an:

„Gute Nachricht für Euch, Mynheer, von Euren beiden Söhnen! Paul ist schon bei seiner Mutter!"

„Das ist wahrlich eine gute Nachricht!" entgegnete er froh und schüttelte ihnen herzlich die Hand. Er schien noch etwas hinzufügen zu wollen, aber er war so aufgeregt, daß er rasch auf sein Haus zuschritt.

„Es ist doch etwas Köstliches, eine gute Botschaft verkündigen zu können", sagte Anna voll Anteilnahme, als auch sie weitergingen. „Man sah Mynheer Verkampt an, wie ihm bei Euren Worten eine schwere Last vom Herzen fiel."

„Ja, es ist schön, wenn man durch wenige Worte ein Herz erleichtern kann", sagte auch Christine.

„Ich wundere mich", fuhr Anna fort, „daß wir dann mit der guten Botschaft, die wir zu jeder Zeit verkündigen können, so zurückhaltend sind. Wir kennen das Heilmittel für jeglichen Schmerz und wissen um die Botschaft, die jedes Herz heilt und tröstet – und wie selten reden wir davon!"

„Nicht allen wäre es frohe Botschaft", meinte das Mädchen nachdenklich.

„Das ist wahr", nickte Anna nach einer Weile. „Zuerst muß einer die Not spüren, ehe er sich der Hilfe erfreuen kann. Nur wer das Leid kennt, begehrt Trost und Heilung. Dennoch ist und bleibt es die frohe Botschaft." –

Wieder war es Sommer geworden, und noch immer belagerte Parma die Stadt. Die Lebensmittel gingen zur Neige, das Volk schrie nach Brot, und in den Ratssitzungen wurde ständig gestritten. Etliche stimmten für Übergabe, andere für Ausharren um jeden Preis, und viele verloren den Glauben an Sankt Aldegonds Weisheit und Geschicklichkeit.

Dieser selbst war ratlos und fragte sich schon, ob man nicht möglicherweise im Falle der Kapitulation vom König Zugeständnisse erlangen könne. Er erkannte, daß er wohl nicht mehr lange die Geschicke der Stadt zu lenken vermochte; schon wurde er von einigen Hungernden auf offener Straße geschmäht, und schon mehrmals hatte es kleine Aufstände gegeben.

Der Herzog von Parma hatte sich inzwischen über den Stand der Dinge in der belagerten Stadt zu informieren gewußt, und er sandte einen Boten an den Bürgermeister und schlug diesem eine geheime Unterredung vor, er sei bereit, den unseligen Krieg auf friedlichem Weg zu beenden.

Sankt Aldegond besprach sich mit seinen Räten und willigte schließlich ein. Doch inzwischen wurde es in der Stadt bekannt, daß er mit dem Feind verhandelte, und manche sprachen von Verrat und machten ihrem Unmut und ihrer Unzufriedenheit auf recht deutliche Weise Luft. Während dieser unruhigen Tage erlaubte Frau Margarete Christine nicht auszugehen, und so blieb sie daheim bei den Tanten und suchte diese nach besten Kräften aufzuheitern.

Unterdessen überlegten, ratschlagten und stritten die Behörden, und schließlich begab sich Sankt Aldegond mit mehreren Männern des Magistrats im Auftrag der Stadt ins Lager Parmas. Sie wurden vom General gnädig empfangen, blieben mehrere Tage bei ihm und verhandelten wegen der Kapitulation. Die Abgesandten erklärten, die Stadt sei bereit sich zu ergeben, wenn König Philipp ihren Bewohnern Religionsfreiheit zusichere und keine spanische Besatzung hineinlege. Dies konnte Parma natürlich nicht versprechen, denn er wußte nur zu gut, daß gerade in diesen beiden Punkten der König unerbittlich war.

Nach der Rückkehr der Abordnung gab es in der Stadt laute Proteste und Vorwürfe. Aber noch immer hofften die Herren Stadträte, England und Frankreich würden endlich einschreiten. Während einer ihrer vielen Sitzungen drang unvermutet eine Schar halbverhungerter, verbitterter Bürger in den Saal und forderte ungestüm Brot. Das gab den Ausschlag. Die Ratsherren beschlossen die sofortige Kapitulation.

„Mit solchen Burschen ist schwer Geduld haben", sagte der junge Franzose bitter. „Nach all den Leiden und den vergeblichen Anstrengungen auf dem Kowenstyn, nach monatelangem Ringen um die Stadt nichts erreicht! Wenn nur meine Wunden heilten, daß ich wieder zur Waffe greifen könnte!"

„Ihr seid sehr ungeduldig", mahnte Frau van Nuten. „Ihr waret erheblich verletzt, und ich bin nicht wenig stolz, Euch wieder zurechtgepflegt zu haben. Deshalb nun noch ein wenig Geduld, junger Freund."

„Ihr seid viel zu gut gegen mich", lächelte der junge Mann dankbar. „Aber es drängt mich, endlich wieder dabei zu sein, wo es gegen die Spanier geht." –

Der Kampf um Antwerpen war beendet. Am 17. August wurde der Vertrag unterzeichnet und die Stadt dem König übergeben. Die Protestanten durften ab sofort keine Gottesdienste mehr abhalten, konnten aber noch zwei Jahre in der Stadt wohnen bleiben, falls sie sich „ohne Ärgernis gegen die alte Religion" verhielten. Was das im einzelnen bedeutete, war nicht klar festgelegt.

Die Übergabe von Antwerpen bedeutete ein schwerer Schlag für die Staaten, und Sankt Aldegond wurde scharf getadelt. Niemand konnte begreifen, daß ein persönlicher Freund Wilhelms von Oranien so leicht dem König von Spanien das Feld räumen werde. Doch es war nun nicht mehr zu ändern, und Antwerpen rüstete sich zum Empfang des Herzogs von Parma, welcher zehn Tage nach Unterzeichnung des Vertrags im Triumph einzog. Eine Prozession zog ihm entgegen, man überreichte ihm die Schlüssel, und allem Anschein nach ergab sich das Volk dem Sieger mit Freuden.

Als nun Parma sah, wieviel Not und Mangel unter der Bevölkerung Antwerpens herrschte – noch tagelang nach der Übergabe war nicht ein einziger Laib Brot in der Stadt aufzutreiben – , versicherte er, er hätte ganz sicher schärfere Bedingungen gestellt, wenn er das geahnt hätte. –

Zuerst wurde jetzt der Dom mit Weihwasser besprengt, und alle protestantischen Kanzeln wurden zu Asche verbrannt. Dann ließ er ein Tedeum singen, ein gewaltiges Feuerwerk veranstalten und Festlichkeiten anordnen. Die Leute zogen in Scharen hinaus vor die Stadt und bewunderten die Reste der gewaltigen Brücke, die die spanischen Soldaten mit blühenden Zweigen und einem hohen Triumphbogen geschmückt hatten, und wo kurz danach dann ein unmäßiges Gelage begann. Doch es gab auch noch treue Herzen in der Stadt, welche von Scham und Kummer niedergedrückt, die besiegte Stadt verließen, sobald sich ihnen Gelegenheit bot. –

„Ihr wollt wirklich nicht mitkommen, liebe Tanten?" fragte Christine traurig.

„Nein", erklärte Frau Else unwillig von ihrem Sofa aus. „Daß du gehst, ist ganz recht, deine Eltern wünschen es, und du hast sie lange nicht gesehen. Wir aber bleiben hier. Hier sind wir zu Hause. Später, wenn sich die Verhältnisse wieder geklärt haben, kommst du wieder zu uns. Jetzt muß geschieden sein."

Als Margarete mit Christine allein war, gestand sie: „Ich ginge gern mit dir und ließe mit Freuden hier alles zurück. Ich sehe mit Sorgen in die Zukunft. Aber Else will nicht von hier fort, und ich kann sie nicht allein lassen. Der Segen unseres Herrn sei mit dir, Kind! Du bist uns in all den Monaten Freude und Trost gewesen, eine gute Hilfe."

„Vielleicht entschließt sich Tante Else doch noch anders, dann kommt ihr gleich zu uns nach Amsterdam!" bat Christine, und sie umarmten einander.

„Vielleicht, mein Kind", entgegnete die alte Dame bewegt. „Jedenfalls kehrst du jetzt zu deinen Eltern zurück." –

Die den Protestanten anfänglich noch gewährten Freiheiten wurden nun von Tag zu Tag mehr eingeschränkt. Wer von ihnen die Stadt verlassen konnte, tat es so schnell wie möglich. Zwar gab es noch keine direkten Verfolgungen, doch wurden die Protestanten ständig beobachtet; sie mieden es daher, sich auf der Straße sehen zu lassen. So verkauften viele von ihnen ihr Hab und Gut und zogen in eine andere Stadt. Unter diesen befand sich auch Paul Verkampt mit seiner Familie. Er hielt es für das beste, sobald wie möglich nach Amsterdam überzusiedeln. Seine Frau stimmte dem von Herzen bei, zumal ihr Sohn Paul noch nicht wieder gesund war und sie hoffte, der Wohnwechsel werde ihm guttun. Auch sehnte sie sich sehr danach, ihren Sohn Klaus wiederzusehen, der doch in jenem unglücklichen Gefecht das rechte Bein verloren hatte. Christine nahmen sie mit, da deren Eltern herzlich darum gebeten hatten.

Das junge Mädchen freute sich sehr auf das Wiedersehen mit den Eltern, doch war die Freude nicht ungeteilt. Die Trennung von Anna fiel Christine besonders schwer, war ihr die alte Magd doch der Wegweiser zum Heiland geworden.

„Das Abschiednehmen von euch allen hier geht mir näher als ich gedacht hatte", sagte sie am letzten Abend vor der Abreise, „besonders von dir, Anna. Ich werde dich sehr vermissen – deinen Rat, deine Hilfe, und ich muß ganz sicher oft an dich denken."

„Wir werden Euch auch sehr vermissen", antwortete Anna bescheiden und sah das Mädchen liebevoll an. „Wir wissen aber, daß wir uns wiedersehen – in der Herrlichkeit Gottes."

„Vielleicht sehen wir uns auch hier in Antwerpen wieder", entgegnete Christine, betroffen durch Annas ernsten Ton.

„Das mag sein. Vielleicht, liebes Kind. Aber da unsere Stadt in der Hand des Königs von Spanien ist, vermögen wir nicht zu sagen, was uns bevorsteht."

„Bevorsteht? – meinst du, König Philipp könnte die Jünger des Herrn verfolgen?" fragte sie erschrocken zurück.

„Das ist nicht unwahrscheinlich", war die ruhige Antwort.

Christine schaute recht ängstlich, als sie sagte:

„Ich wollte, die Tanten zögen ebenfalls von hier fort und kämen nach Amsterdam – und du mit ihnen, Anna. Da seid ihr in Sicherheit."

„Mit Gott sind wir überall geborgen. Mein Platz ist bei meiner Herrschaft. Ich könnte sie nimmermehr verlassen, und ich glaube nicht, daß sie von hier fortziehen. Also liegt mein Weg klar vor mir."

„Wenn aber doch Not und Verfolgung kommen sollte?"

„Dann wird uns unser allmächtiger Herr behüten und beschirmen – oder die nötige Kraft zum Tragen geben. Fürchtet nichts für mich noch für irgendeins von Gottes Volk, das hier bleiben muß, Jungfer Christine. Betet aber, daß jedem die Gnade werde, sich nahe zum Heiland zu halten und Ihm treu zu bleiben, damit wir ja nicht unsere Krone verlieren. Dieser Lohn wiegt allen Reichtum und alle Herrlichkeit der Welt auf."

So schieden sie. Von Frau van Nuten hatte Christine schon Abschied genommen. Herr van Nuten war seiner Geschäfte wegen einstweilen an Antwerpen gebunden. –

Die Reise ging bis Haarlem zu Schiff. Frau Verkampt war dankbar, Christine bei sich zu haben, denn bei der Fahrt auf der Schelde fühlte sie sich sehr unwohl, und danach auf offener See wurde es noch schlimmer. Christine pflegte sie treu. Am anderen Morgen erreichten sie Haarlem, und gegen Abend legte das Schiff in Amsterdam an. Wohlbehalten gingen sie alle an Land. Dirk Rampaerts lud sie großmütig in sein Haus ein, bis sie eine geeignete Wohnung gefunden hätten.

Wie freute sich Frau Lampaerts, ihre Tochter wieder bei sich zu haben! Freilich hatte sie zunächst auch alle Hände voll zu tun, für ihre Gäste zu sorgen. Aber immer wieder fand sie ein wenig Zeit, mit Christine zusammenzusitzen. Schon am ersten Tag sahen sich auch Frau Verkampt und ihr Sohn Klaus wieder. Welch bitterer Augenblick für die Mutter, den Sohn so zu sehen! Die anfängliche Hoffnung, sein Bein könnte gerettet werden, hatte sich nicht erfüllt. Die spanische Kugel hatte den Knochen so sehr zersplittert, daß eine Amputation unumgänglich gewesen war. So war auch hier die Freude des Wiedersehens nicht ungeteilt.

Die Ruhe und Stille in Amsterdam bildete einen auffallenden Gegensatz zu der ständigen Unruhe in Antwerpen. Anfangs vermochten die Ausgewanderten kaum zu fassen, daß sie so bald so völlig sicher und geborgen seien. –

Während des Abendessens am ersten Tag stockte die Unterhaltung nicht einen Augenblick.

„Elisabeth von England soll über die Übergabe Antwerpens sehr entrüstet sein", berichtete der Hausherr, „ – und jetzt endlich auch bereit, uns beizustehen."

„Elisabeth war allezeit schnell mit Versprechungen bereit", entgegnete Paul, „aber sie läßt sich viel Zeit . . ."

„Ich denke, jetzt muß sie handeln, jetzt hat sie Bange um ihren eigenen Thron. Sie weiß wohl, daß Philipp schon eine ganze Weile nach England schaut – wie nach den Niederlanden. Die Unterwerfung unseres Landes ist die Voraussetzung für den Griff über den Kanal."

„Warum hat sie uns denn nicht schon früher geholfen?"

„Elisabeth ist vorsichtig, nimmt sich viel Zeit. Doch ich bin überzeugt, in ihrem Herzen steht sie auf unserer Seite und wird uns bald Hilfe senden. Vielleicht läßt gerade der Fall Antwerpens sie schneller zu einem Entschluß kommen, jetzt, wo sie einsehen muß, wie ernst die Lage ist." –

Christine war von jedem einzelnen Familienmitglied aufs herzlichste willkommen geheißen worden, und sie freute sich sehr, wieder daheim zu sein. Dennoch mußte sie viel an Antwerpen denken, und es kam ihr oft der Gedanke, daß sie vielleicht doch dort nötiger wäre. Sie stellte sich vor, wie die beiden Tanten abends in der Dämmerstunde allein beisammen saßen, Frau Else wohl mit verdrießlicher Miene, und sie fragte sich, ob sie hätte von ihnen gehen dürfen. Auch merkte sie bald, daß sie hier zu Hause nicht unbedingt gebraucht wurde; Maria war tüchtig und allen anstehenden Arbeiten durchaus gewachsen, der Mutter unentbehrliche Hilfe und Stütze. Aber die Eltern hatten sie nun einmal kommen geheißen, und so hoffte sie, daß sich auch ihr ein Arbeitsfeld für ihre regen Hände finden lasse. Und wie angenehm war doch das Wohnen an einem Ort, der nicht unter Philipps Botmäßigkeit stand! –

So verging der Herbst. Da löste Königin Elisabeth von England ihr Versprechen ein und sandte ihren Günstling Leicester als Oberbefehlshaber der englischen Streitkräfte in die Niederlande. Ohne Zweifel ließ sich die Königin durch ihre Furcht vor Philipps Absichten auf England zu diesem Schritt leiten. Leicester nahm seinen Aufenthalt im Haag, und den Herbst über war von nichts anderem die Rede als von den Besuchen des Grafen in verschiedenen Städten, wodurch er sich angeblich über die Stärke der Truppen und die Hilfsmittel zum Kriegführen informieren wollte.

Die Staaten waren nicht recht zufrieden mit ihm. Er umgab sich mit einem ungewöhnlichen Luxus, und seine Reisen und sein Auftreten waren so prunkvoll, daß die einfachen Bürger des Landes Anstoß daran nahmen und ihn unwillkürlich im Geist dem ruhigen, schlichten Wilhelm von Oranien gegenüberstellten. –

Unterdessen sank der Stern Antwerpens mehr und mehr. Die Wohlfahrt der Stadt schwand, der Handel kam fast zum Erliegen. Wo die Inquisition und ihre Anhänger Fuß faßten, da konnte kein freier, reger Betrieb gedeihen. Die Stadt mußte an den König eine ungeheure Summe Geldes als Kapitulationspreis zahlen. Sie hatte keinen Markt mehr für ihre Waren, da inzwischen Vlissingen die Schelde beherrschte. –

„Ich wollte, ich könnte einmal von hier fort!" sagte eines Tages Christines junger Bruder Karl während eines vertraulichen Gesprächs zu seiner Schwester, „ich bin das Abwarten hier manchmal so leid! Wie gerne wollte ich einmal weg von hier!"

„O Karl!" entgegnete sie ihm, „jetzt in Tagen großer Not willst du uns verlassen, wo es gilt, seinen Mann zu stehen und dem himmlischen Meister zu dienen?"

„Ich will Ihm ja dienen – aber nicht hier! Dient nicht der tapfere Drake seinem Heimatland England durch seine großartigen Heldentaten – weitab von Zuhause? Wie gern wäre ich bei ihm in Westindien und hülfe ihm, dem Philipp, diesem habgierigen Schurken, seine angemaßten Besitzungen wegzukapern! Warum hat Spanien allein das Recht, sich all die reichen Länder im Westen anzueignen?"

„Gewiß, Francis Drake hat ein großes Werk unternommen. Doch meine ich, wenn ich ein Mann wäre, würde ich mich dafür entscheiden, meinem Heimatland gerade in schwerer Zeit direkt und unmittelbar zur Verfügung zu stehen. Wieviel ist jetzt hier zu tun! Nun, Gott wird dir den rechten Weg, die rechte Aufgabe zeigen – dann willige ein, denn nur dann kann Er auch mit dir sein."

„Glaubst du denn, Gott kümmert sich bei jedem einzelnen von uns um dessen alltägliche Angelegenheiten?" fragte der Junge erstaunt.

„Freilich tut Er das. Ihm ist nichts zu gering, denn Er ist unser Vater, und wir gehören Ihm an."

Karl sagte nichts darauf. Nachdenklich sah er seine Schwester an, bis sein Vater nach ihm rief. -

Nachdem Christine ihre Tanten in Antwerpen verlassen hatte, schlossen sich die beiden Damen noch mehr als bisher von jeglichem Umgang mit Nachbarn und Bekannten ab. Es gab keine öffentlichen protestantischen Gottesdienste mehr, die sie hätten besuchen können, und an den geheimen Zusammenkommen einiger entschiedener Bibelgläubiger teilzunehmen, wagten sie nicht. Doch sie gestatteten es ihrer Hausmagd, der treuen Anna; und wenn diese von solchen Versammlungen heimkam und glücklich davon berichtete, hörten sie ihr gern zu.

Eines Tages erzählte Anna von einer Zusammenkunft, die auf einem einsamen Söller stattgefunden hatte. Einer der wenigen noch in der Stadt wohnenden reformierten Prediger hatte Gottes Wort ausgelegt und dadurch den Glauben der Zuhörer sehr gestärkt. Anna schloß ihren Bericht mit den Worten: „Wenn doch die Herrschaften einmal mitgehen möchten!"

Margarete sah ihre Schwester halb fragend, halb bittend an.

„Nein, Margarete, das geht durchaus nicht", entgegnete Else. „Jetzt, da unser Gottesdienst verboten ist, ist es viel zu gefährlich, in eine solche Versammlung zu gehen. Ich darf mich nicht unnötig einer Gefahr aussetzen, ich habe doch wirklich so schon Sorgen genug. Wo will das alles noch hinaus, was wird noch alles auf uns zukommen!"

„Vielleicht kann uns ein solches Zusammensein mit Gleichgesinnten gut tun und unseren Glauben stärken", versuchte es Margarete erneut mit einem nachdenklichen Blick auf Annas glückliches Gesicht.

„Ganz gewiß", versicherte Anna. „Es waren heute abend Menschen dort, die in großer persönlicher Not sind, weil sie keine Arbeit finden und auch kein Geld haben, die Stadt zu verlassen. Es würde Euch ganz sicher Mut machen, einmal mit solchen Menschen zusammenzusein. Gerade heute abend! Wir hörten aus dem Wort des Herrn die schönen Verheißungen, in denen von den Lilien auf dem Felde und den Vögeln unter dem Himmel die Rede ist; und auf die Stelle: ‚Seid ihr denn nicht viel mehr denn sie?' wurde besonderer Nachdruck gelegt. Ja, uns gilt die Zusage unseres Herrn: ‚Euer himmlischer Vater weiß, was ihr bedürfet!'"

„Warum soll man sich in Gefahr begeben, um Worte zu hören, die man sich auch ganz gut selbst zu Hause lesen kann?" fragte Else.

Doch Anna versuchte es noch einmal: „Es ist ganz sicher etwas Kostbares, daß wir Gottes Wort für uns lesen können; aber es bedeutet eine besondere Stärkung, wenn man es in Gemeinschaft mit denen liest, die den selben kostbaren Glauben haben und sichtbar Trost und Aufrichtung finden. Und zudem schließen sich die Herzen enger einander an."

„Das mag ja bei dir so sein, bei mir aber nicht", entgegnete Frau Else, legte die Hand auf Stirn und Augen und zeigte damit an, daß die Unterredung sie ermüde.

Kurz darauf begegneten sich Frau Margarete und Anna im

Flur, Margarete reichte ihrer Magd eine Rolle Geld hin, nickte ihr freundlich zu und flüsterte: „Für Notleidende, Anna; verwende es, wie du es für gut findest. Sprich aber nicht darüber, von wem es kommt."

„Der gütige Herr wird es Euch lohnen, Herrin!" dankte Anna mit freudigem Blick.

„Es ist keine große Summe, und es bringt uns nicht in Verlegenheit; für uns ist gesorgt. Aber sage Frau Else nichts davon, sie ist gar zu ängstlich und meint ständig, die Häscher des Königs seien schon unterwegs, uns zu verhaften. Ich denke aber, solange wir uns schön ruhig verhalten und für uns bleiben, sind wir nicht in Gefahr, meinst du nicht auch?"

„Der Herr kann die Seinen behüten und kann ihnen auch die Kraft schenken zum Dulden, wenn Er es zulassen sollte."

„Aber es wäre furchtbar", antwortete Frau Margarete schaudernd.

„Doch wir möchten nicht unsere Krone verlieren", entgegnete Anna fest.

„Was für eine Krone?"

„Die Krone des Lebens, welche unser hochgelobter Herr all denen geben wird, die überwinden. Die dürfen wir uns nicht entgehen lassen, Frau Margarete, mag kommen, was da will." –

Anna freute sich sehr, ein wenig Geld zu haben für Notleidende unter ihren Glaubensgenossen, und bei der nächsten Gelegenheit ging sie in die Stadt zu einem Hause, in welchem der Familienvater schon seit einiger Zeit arbeitslos war. Sein früherer Arbeitgeber war wegen der unruhigen Zeitläufe nach England ausgewandert, und ihn stellte niemand gerne an, weil er als unverbesserlicher Reformierter bekannt war. Als Anna dort ankam, bemerkte sie gleich, daß sich die Familie um einen Fremden vergrößert hatte, einen Kranken. Man hatte dem Fremden in einer Ecke der Wohnstube ein Lager zurechtgemacht.

Anna begrüßte alle herzlich.

„Ein spanischer Soldat", erklärte die Frau des Hauses, als Anna zu dem Kranken hinsah.

„Und den habt Ihr aufgenommen?" fragte Anna verwundert.

„Ja, – was konnten wir anders machen? Vor etwa einer Woche klopfte er hier bei uns an die Tür – völlig am Ende seiner Kraft, krank und ausgehungert, und bat um ein Obdach. Wir brachten es nicht übers Herz, ihn abzuweisen."

„Ihr seid aber doch selbst ohne das nötige Essen..."

„Das ist gewiß so, aber darf man deshalb einen Notleidenden von der Tür weisen?"

„Er ist ein Spanier – "

„Nun, und wenn. Und zudem – was soll ich sagen", – damit zog die Frau des Hauses Anna in ein Nebenzimmer –, „er ist ein Spanier, gewiß; aber anscheinend ist er es nur seiner Uniform nach. Er muß schon sehr lange hier bei uns im Lande sein, denn er spricht genau wie wir hier..."

„Darf ich mit ihm sprechen?"

„Wie Ihr wollt. Er ist allerdings sehr schwach, ob er überhaupt aufmerkt..."

Anna zögerte nur kurz, dann trat sie auf den Kranken zu,

ergriff dessen fieberheiße Hand und sagte leise: „Ihr habt sicher Schmerzen."

„Heftige Schmerzen", stöhnte der Mann.

„Es gibt Balsam für jede Wunde, wenn wir uns nur an den rechten Arzt wenden."

„Vor lauter Schmerz verliert man Ihn aus den Augen, oh, welche Not!" lautete seine unerwartete Antwort.

„So kennt Ihr Ihn – diesen großen Arzt und Retter? – Er kümmerte sich bereits um Euch – Ihr fandet ein Obdach und Pflege."

Doch das schien der Kranke schon nicht mehr aufzunehmen, er sank zurück auf sein Lager und schloß die Augen.

„Seid vorsichtig", mahnte die Frau des Hauses leise, „man kann heute niemandem mehr trauen. Vielleicht ist er ein Spion und verklagt uns..."

„Nein", entgegnete Anna bestimmt, „das fürchte ich nicht, solche Worte wie er spricht der Unglaube niemals. Pflegt ihn weiter. Sobald ich kann, komme ich wieder her zu Euch. Und hier ein bißchen Geld – für euch alle hier." Damit reichte Anna der Frau mehrere Geldstücke und verabschiedete sich.

Der Kranke erregte vom ersten Augenblick an Annas ganzes Interesse. Sie wußte, daß sich das Wort Gottes im Gefolge der Reformation auch in großen Teilen Spaniens ausgebreitet hatte und daß es nun auch dort einige treue Diener des Evangeliums gab. Sie wußte auch, daß viele treue Zeugen um des Namens Christi willen verfolgt und mißhandelt und getötet worden waren. Gerne wollte sie noch öfter mit dem Spanier sprechen. Aber eine ganze Woche verging, bis sich dazu wieder eine Gelegenheit bot.

Als sie ihn erneut ansprechen konnte, ging es ihm etwas besser, wenn er auch noch immer sehr schwach und blaß war und kaum Anteil nahm an dem, was um ihn her vorging.

„Ihr habt noch immer starke Schmerzen?" sprach Anna ihn freundlich an.

„Es ist nicht mehr ganz so schlimm", erwiderte er dankbar. „Ich glaube bei der guten Pflege hier werde ich wohl doch wieder gesund."

„Wie kamt Ihr zu diesem Schaden? – war es ein Unglücksfall – oder eine Kriegsverletzung...?"

„Nein, keines von diesen. Es war Gottes Zulassung. Aber zugleich war es der Menschen Haß, Grausamkeit, Lust am quälen – ja, so sage ich's!"

„Ihr littet um Deswillen, der einst für Euch starb – ?"

„Ja, um Seines Namens Willen."

„Dann hat Euch Gott geehrt – hoch geehrt!"

Da ging ein stilles Leuchten über das blasse Gesicht. Und dann berichtete der Kranke, zunächst langsam und ohne Zusammenhang, dann nach und nach lebendiger, klarer von seinen Erlebnissen in Spanien, wie er von den Häschern der Inquisition ergriffen, monatelang gefangengehalten und unmenschlich gequält worden war und endlich wie durch ein Wunder hatte entkommen können.

Anna weinte. Wie sehr wurde sie an ihre eigenen Erfahrungen und Erlebnisse vergangener Tage erinnert!

„Und Ihr konntet eines Tages fliehen?"

„Nun, am Tage meiner Flucht war ich nicht mehr im Gefängnis. Sie hatten ihre Anklagen nicht beweisen können und mich freilassen müssen – allerdings mit dem ausdrücklichen Verbot, die Stadt ohne ihre Einwilligung zu verlassen. Ich wußte, sie warteten nur auf eine weitere Möglichkeit, mich erneut anzuklagen und festzunehmen. Wie durch ein Wunder konnte ich – in der Uniform eines spanischen Soldaten – aus der Stadt fliehen."

„Und wie kamt Ihr schließlich hier nach Antwerpen? – Wußtet Ihr nicht, daß die Stadt in der Hand der Spanier ist?"

„Nein, das wußte ich nicht, bis ich hier war. Ich bin Niederländer von Geburt und wollte hier zu meinen Verwandten; aber offenbar sind sie alle weggezogen, und es wird schwerfallen sie zu finden."

„Wenn sie nicht gar übers Meer nach England ausgewandert sind, habt Ihr vielleicht doch eines Tages Erfolg mit dem Suchen."

„Ich hoffe es sehr – schon allein wegen meiner Mutter. Wie wird sie sich um mich gesorgt haben all die Monate! Wie wird sie sich danach sehnen mich wiederzusehen! Als ich abends bei Dunkelheit hier ankam, schlich ich mehrere Male um unser Haus, aber da war kein Licht zu sehen, alles war still und die Läden und die Tür fest verschlossen. Auf mein Klopfen bekam ich keine Antwort. – Nun muß ich sehen, daß ich wieder gesund werde und zu Kräften komme, und daß ich andere Kleidung finde, und dann suche ich . . ."

„Würdet Ihr mir Euren Namen nennen?"

„Meinen Namen – nun, ich vertraue Euch – ich heiße Verkampt – Adrian Verkampt."

„Adrian – von Mynheer Verkampt und dessen Gattin in der Reederstraße – ?" Anna stockte der Atem.

„Ja, das sind meine Eltern."

„O, unserem großen Gott und Vater sei Dank, sei Dank! Da kann ich Euch helfen! Familie Verkampt ist befreundet mit meiner Herrschaft – ich bin ihre Magd! – und vor kurzem nach Amsterdam gezogen."

„Ihr habt die Adresse...?"

„Nein, Mynheer Verkampt. Ich weiß um diese Sache nur, weil die Nichte meiner Herrschaft mitgereist ist. Meine Herrschaft kann Euch jedenfalls mehr sagen und bessere Auskunft geben."

„Könnte ich doch noch heute zu ihr – meiner Mutter!"

Der Kranke schwieg eine ganze Weile. Dann reichte er Anna die Hand: „Der Herr wird's Euch vergelten, was Ihr für mich getan habt – und auch allen hier im Hause!"

„Schon gut, Mynheer Verkampt. Es ist etwas Köstliches, für Ihn Botendienste tun zu können. Ich will mich gern weiter für Euch verwenden und vor allem meiner Herrschaft von Euch erzählen." –

Frau Margarete hörte aufs äußerste gespannt zu, als Anna von ihrem Gang in die Stadt zurückkam und von ihren Erlebnissen berichtete. Wie würden sich Verkampts freuen, wenn ihnen mitgeteilt wurde, daß ihr Sohn noch lebte! „Er muß so bald wie möglich nach Amsterdam reisen! Ich werde persönlich mit ihm sprechen – am liebsten heute noch! Wir müssen ohnehin zum Markt, Anna, um für die kommende Woche für die Küche einzukaufen. Da fällt es sicher nicht auf, wenn wir dabei einen kleinen Umweg machen."

Auf dem Markt trafen sie dann auch mit Frau van Nuten zusammen. Es gab viel zu bereden. Frau van Nuten teilte mit, daß demnächst ihr junger Gast, Louis Bordait, von Ihnen Abschied nehmen werde.

„Er wird uns sehr fehlen, war er uns doch wie ein Sohn. Aber es zieht ihn nach dem Norden, um bei den Generalstaaten in Dienst zu treten, – möglichst in der nächsten Umgebung des Prinzen Moritz, von dem er glaubt, daß er unser Land von den Spaniern zu säubern vermag. Zwar ist Bordait noch nicht wieder völlig gesund und bei Kräften für den aktiven Dienst; doch hofft er eine passende Verwendung zu finden. Völlig gesund könne er sowieso nicht eher werden, bis die Spanier endgültig besiegt und aus dem Lande gejagt seien. Noch immer voller Ungeduld, unser lieber Feuerkopf!"

Die Damen hatten nur im Flüsterton miteinander geredet, denn seit die Stadt in den Händen der Spanier war, mußte man mit dem Reden sehr vorsichtig sein. Dann besorgten Frau Margarete und Anna ihre Einkäufe und machten sich auf den Weg zu Adrian Verkampt.

Margarete kannte ihn ja von früher her – nun erschrak Sie, wie krank und angegriffen er aussah. Aber er lebte!

„Wie werden sich Eure Eltern freuen!" sagte sie froh, „sie haben sich Euretwegen viele, viele Sorgen gemacht! Aber sie haben auch nie die Hoffnung aufgegeben Euch wiederzusehen."

„Die armen Eltern!" Der junge Mann senkte den Kopf. „Aber was kann ich jetzt tun? Ich müßte heute noch zu ihnen. Doch wie soll das gehen? Den ganzen Weg zu Fuß zurückzulegen, dazu bin ich noch viel zu schwach, und zu schwach bin ich auch, mir die Passage auf einem Schiff durch eigenen Dienst an Bord ableisten zu können."

Da erinnerte sich Frau Margarete plötzlich an den jungen

Franzosen: „Louis Bordait rüstet sich, um nach Norden zu reisen, wie ich soeben von Frau van Nuten erfuhr. Der wird Rat wissen, und für die Unkosten kommen meine Schwester und ich auf. Deshalb seid gutes Mutes, lieber Freund. Es kann sein, daß sich das alles ganz leicht regeln läßt. Ich werde mich gleich um alles kümmern."

„Wie gütig von Euch!" sagte der Kranke erleichtert. Dann legte er sich zurück aufs Kissen und sank in einen tiefen, kräftigenden Schlaf.

Als Frau Margarete zu Hause angekommen war, sandte sie sofort eine kurze Nachricht an Louis Bordait mit der Bitte, sie wenn möglich noch am selben Tag zu besuchen. Durch den selben Boten ließ sie den jungen Franzosen um einige Kleidungsstücke bitten, die Adrian gewiß passen würden, da er und Louis ungefähr gleich groß waren.

Gegen Abend kam Louis Bordait. Frau Margarete entschuldigte sich, ihn so kurzfristig hergebeten zu haben, und brachte ihr Anliegen vor:

„Ich hörte, Ihr wollt Antwerpen verlassen, und da möchte ich Euch sehr herzlich um eine Freundlichkeit bitten . . . "

„Es ist mir eine Ehre, daß Madame meine Dienste in Anspruch nehmen möchte", versicherte der junge Mann.

„Ihr erinnert Euch sicher der Familie Verkampt, die erst vor einigen Monaten von hier nach Amsterdam übersiedelte?"

„Freilich. Ich habe doch an der Seite ihrer beiden Söhne auf dem Kowenstyn gefochten! Und Mynheer Verkampt habe ich hier in Eurem Hause begrüßen können, Madame."

„Wußtet Ihr, daß noch ein dritter Sohn da ist?" fragte Frau Margarete.

„Nein, Madame, das ist mir nicht bekannt. Steht er auch im Dienst Eures Landes?"

„Nein. Er ging vor zwei Jahren in Geschäften nach Spanien und war seitdem vermißt. Er war in den Händen der Inquisition."

„Und ist entkommen?" fragte der junge Mann gespannt. „Ich hasse sie alle, die nicht nach Recht und Gesetz, nach Leib und Leben unschuldiger Menschen fragen, o, ich hasse sie! Und ich freue mich für jeden, der ihren Klauen zu entrinnen vermag!"

„Er ist entronnen", erklärte Frau Margarete ruhig. „Aber er hat viel Schweres erlitten und ist noch krank und schwach. Er kam in einer spanischen Uniform hier an und hat sich bei Glaubensgenossen, im Hause einer Dienstmannsfamilie, versteckt gehalten, die ihn mit viel Liebe und Sorgfalt gepflegt haben. Und nun, nachdem er wieder ein wenig zu Kräften gekommen ist, möchte er so schnell wie möglich nach Hause, nach Amsterdam zu den Seinen. Philipps Späher haben ihre Augen allenthalben, und leicht könnte er ihnen auffallen und erneut in ihre Gewalt kommen. Deshalb nun meine Frage und Bitte zugleich: Könnt Ihr ihm raten und helfen?"

Der junge Mann überlegte kurz, dann antwortete er: „Ich werde tun was ich kann. Die größte Schwierigkeit sehe ich darin, die Stadt unentdeckt zu verlassen. Hat er erst die Küste erreicht, ist er in Sicherheit. Die Kontrolle über die See ist fest in der Hand unserer Leute und unserer Verbündeten, der Engländer. Ich habe mir für meine Reise einen Platz auf der ‚Treckschuyte' gesichert, die von hier nach Vlissingen fährt. Vielleicht kann ich den Kapitän überreden, Mynheer trotz dessen schlechten Gesundheitszustandes mitzunehmen. Ich freue mich jedenfalls für jeden, der den spanischen Häschern zu entkommen vermag. – Wir müssen bis spätestens morgen früh aus der Stadt sein, wenn unser Plan gelingen soll. Deshalb möge mich Madame entschuldigen, wenn ich mich jetzt verabschiede, um die nötigen Vorbereitungen zu treffen."

„Ich bin Euch sehr, sehr dankbar, Mynheer Bordait, für Eure Bereitschaft zu helfen. Hoffentlich werdet Ihr selbst dadurch nicht in Euren Plänen behindert."

Der junge Franzose wies jeden Dank höflich zurück. –

Am folgenden Morgen waren die beiden jungen Männer bereits vor Tagesanbruch an Bord des Schiffes und segelten stromabwärts. Gegen Abend erreichten sie Amsterdam. Sie staunten über die Größe dieser Stadt, ihre vielen öffentlichen Einrichtungen, vor allem aber über den großen Hafen mit den ungezählten großen und kleinen Schiffen und den ausgedehnten Schiffswerften. Was war da ein Leben und Treiben! Da hörte man Laute in vielerlei Sprachen, und alles trug den Stempel des guten Gedeihens und des Wohlstandes.

„Wie früher bei uns daheim in Antwerpen!" sagte Adrian nicht ohne Bitterkeit.

„Gräme dich nicht darum, Freund", entgegnete der junge Franzose herzlich. „Wohl hat euer Land unter der Hand Spaniens sehr gelitten. Aber du siehst, eine ganze Anzahl Städte sind euch geblieben, und ihr Anblick will euch sicher sagen, daß noch einmal für die Niederlande eine hellere Zeit kommen wird."

„Das hoffe ich sicher, und ich bin gewiß nicht undankbar, wenn ich wie hier heute Frieden und Wohlfahrt vor Augen haben darf."

Sie machten sich dann auf den Weg zum Hause des Mynheer Rampaerts. Weil sie es erst nach längerem Suchen und Fragen fanden, war es bereits dunkel, als sie dort eintrafen. Nach kurzem Läuten erschien ein Hausmädchen und teilte ihnen auf ihr Fragen mit, der Hausherr sei leider nicht zu Hause. Darauf wandten sie sich zum Gehen, um eine Unterkunft für die Nacht zu finden. Doch dann besannen sie sich wieder, zumal Adrian sich kaum noch auf den Beinen zu halten vermochte; erneut läuteten sie an Mynheer Verkampts Haustür und fragten nach Fräulein Christine. Diese kam selbst die Treppe herunter, und als sie die späten Besucher sah, rief sie erfreut:

„Herr Bordait! – welche Freude! Ihr in Amsterdam!"

„Wir sind heute hier angekommen, und ich habe einen Brief mitgebracht von Frau Margarete Rampaerts für Euren Vater."

„Der Vater ist heute abend aus geschäftlichen Gründen nicht daheim. Aber die Mutter wird sich sehr freuen, Euch begrüßen zu können. Kommt mit herauf – auch Euer Begleiter, er sieht recht erschöpft aus, und eine Erfrischung wird Euch beiden gut tun."

„Gerade seinetwegen habe ich Euch noch heute abend aufgesucht, Fräulein Christine. Er ist erst vor wenigen Wochen der Inquisition in Spanien entkommen, war sehr krank und muß so bald wie möglich zu den Seinen – die sehr auf ihn warten! – es ist Adrian Verkampt!"

Vor Überraschung wußte Christine zunächst kein Wort hervorzubringen, dann streckte sie Adrian Verkampt beide Hände entgegen und rief überglücklich: „Wie wird sich Eure Mutter freuen – und Eure ganze Familie! Ja, wir wußten, daß Gott Euch heimführen wird! Er hat's getan, Ihm sei Dank!"

„Und sicher haben Ihr und meine Mutter mitgeholfen – durch euer treues Gedenken und eure Fürbitte! Ja, Gott sei gedankt!" fügte der junge Mann hinzu.

„Gott kann Wunder tun, o ja! – Aber nun kommt zur Mutter. Sie wundert sich gewiß schon, daß wir so lange hier unten stehenbleiben."

Frau Rampaerts zeigte sich ebenfalls hoch erfreut und begrüßte die späten Gäste aufs herzlichste. Sie wurden ins Wohnzimmer geführt und mußten eine kleine Stärkung zu sich nehmen.

„Eure Eltern wohnen gar nicht weit von hier", erklärte sie dann. „Aber es wird gut sein, wenn Christine Euch vorausgeht und der Mutter Euer Heimkommen behutsam ansagt. Die übergroße Freude könnte ihr sonst schaden angesichts ihres schwachen Gesundheitszustandes. Bleibt noch ein paar Augenblicke hier bei uns und ruht Euch ein wenig aus, dann mögen Christine und Karl Euch vorausgehen zu Euren Eltern."

Adrian bedankte sich für die Güte, die ihm zuteil geworden sei. Selbst bei diesen wenigen Worten war deutlich zu erkennen, wie müde und entkräftet er war, und so hielt man ihn nicht länger auf. Christine und Karl machten sich bereit, ihn heimzugeleiten zu den Seinen.

Auch Louis Bordait erhob sich.

„Nein, Mynheer", wandte sich nun Frau Rampaerts an den jungen Franzosen, „Ihr seid heute nacht unser Gast. Unser Gastzimmer steht Euch zur Verfügung. Mir liegt viel daran, daß auch mein Mann Gelegenheit bekommt, sich mit Euch zu bereden, zumal Ihr noch vor kurzem bei seinen Schwestern zu Gast gewesen seid. Bitte, bleibt die Nacht bei uns!"

„Ihr seid sehr freundlich, Madame Rampaerts, und ich gestehe offen, ich bleibe gern, denn auch mir liegt sehr daran, Euren Gatten zu sprechen, wo es doch mein großer Wunsch ist, in den Dienst der Staaten zu treten und dem Prinzen Moritz vorgestellt zu werden."

Lange und lebhaft berichtete der junge Franzose dann über den Stand der Dinge in den Niederlanden, über seine eigenen Hoffnungen und Befürchtungen für die Zukunft und vor allem von seinem großen Held und Vorbild: Heinrich von Navarra.

Inzwischen geleiteten Christine und Karl den jungen Adrian Verkampt zur Wohnung seiner Eltern. Wie verabredet, trat Christine zunächst allein an die Haustür und setzte den Klopfer in Tätigkeit. Karl und Adrian warteten im Dunkeln hinter der nächsten Hausecke.

„Ei, mein Kind – welche Freude noch zu solch später Stunde!" begrüßte Frau Verkampt sie, nachdem man sie eingelassen hatte. „Was führt dich jetzt noch zu uns? Du schaust so froh aus – eine freudige Nachricht also?"

„Ja, wahrlich, eine freudige Nachricht, eine sehr, sehr freudige Nachricht habe ich. Und wie glücklich bin ich, daß gerade ich sie Euch bringen darf!"

„Dann nur heraus damit, mein Kind. Was macht dich so froh? Was sollen wir noch erfahren, um uns mit dir zu freuen?"

Sie ahnte nicht, daß diese Nachricht sie selbst betreffen könnte.

„Heute sind Freunde aus Antwerpen zu uns gekommen, und sie bringen frohe Botschaft mit – für Euch, für Euch, liebe Frau Verkampt."

Sie sahen einige Augenblicke lang einander in die Augen. Plötzlich überzog fahle Blässe Frau Verkampts Gesicht.

„Kunde von meinem Adrian – ?"

„Ja, so ist es. Gute Nachricht von Adrian. Euer Sohn ist hier in Amsterdam und kann Euch noch heute abend begrüßen. Zwar war er krank und ist noch der Pflege bedürftig, doch daran wird es ihm in nächster Zeit hier ja ganz gewiß nicht fehlen."

Christines Augen strahlten bei diesen Worten, und man sah ihr die Freude an.

„Wo ist er – jetzt, in diesem Augenblick..?" fragte Frau Verkampt so leise, daß ihre Worte kaum zu verstehen waren. Dabei waren ihre Augen unnatürlich weit geöffnet und starrten Christine aufs äußerste gespannt an.

„Er ist hier. Er ist hier in Amsterdam. Er wartet – unten – an der Haustür!"

In den nächsten Augenblicken hielten Mutter und Sohn einander umschlungen. –

Auf dem Heimweg sprachen die beiden Geschwister von den Ereignissen des Abends.

„War das eine Freude!" sagte Karl.

„Ich hätte noch ein wenig vorsichtiger sein müssen bei meiner Ankündigung; wie bleich Frau Verkampt wurde, als sie verstand, was ich ihr mitteilen wollte!"

„Was hat sie aber auch all die Zeit durchlitten, hoffen, warten, hoffen, warten! Sei ohne Sorge, Christine, du hast schon die rechte Art für so etwas. Und daß ihr Sohn ohnmächtig zu Boden sank, setzte ihr dann noch ganz besonders zu. Nun, das ist kein Wunder, wenn man bedenkt, was er mitgemacht hat! Monatelang unter unmenschlichen Bedingungen im Kerker, in ständiger Todesangst!"

„Mynheer Bordait sprach vom Inquisitionsgefängnis in Barcelona", sagte Christine schaudernd und zog sich den Schal enger um die Schultern.

Ein Weilchen gingen sie still nebeneinander her. Dann stieß Karl zornig hervor: „Wir müssen sie aus dem Lande jagen, diese Spanier! Sie sollen uns in Ruhe lassen! Sie haben nicht über uns zu bestimmen! Diese ganze Inquisition ist Teufelswerk!"

„Dafür kämpfen wir ja nun schon all die Jahre!" entgegnete Christine ernst. „Tante Margarete erzählte mir, daß dieserhalb schon Krieg herrschte, als sie noch ein Kind war."

„Und der Kampf darf nicht aufhören, bevor wir frei sind", ereiferte sich Karl. „Wenn Mutter doch einwilligte in meinen Plan, zur seeländischen Flotte zu gehen und gegen Philipp zu kämpfen!"

Christine wußte, daß ihres Bruders ganzer Sinn darauf gerichtet war, bei der Flotte zu dienen. Sie wußte auch, daß er mit diesem Wunsch im Herzen nicht geeignet sein werde, in Vaters Geschäft einzutreten, und schon öfter hatte sie dieserhalb mit der Mutter gesprochen.

„Ich muß etwas für unser Land tun!" fuhr er zornig fort. „Manchmal kann ich mich fast nicht mehr beherrschen, dann packt es mich so sehr, daß ich auf der Stelle von zu Hause fortgehen und mich auf dem ersten besten Schiff anheuern lassen möchte!"

„Nein, Karl, o nein, bitte tu das nicht!" flehte Christine, „wenn die Eltern wüßten, wie sehr dich danach verlangt, zur

Flotte zu gehen, sie könnten nicht anders als ihre Einwilligung geben – sicher wider besseres Wissen! Und das wäre schlimm! Und gar ohne ihr Wissen von zu Hause weglaufen, Karl, das würde ihnen das Herz brechen!"

„Du hast schon darüber mit ihnen gesprochen?"

„Ich habe mit der Mutter gesprochen."

„Und was hat sie gesagt?"

„Sie hat gesagt, es würde ihr unendlich schwer sein, dich ziehen zu lassen; aber sie könnte dich letztlich nicht zurückhalten – du hättest selbst auch Verantwortung auch vor Gott."

„Das weiß ich selbst, Christine. Und trotzdem! Ich meine, ich müßte heute noch fort und an der Front stehen und mitkämpfen."

Als sie nach Hause kamen, fanden sie den Vater in lebhafter Unterhaltung mit dem Gast. Der Abend verging schnell bei teilweise sehr erregt geführten Gesprächen.

Schon früh am nächsten Morgen stand Mynheer Verkampt vor der Haustür. Er grüßte alle und wandte sich dann an Christine:

„Kind", sagte er voll Liebe, „meine Frau sehnt sich nach dir. Schon oft hast du ihr Trost zugesprochen und bist ihr eine Hilfe gewesen. Und schon zweimal warst du Überbringerin einer guten Botschaft. Meine Frau bittet dich herzlich, sie so bald wie möglich wieder zu besuchen. Komm doch wenn möglich noch heute morgen zu ihr! Ich denke, Ihr könnt sie heute einmal für einige Stunden entbehren, Frau Rampaerts, oder?"

„Sicher", nickte sie und fragte dann: „Wie geht es Eurem Sohn?"

„Er ist noch sehr schwach, er kann nur für kurze Zeit sein Lager verlassen. Aber er ist stets in Frieden und klagt nicht. Ich bin überzeugt, daß er bei guter Pflege wieder gesund wird."

Als Christine fort war, fand Karl Gelegenheit, sich bei seiner Mutter offen auszusprechen wegen seines Herzenswunsches. Sie hatte Verständnis für ihn, konnte sich jedoch nicht dazu entschließen ihre Zustimmung zu geben. Zudem wollte sie sich natürlich zuerst auch mit dem Vater bereden. Karl hatte nach dieser Unterredung den Eindruck, daß die Eltern vielleicht schließlich doch einwilligen würden, wenn er immer wieder auf seinen Wunsch aufmerksam machte. –

Die allgemeine Lage im Kampfgeschehen hatte sich noch nicht gebessert. Elisabeth von England machte große Zusagen, löste sie aber nicht ein. Zwar hatte sie ja ihren Günstling Leicester herüber aufs Festland gesandt, aber dieser, zunächst mit allen erdenklichen Freuden- und Ehrenbezeigungen empfangen, erwies sich schon bald als der unrechte Mann für seinen Posten. Er wollte in allen Entscheidungen nach eigener Willkür handeln, war sehr eitel und erwartete wie ein König geachtet und geehrt zu werden. So kam es ständig zu Streitereien zwischen ihm und den Staaten. Zank und Mißgunst lenkten ab von den eigentlichen Nöten im Lande. Verschiedene wichtige Städte wurden von den Spaniern befestigt, und die Staaten mußten sich eingestehen, daß ihre Lage schlimmer statt besser wurde. –

„Es ist wohl nicht von ungefähr, daß wir gerade heute von deinen Zukunftsplänen sprechen, Karl", meinte Mynheer Rampaerts nachdenklich, als Karl ihm seinen großen Wunsch vorgetragen und um eine Entscheidung gebeten hatte.

„Wieso?"

„Hast du noch nicht gehört, daß der berühmte Drake in Holland ist?"

„Drake in Holland!" rief Karl begeistert. „Ich muß ihn sehen!"

Mynheer Rampaerts lächelte zwar über die Begeisterung seines Sohnes, mußte sich aber auch gestehen, daß er diese Begeisterung in nicht geringem Maße teilte. Mit vielen tapferen Männern in Holland sah er mehr und mehr ein, daß ihr Widerstand gegen die spanische Tyrannei zur See weit erfolgversprechender war als zu Lande. Darum widersetzte er sich schließlich nicht mehr dem Wunsch seines Sohnes, nach dem Haag zu gehen und den großen Seefahrer zu sehen.

Francis Drake war um diese Zeit bereits ein berühmter Seeheld, fünfundvierzig Jahre alt, klein von Gestalt, blond und mit klaren blauen Augen, zum Anführen wie geboren. Er hatte schon einmal die ganze Welt umsegelt und den Spaniern große Schätze abgenommen. Die Spanier meinten, sie allein hätten das Recht, in den südlichen Meeren Handel zu treiben. Auf seinem bekannten Schiff „Die goldene Hirschkuh" hatte er König Philipp bereits in dessen westindischen Besitzungen erhebliche Demütigungen beigebracht, und jetzt drängte es ihn erneut, dem Feind so viel wie möglich zu schaden. In die Niederlande war er vor allem in der Absicht gekommen, mit den führenden Männern der Staaten den Plan zu einem zunächst noch geheimen Schlag gegen die Spanier zu besprechen.

Es war nämlich bekannt geworden, König Philipp rüste in Lissabon, Cadix und einigen anderen Hafenstädten eine gewaltige Kriegsflotte aus. Wie zudem immer wieder gemunkelt wurde, sei diese Flotte für den Angriff auf England bestimmt. Zwar stritt Philipp dies energisch ab, doch

Drake traute seinen Worten nicht und hatte den brennenden Wunsch, einem solchen Angriff zuvorzukommen.

„Ich gehe mit dir nach dem Haag, mein Sohn", sagte der Kaufmann schließlich. „Dort habe ich ohnehin geschäftlich zu tun, und auch ich möchte den berühmten Seehelden gern sehen."

Bereits am folgenden Morgen brachen sie zu ihrer Reise auf. Als Karl sich von seiner Mutter und seinen Schwestern verabschiedete, wurde es ihm doch ein wenig bange ums Herz. Wie leicht konnte es ein Abschied für immer sein! -

Adrian Verkampt erholte sich nur langsam. Die monatelange Kerkerhaft und die auf der Folter erhaltenen Beschwerden und dann dazu die mancherlei Anstrengungen auf der Heimreise hatten ihm doch sehr zugesetzt. Da war es gut, daß er nun die sorgsamste Pflege erhielt.

Als Christine eines Tages seine Mutter besuchte und auch ein wenig Zeit für ihn fand, ihm zuzuhören, berichtete er ihr einiges von seinen Erlebnissen. Dann sagte er: „Meiner Mutter könnte ich das alles nicht erzählen, sie grämt sich ohnehin schon genug über meinen Zustand. Wie erregt sie sich allein schon beim Anblick meiner Verletzungen, wenn sie mich verbindet! Wollte ich ihr Einzelheiten erzählen, sie käme von Sinnen."

„Es muß eine schreckliche Zeit gewesen sein", entgegnete Christine.

„Ja, es war schrecklich. Wie gut, daß der Herr Jesus mir beistand und mir täglich von neuem Kraft verlieh und mich tröstete. Es ist furchtbar, in die Hände von Menschen zu geraten, die Freude daran haben, zu martern, und all die stöhnen zu hören, die von solchen Unmenschen verstümmelt und zu Tode gequält werden."

„Furchtbar..."

„Ja, das ist es. Und doch ist dies nur die eine Seite. Ist es andererseits nicht auch eine ganz besondere Ehre, für den Gekreuzigten und Auferstandenen zu leiden, der uns beisteht und Kraft schenkt und Seinen Frieden – und am Ende unseres Lebensweges die Belohnung? Ja, jene Heiligen Gottes, die in den düsteren spanischen Kerkern durch unsägliche Schmähungen und Mißhandlungen hindurchzugehen haben, werden einst leuchten wie die Sonne in ihres Vaters Reich. Und wir werden sie sehen", fuhr der junge Mann fort, „wir werden sie sehen ohne Spur von Schmach und Schmerz, gekrönt mit überschwenglicher Freude, anerkannt von Christo. Diese alles übertreffende Herrlichkeit wiegt sogar solche Trübsal auf!"

„Adrian, mein Sohn, wie danke ich Gott, daß du alles sehen kannst in Seinem Licht, im Licht der Ewigkeit!"

Frau Verkampt hatte die Worte ihres Sohnes zufällig von einem Nebenraum aus mitgehört.

„Mutter! – ich ahnte nicht, daß du in der Nähe warst, ich wollte dir keine Not machen. Hast du alles mitgehört – alles was ich Christine berichtete?"

„Ja alles", antwortete die Mutter ruhig, „und ich danke Gott dafür. Ich weiß, du wolltest mir gern dies alles ersparen, und das ist gut so. Aber Gott ließ mich mithören, und wie freue ich mich, daß du es mit Seinen Augen siehst und beurteilst, daß du dies alles im Licht der Ewigkeit siehst! Und so möchte ich es nun auch immer sehen, dann wird vieles anders, dann läßt sich dies alles leichter ertragen – im Licht der Hoffnung der Herrlichkeit droben."

„Die Herrlichkeit ist etwas Wirkliches, Mutter, wie auch die Leiden wirklich waren", sagte der junge Mann und schritt im Zimmer auf und ab.

„Ich weiß es. Oft aber trüben die Leiden uns den Blick nach oben. Dennoch kann ich dem Herrn von Herzen danken, daß mein Sohn zu denen gehört, die einst in besonderer Weise Teilhaber Seiner Herrlichkeit sein werden."

„Ach, Mutter, du hältst zu viel von deinem Sohn", entgegnete Adrian bescheiden. „Doch nun zu etwas ganz anderem: Ich denke, es ist Zeit, daß ich mich nach Arbeit umsehe..."

„Du bist noch nicht ganz gesund, Adrian. Was hast du vor?"

„ – doch nicht in den Krieg ziehen?" warf Christine ängstlich ein.

„Nein, Christine, zum Soldaten tauge ich nicht mehr. Das überlasse ich meinem Bruder Paul. Ich möchte zunächst Vater im Geschäft helfen – bis Gott mich beruft in Seinen Dienst zu treten und Ihm zu dienen als Prediger des Evangeliums."

„Ist das deines Herzens Wunsch, Adrian?"

„Ja, Mutter, schon seit langer Zeit. Aber noch öffnet sich mir kein Weg. Ich möchte Gottes Zeit abwarten. Es mag sein, Er gibt mir zunächst noch einiges mehr zu lernen auf."

Da wurde dieses Gespräch durch ein Klopfen an der Tür unterbrochen, und Louis Bordait trat ein. Er war mehrere Wochen von Amsterdam fort gewesen und soeben zurückgekehrt. Nach freundlicher Begrüßung berichtete er, was er gehört und erlebt hatte.

„Ich besuchte mehrere holländische Städte und hatte auch Gelegenheit, Prinz Moritz kennenzulernen."

„Und was hältst du von ihm?" fragte Adrian.

„Ein Held!" urteilte der junge Franzose begeistert. „Weise, vorsichtig, umsichtig. Ich bin überzeugt, er wird das Land vom Tyrannen befreien! Er ist zwar nicht ganz so offen, so populär wie Navarra und hat vielleicht auch nicht dessen Eigenschaften, ein guter Heerführer zu sein; doch schätzt man in solcher Zeit sehr die ruhige Art und den umsichtigen Blick für das Notwendige, wie er sie hat. – Übrigens, habt Ihr gehört, daß Leicester fort ist?"

„Ja", antwortete Adrian. „Das bedeutet keinen Verlust."

„Vielleicht. Aber er bedeutete ein gewisses Bindeglied zwischen England und den Niederlanden."

„Ein Bindeglied, auf das man gut verzichten kann. Er verursachte ständig Zank mit den Staaten und nährte – wohl bewußt – Zwist und Hader unter unseren Herrschenden. Wir wissen, daß Elisabeth ihm willig ihr Ohr leiht, und wer kann sagen, was er ihr nicht alles über unser Land berichtet! Denn Leicester ist nicht gerade ein Freund der Wahrheit, und ich halte ihn für fähig, seiner Königin zum Frieden mit Philipp zu raten."

„Frieden mit Philipp!" rief Bordait hitzig, „das ist undenkbar! Wer kann mit einem Tyrannen Frieden schließen! Frieden mit Philipp bedeutet Verwüstung, Unterdrückung, Sklaverei! Denkt an Antwerpen!"

„Das ist wahr", pflichtete Adrian bei. „Schaut euch ihre eigenen Städte an in Spanien, sie sind reich, mächtig, aber die wahren Jünger Jesu in ihren Mauern leben in ständiger Angst. Zu jeder Stunde, ob bei Tage oder bei Nacht, ist es den Bevollmächtigten der Inquisition erlaubt und auch möglich, in die Häuser zu dringen und jeden Verdächtigen ohne ein Wort hinwegzuführen. Und welch ein Bangen um sie in den zurückgelassenen Familien!"

„Unerträglich!" rief der Franzose. „Warum wehrt man sich nicht gegen ein solches Treiben! – Sind denn gar keine wirklichen Männer mehr da! Da muß doch Einhalt geboten werden!"

„Widerstand gegen die Inquisition – wer wollte das wagen! Und wie sollte das möglich sein! Alles geschieht im Dunkeln, geheimnisvoll, hinterhältig – völlig unvermutet. – Aber ich denke trotzdem wie du! Rechte Männer können so etwas nicht dulden! Sie müssen sich dagegen auflehnen – und kämpfen –, wie es die Holländer tun. Doch der Sieg wird auf andere Weise erstritten..."

„Ich bin bereit zu kämpfen, euch beizustehen so gut ich vermag!"

„Ihr habt Euch schon im Kampf um Antwerpen um uns verdient gemacht", unterbrach Frau Verkampt das Gespräch.

„Ja, Madame", nickte Bordait ihr voll Eifer zu, „und es soll wieder geschehen, sobald sich Gelegenheit bietet!"

„Wie kommt das bloß, daß Ihr Euch so sehr für uns verwendet, wo doch auch in Frankreich Gelegenheit dazu ist?"

„Das will ich Euch gern sagen, Madame Verkampt. Seit diesem unseligen Edikt von Nemours hat man alle meine Besitzungen eingezogen. Man ließ mir einige Monate Zeit für die Entscheidung, entweder mein Heimatland zu verlassen oder mich den Priestern zu fügen. Mein Land und die Herrschenden dort waren mir schließlich so verleidet, daß ich beschloß, auszuwandern und mich Euren tapferen Leuten anzuschließen. – Es muß gelingen, die Spanier zu vertreiben! Es muß gelingen, uns von ihrem unseligen Joch zu befreien! Schon beginnt die kleine Republik Holland größer, mächtiger zu werden! Ihr habt bereits mehr Schiffe und mehr Seeleute als England! Überall wird gebaut, erweitert, vergrößert! Das Meer führt euch aus aller Welt Reichtum zu! Wäre nur nicht dieser unselige Krieg! Wären die Spanier nicht hier! Es muß gelingen, sie zu vertreiben!" –

An einem Sommerabend kehrten Christine und ihre Schwester Maria von einem Spaziergang zurück und kamen am Schiffslandeplatz im Hafen vorbei. Da trat ein junger Seemann auf sie zu und grüßte lächelnd: „Guten Abend, verehrte Damen!"

Christine erkannte den jungen Mann sofort. „Karl – du?" Welch eine Freude für die drei Geschwister, einander wiederzusehen!

Maria, die ihn nicht sofort erkannt hatte, meinte lächelnd:

„Du hast dich aber auch völlig verändert, bist größer geworden, braun gebrannt, und trägst einen Bart! – alles ganz anders als vor einem Jahr, als du von uns gingst!"

„Ich war ja auch monatelang auf See. Und unsere täglichen Pflichten haben uns sicher mit verändert", schmunzelte Karl. „Zudem: Ein Jahr Seefahrt an Deck bei Francis Drake läßt einen wesentlich schneller den Kinderschuhen entwachsen als man ahnt."

„Du warst gewiß auch in Spanien! Mutter hat sich sehr viel Sorgen gemacht um dich. Wie wird sie sich jetzt freuen!"

„Unsere gute Mutter! Nun, ich konnte ihr leider keine Nachricht schicken all die Monate. Wie geht es ihr?"

„Heute abend ganz sicher ausgezeichnet", entgegnete Maria und sah den Bruder immer wieder froh an.

Wenig später war dann die ganze Familie um ihren Seemann versammelt. Er und seine Mutter saßen dicht beisammen auf dem Sofa und hielten einander an der Hand. Er erzählte von seinen Erlebnissen, vor allem von der Fahrt an die Küsten Spaniens, wo sie herausfinden wollten, wie weit Philipps Flottenbaupläne Wirklichkeit wurden.

„Wir hatten von Berichten gehört, die uns aufmerksam machen sollten auf den Bau einer großen Flotte – Drake ist überzeugt, für einen Angriff auf England. Im Golf von Biscaya trafen wir auf zwei Schiffe, durch die wir erfuhren, daß die Rüstungen hauptsächlich in Lissabon und in Cadix erfolgen, und sofort steuerten wir dorthin. Wir fanden die Nachricht bestätigt. Im Hafen von Cadix lagen eine ganze Anzahl neuer, großer Galeeren, beladen mit Vorräten aller Art, und zwei Tage hatten wir zu tun, sie zu erleichtern. Tonnenweise warfen wir das Ladegut ins Wasser."

„Und die Spanier? – wehrten sie euch nicht?"

„Sie versuchten es zwar, aber ihre mächtigen Kähne waren viel zu unbeholfen. Bis sie heran waren, packten wir von hinten erneut zu und ließen sie im Wasser planschen. Mehr als hundert ihrer Kähne trieben stundenlang als riesige Fackeln brennend auf See. Ha, war das ein Scherz! Nicht mal zum Essen nahmen wir uns Zeit! Was wird Philipp getobt haben!"

„Mein Sohn, ich hoffe nicht, daß du Freude gefunden hast am Krieg und am Kampf und am Töten."

„Da sei ohne Sorge, Mutter. Aber ich kann nicht anders, ich muß mich freuen, wenn Philipp auf die Finger kriegt! Gewiß, den einzelnen Soldaten oder Seemann leiden und sterben zu sehen, das ist schrecklich. Schon aus diesem Grunde diene ich unserem Land lieber auf dem Wasser als zu Felde, denn wenn das Schiff untergeht, betrifft's alle."

„Wie beurteilt Drake Philipps gewaltige Rüstungen? Gegen wen sind sie gerichtet?"

„Ganz gewiß gegen England. Deshalb hat Drake die Königin bereits vorsorglich in Kenntnis gesetzt und ihr geraten, sich ebenfalls entsprechend zu rüsten. Doch scheint sie die ganze Sache nicht so ernst zu nehmen, obwohl ihr ganzes Land sehr beunruhigt ist."

„Verhüte es Gott, daß die Spanier auch noch in England Fuß fassen!" meinte der Vater. „Das würde für unser Land den völligen Ruin bedeuten, sind uns die englischen Schiffe bisher doch eine große Hilfe gewesen."

„Wir Seemänner werden alles aufbieten, um die Spanier davon abzuhalten", entgegnete Karl fest. „Im Kanal wimmelt es von unseren Schiffen, und sollten die Spanier sich heranwagen, gibt's erneut auf die Finger – wie bei Cadix und Lissabon!" –

Eines Tages kam ein Brief von Tante Margarete aus Antwerpen. Sie schrieb:

„Wir leben hier sehr einsam, denn wir halten uns von allem, was draußen geschieht, streng zurück. Ohne Anna würden wir gar nichts von draußen erfahren. Sie geht zweimal wöchentlich auf den Markt und erzählt uns, was sie dort hört. Gelegentlich besucht sie Kranke, Einsame und Notleidende und ist vielen hier ein Segen. Tante Else ist schwach, sehr ängstlich und oft sehr niedergedrückt. Antwerpen ist längst nicht mehr, was es einst war; seine glücklichen Tage sind wohl für immer dahin. Die Menschen machen einen eingeschüchterten, furchtsamen Eindruck. Der Handel vor allem auf den Werften stockt, die gewohnten Klänge geschäftigen Lebens sind fast völlig verstummt. Dies alles setzt Else sehr zu. Zwar versucht Anna immer wieder, ihr von sich aus nicht so viel von draußen zu berichten, aber Else läßt ihr keine Ruhe und fragt sie nach allem aus. Nein, es ist nicht mehr schön hier! Dich, liebe Christine, vermissen wir sehr und sprechen oft von Dir. Wie gern hätten wir Dich wieder hier bei uns in Antwerpen, doch wir wissen sehr wohl, daß Du da, wo Du jetzt bist, sicherer bist und auch am rechten Platz. Wir werden uns wiedersehen, liebes Kind, wann Gott will. Deine Freundin, Frau van Nuten, besucht uns gelegentlich, und das macht uns Freude . . ."

Nachdenklich legte Christine den Brief auf den Tisch. „Es scheint als sei ich dort nötiger als hier. Ob ich nicht doch noch einmal nach Antwerpen gehe?" überlegte sie eine ganze Weile.

Wie immer nahm sie auch jetzt Zuflucht zum Gebet. Danach war sie ruhiger, und sie sagte sich: „Meine erste Pflicht ist, meinen Eltern zu folgen und ihnen beizustehen – hier zu bleiben. Wenn der Herr mich in Antwerpen gebrauchen will, wird Er es mich deutlich wissen lassen und den Weg nach dort ebnen. Er kann und will die Lieben dort trösten auch ohne mich."

So dachte Christine. Doch ein gut Teil des nötigen Trostes wurde den Tanten und Anna durch einen lieben Brief, den sie von Christine erhielten. In Gedanken und in ihrer Fürbitte war das junge Mädchen oft in Antwerpen. –

Dann kam das denkwürdige Jahr 1588. Den ganzen Frühling und Sommer hindurch wurden sowohl die Niederlande als auch England durch allerlei Gerüchte über den Zweck von Philipps gewaltigen Rüstungen in ständiger Aufregung gehalten. Im Juli des genannten Jahres hieß es überall, die

‚Armada' solle nach Amerika segeln und sei gar nicht gegen England bestimmt.

Die Holländer aber trauten diesen Meldungen nicht und waren auch weiterhin sehr auf der Hut. Sie wußten, wie sehr Philipp darauf brannte, sowohl England als auch ganz Holland sich zu unterwerfen, und sammelten ihre Schiffe im Kanal und an sämtlichen Flußmündungen und Buchten ihrer Küste. Die Schiffe wurden von den tüchtigsten und zuverlässigsten Seefahrern befehligt. Die Niederländer sagten sich, der Prinz von Parma werde ganz sicher versuchen, die Küste zu erreichen, um mit der spanischen Flotte, sobald sie ankam, zusammenzuwirken. Das wollten sie um jeden Preis verhindern. Darum blockierten sie die gesamte Küste mit einer großen Zahl großer und kleiner Schiffe, die alle gut als Kriegsschiffe ausgerüstet worden waren. Parma war praktisch mit seinen Schiffen im Binnenland eingeschlossen. –

Karl hatte sich bald wieder von seinen Lieben zu Hause verabschiedet und war an Bord seines Schiffes gegangen. Die Seinen zu Hause erwarteten nun jeden Tag Nachrichten wegen der spanischen Flotte. Sie wußten, daß es zu einer großen Seeschlacht kommen mußte, und daß das Leben ihres Sohnes in höchster Gefahr war. An einem hellen Sommerabend standen die beiden Eheleute in ihrem Wohnzimmer am offenen Fenster und schauten auf den Zuyder See hinaus. Ihre Gedanken waren bei ihrem Sohn. Da klopfte es an der Tür. Mynheer Rampaerts ging hinaus um zu öffnen. Nach einigen Augenblicken trat er mit Louis Bordait ins Zimmer.

„Ich komme schon wieder einmal, Madame", sagte der junge Mann lächelnd, als er die Hausherrin begrüßte. „Fast fürchtete ich, Euch lästig zu werden. Aber heute bin ich trotzdem Eurer Verzeihung sicher."

„Monsieur Bordait, Ihr seid uns stets willkommen", entgegnete Frau Rampaerts freundlich.

Dann erklärte der Kaufmann: „Monsieur Bordait geht zur Flotte, und es besteht die Möglichkeit, daß er dort mit Karl zusammentrifft; er bietet uns an, Briefe an ihn mitzunehmen."

„So ist es, Madame. Es zieht mich zur See. Die Schlacht gegen die Spanier wird dort entschieden, und da muß ich dabei sein."

„Auch Ihr seid überzeugt, daß Philipps Plan den heimischen Meeren gilt?"

„Ganz gewiß. Sein Ziel ist England oder die Niederlande. Wahrscheinlich England. Sogar die Königin ist jetzt überzeugt, und sie stellt sich darauf ein. Sie zeigt auch keinerlei Furcht, und das ist gut so. Ihr Land rüstet sich, und einer ihrer größten Seehelden, Francis Drake, kreuzt im Kanal."

„Ob unsere kleinen Schiffe den mächtigen spanischen Schlachtschiffen gewachsen sind?" wandte der Hausherr ein. „Die sollen unglaublich schwer bewaffnet sein."

„Die Überlegenheit liegt nicht immer in der Größe – die Größe könnte auch einmal zum Nachteil sein –, jedenfalls im Kräftemessen mit Drake. Und zudem werden wir kämpfen mit letztem Einsatz, bis zum letzten Atemzug!"

Frau Rampaerts schauderte. Ihr Mann nahm sie bei der Hand:

„Liebes, Gott ist mit uns. Ist es nicht auch Sein Werk? Geht es letzlich nicht um Seine Sache?"

„Ich weiß, und ich sollte nicht so ängstlich sein. Ohne Seinen Willen fällt ja kein Haar von unserem Haupte!"

„Wenn Madame noch schriftlich Grüße mitgeben möchte, dann bitte ich höflich, jetzt noch zur Feder zu greifen, denn noch heute abend muß ich die Stadt verlassen, um morgen früh rechtzeitig bei der Flotte zu sein."

Während Frau Rampaerts schrieb, saßen der Kaufmann, Maria und Christine mit ihrem Gast beieinander und unterhielten sich über den Lauf der kommenden Ereignisse. –

Auch die beiden nächsten Monate vergingen in nicht geringer Sorge. Vor allem beobachtete man nun auch in England Philipps Rüstungen mit höchstem Interesse. Nun stand für alle fest, daß sie England galten. Doch war auch klar, daß der Ausgang dieser Seeschlacht zugleich über das Wohl und Wehe der Niederlande entschied.

Holländer und Seeländer verbanden sich aufs engste, um den Prinzen von Parma im Binnenlande eingeschlossen zu halten. Er hatte bereits davon gesprochen, daß er persönlich den Angriff auf London leiten werde, sobald seine Truppen auf englischem Boden ständen. Für diesen Angriff hatte er schon große Vorräte aller Art für die Versorgung seiner Soldaten aufspeichern lassen, neue Uniformen für die Landoffiziere besorgt und sogar besondere Siegesbanner aus Samt und Seide für den Einzug in London. Er war vom Sieg völlig überzeugt, wußte auch, daß König Philipp ihn schon als Sieger dort einziehen sah. Aber ohne schnellstmöglichen Kontakt, ohne Beistand und Schutz durch die ‚Armada' waren alle Pläne wertlos. Er mußte so bald wie möglich mit ihr zusammentreffen.

Doch die inzwischen vereinigten Schiffe der Engländer und der Holländer waren auf der Hut. Sie waren entschlossen, das äußerste zu wagen, um Philipps Riesenplan zu vereiteln. Sie wußten, an Bord der ‚Armada' befanden sich nicht nur Soldaten und Kanonen, sondern auch der Generalvertreter der Inquisition sowie mehrere Hundert seiner getreuesten Handlanger, die ihre Lehre wenn nötig mit Feuer und Schwert, Folter und Verfolgung auszubreiten bereit waren.

Die als unüberwindlich geltende ‚Armada' bestand aus 130 Kriegsschiffen, hochbordigen riesenhaften Galeonen mit insgesamt 2630 Kanonen und 30000 Seeleuten und Kriegsvolk an Bord. Zu ihrer Führung hatte Philipp seine tüchtigsten Kapitäne ausgesucht. Die Flotte stand unter dem Oberkommando von Admiral Sidonia. Kein Wunder, daß ganz Europa den Atem anhielt, als sie sich zum Auslaufen rüstete.

Frau Rampaerts betete immer wieder für ihren Sohn. Was war sein verhältnismäßig kleines Schiff gegen die Kolosse der ‚Armada'! Der Kaufmann sprach ihr Mut zu. „Er ist unter Drake, der schon in Westindien und in den spanischen Häfen Wunderdinge verrichtet hat. Unser Karl ist auf seinem Schiff!"

Christine fügte hinzu: „Und Er ist in Gottes Hut, Mutter. Karl streitet für eine gute Sache. Sollte sich Gott nicht dazu bekennen können – und ihn behüten? Gottes Hand ist nicht zu kurz. Vielleicht ist jetzt die Zeit da, wo Er Seine Macht offenbaren wird. Vielleicht ist jetzt Seine Stunde." –

Die ‚Armada' hatte sich auf Fahrt begeben und war zum erstenmal in englischen Gewässern gesichtet worden. Ein Fischer brachte die Nachricht. Unter dem Oberbefehl von Howard und Drake hißten sofort auch die Engländer die Segel und verließen Plymouth.

Am 31. Juli, einem Sonntagmorgen, bekamen sie die Spanier in Sicht. In Keilform, langsam und majestätisch, segelten diese heran. Die gewaltigen Schiffe waren furchtbar anzusehen.

An ihren starken Bordwänden drohten aus geöffneten Schießluken lange Reihen schwerer Schiffskanonen. Von den hohen Aufbauten an Deck schimmerten prächtige Goldverzierungen, und die riesigen Masten mit ihrem verwirrenden Tauwerk ragten noch über die sich bauschenden Segel empor schier bis zum Himmel.

Karl starrte sie an und wagte kaum zu atmen. Sein Herz pochte zum Zerspringen.

Plötzlich erschollen scharfe Kommandos. Dann blitzte es hell auf an den dunklen Bordseiten. Donner krachten, beißender Pulverdampf trübte den hellen Sommertag. Die Schlacht begann.

Die Stärke der Spanier bestand vor allem im Nahkampf, im Rammen und Entern. Aber damit kamen sie während der ganzen Woche, die das gewaltige Ringen schließlich dauerte, nicht zum Zuge.

Trotz des schreckenerregenden Anblicks ließen sich die Engländer nicht einschüchtern. Mit ihren kleinen Fahrzeugen wichen sie den Spaniern geschickt aus, wendeten schnell, schossen aus allen Rohren und drehten sofort wieder ab. Sie waren klug genug, sich dem Feind nicht zu einer eigentlichen Schlacht zu stellen. Trotzdem fügten sie ihm auf diese Weise ständig Verluste zu. Gegen Abend steuerten die Spanier auf die flämische Küste zu; offensichtlich hatten sie die Absicht, sich zunächst mit den Schiffen Parmas zu vereinigen.

Schon am ersten Kampftag hatten die Engländer ein stattliches spanisches Schiff in ihre Hand bekommen, und ein zweites war infolge Meuterei von seiner eigenen Besatzung in die Luft gesprengt worden. So zeigte sich schon gleich zu Beginn der Kampfhandlungen, daß die ‚Armada' doch nicht unbesiegbar war.

Erbittert wurde das Gefecht fortgesetzt. Die Engländer legten abwechselnd kurze Pausen ein und füllten ihre Pulvervorräte auf. Aber ständig blieben sie dem Feind auf den Fersen. Vor Calais warfen die Spanier am Abend des ersten Kampftages Anker. Noch immer hofften sie, sich bald mit Parmas Flotte vereinigen zu können.

„Aber unsere Leute lassen sie nicht heraus", war Karl überzeugt. Er hatte mit einem anderen jungen Matrosen Schiffswache und schaute ständig aufmerksam zu den feindlichen Schiffen hinüber. „Alle Mündungen, alle Buchten sind dicht!" –

Während des ganzen Abends noch lagen die englischen Schiffe auf der Lauer und beobachteten scharf die spanische Flotte. Die Kapitäne hatten sich auf einem ihrer Schiffe zu einer Lagebesprechung zusammengefunden und wollten Pläne für den kommenden Tag machen. Da kam auch noch einmal die Rede auf den Einsatz der Feuerschiffe bei Antwerpen. Ob man nicht auch hier ähnliches versuchen konnte? Man kam schnell zu einer Einigung und entwarf einen Plan, der noch in der selben Nacht ausgeführt werden sollte.

Inzwischen hatte der Statthalter von Calais den Oberbefehlshaber der ‚Armada' warnen lassen, für die beginnende Nacht dort vor Anker zu bleiben, weil mit Sturm zu rechnen sei, und bei ungünstiger Witterung sei das Ankern dort höchst gefährlich. Durch diesen Hinweis entstand einige Unruhe unter den spanischen Kapitänen, die sich auch dadurch noch steigerte, daß von Parma keinerlei Nachricht zu bekommen war.

Mit zunehmender Dämmerung zogen dunkle Wolken am Himmel auf, und der Sturm drehte auf West und nahm ständig an Stärke zu. Kurz nach Mitternacht erhellte sich das Dunkel, und zu aller Entsetzen trieben mehrere lichterloh brennende Schiffe auf die ‚Armada' zu. Die Spanier starrten erschrocken auf die schwimmenden Fackeln, erinnerten sich wohl auch gleich an die Nachrichten über die Ereignisse bei Antwerpen und kappten überstürzt ihre Ankertaue, um dem Inferno zu entgehen. Bald trieben sie in größter Unordnung auseinander, so daß am folgenden Morgen eine ganze Weile verging, ehe sie wieder Kontakt zueinander fanden. Diese wenigen Stunden nutzten die Engländer und auch eine Anzahl holländischer Schiffe zu kurzen, aber sehr heftigen Angriffen auf den in völliger Unordnung dahinsegelnden Feind. Es gelang, ihm schwere Verluste beizubringen. Mehrere Schiffe der ‚Armada' sanken, von genau gezielten Schüssen dicht über der Wasserlinie getroffen, und rissen Besatzung und Kriegsvolk mit in die Tiefe. Einige weitere wurden so schwer beschädigt, daß sie hilflos an die Küste trieben und dort auf Grund liefen. Das Gros der ‚Armada' versuchte, immer noch nicht wieder beisammen, die offene See nach Westen hin zu erreichen. Die Engländer versetzten ihnen mit ihren seetüchtigen kleineren Schiffen ständig volle Breitseiten, so daß sie kaum mehr an einen geschlossenen Widerstand denken konnten. Dazu stellte sich dann heftiger Sturm ein, dem die schwerfälligen Galeonen nicht standzuhalten vermochten. So fand diese gewaltige Kriegsflotte, die die halbe Welt in Atem gehalten hatte, schließlich ein unrühmliches Ende. Eine ganze Anzahl ihrer Kolosse zerschellte an Englands Küste, andere versanken, Wind und Wellen hilflos ausgeliefert, in offener See. Ein Großteil hat nach einem Umweg um Schottland und Irland versucht, den Heimathafen zu erreichen, wurde aber Opfer schwerer Septemberstürme und ging restlos verloren. – Die protestantische Welt betrachtete dieses Ereignis als ein Gottesurteil. Ja, auch Philipps Macht hatte Grenzen. Die Völker Westeuropas faßten wieder Mut. Erst im Spätherbst konnte Karl seine Lieben zu Hause besuchen. Er war noch gewachsen, braungebrannt, ernster als früher, aber noch immer begeistert, wenn er auf „sein Schiff" zu sprechen kam. Und gern berichtete er auch von seinen Erlebnissen im Seekrieg.

„Wir sind endlich Sieger, Mutter", sagte er voller Stolz. „Die unüberwindliche ‚Armada' ist vernichtet. England hat sich tapfer gehalten – aber unsere Leute haben ebensoviel zum Sieg beigetragen. Hätten sie nicht unsere Küste dichtgemacht und Farnese eingeschlossen gehalten, wer weiß, was dann passiert wäre!"

„Aber Gottes Hand war es, die den Spaniern dieses Halt gebot."

„Ja, Mutter, du hast recht. Alle mußten dies erkennen, daß es Seine Hand war. Die Königin Elisabeth hat eine Gedenkmünze prägen lassen mit der Aufschrift: ‚Er sandte Seine Winde und zerstreute sie'."

„Weiß man, wieviel Schiffe der Spanier schließlich noch den heimatlichen Hafen erreicht haben?"

„Nur ganz wenige. In Spanien soll es kaum mehr eine adlige Familie geben, die nicht den Tod eines ihrer Angehörigen zu betrauern hat."

„Die armen Angehörigen!" sagte die Mutter leise. „Man kann wohl danken, daß die ‚Armada' vernichtet ist, aber um die Leiden der einzelnen Matrosen und Soldaten kann man nur trauern. Gott sei Dank, daß du unversehrt heimkommen konntest!"

„Mutter, für mich bestand kaum einmal Gefahr. Kein einziges unserer Schiffe ist verloren. Gott hat die beschützt, die für Recht und Wahrheit kämpften."

„Du warst aber doch auch mitten im Kampfgeschehen."

„Ja, das war ich, und die spanischen Galeonen glichen wirklich riesigen Festungen. Aber sie waren im Gegensatz zu unseren Schiffen lahme Enten und feuerten meist über unsere Köpfe hinweg. Doch zugegeben, ich war froh, als der Kampf beendet war. Das Wiederkommen werden sie wohl für immer vergessen."

„Junge, es war die Hand Gottes. Sein ist der Sieg und Sein der Ruhm. So zeigte es sich schon in Israel. Ich denke gerade an ihr Triumphlied, als Gott sie durch das Rote Meer geführt hatte: ‚Da ließest Du Deinen Wind blasen, und das Meer bedeckte sie, und sie sanken unter wie Blei im mächtigen Wasser.'"

„Nun erzähle mir von zu Hause, Mutter", unterbrach er sie. „Ich hörte nichts mehr von euch, seit ich durch Monsieur Bordait eure Grüße erhielt."

„Also hat er sie ausgerichtet. Wir fürchteten schon, er hätte keine Gelegenheit dazu gefunden."

„Es waren mehrere Wochen vergangen, als wir uns zufällig begegneten. Eines Tages mußte ich eine Botschaft auf ein anderes Schiff bringen, und dort traf ich ihn. Ich hörte plötzlich meinen Namen nennen, und er sprach mich an. Wir hatten beide keine Zeit, uns ein wenig zu unterhalten; er überreichte mir euren Brief, und wir mußten weiter. – Was gibt es nun hier Neues? Konnten die Staaten Boden gewinnen?"

„Nein, an Land herrscht Windstille. Alle verfolgten gespannt das Geschehen im Kanal. Es heißt, Parma sei krank geworden vor Ärger über seinen Mißerfolg. – Aber wir haben doch eine Neuigkeit für dich, Karl eine Familienneuigkeit."

„Und was ist, Mutter?"

„Christine hat sich verlobt und wird bald heiraten."

„Und wer ist der Glückliche?"

„Adrian Verkampt."

„Hm. Das ist nicht der Mann, den ich ihr gewünscht hätte. Ist er nicht ein bißchen – ein bißchen zu ernst, zu feierlich, ein bißchen zu früh gealtert?"

„Er ist sicher nicht ernster, als es der gegenwärtigen Zeit angemessen ist. Auch ist er nur fünf Jahre älter als Christine. Ich denke, sie passen gut zueinander. Du hast ihn lange nicht gesehen. Adrian hat sich gut erholt und ist auch heiterer geworden."

„Du freust dich also, Mutter?"

„Ja, ich freue mich, weiß ich doch sicher, daß Christine sehr glücklich ist. Aber wir werden sie hier sehr vermissen. Ich bin bei allem froh, daß sie zunächst hier in Amsterdam wohnen werden. Das Geschäft von Mynheer Verkampt geht sehr gut, und Adrian ist seine rechte Hand. Er spricht ausgezeichnet spanisch, auch sehr gut englisch und französisch und führt alle notwendigen Verhandlungen mit ausländischen Geschäftskunden. Er ist, wie ich überzeugt bin, ein tüchtiger junger Mann – und, was für mich entscheidend ist, auch ein entschiedener Jünger seines Heilandes."

„Und wie geht's Paul und Klaus?"

„Klaus ist körperlich sehr behindert. Er muß sich noch immer bemühen, auf Krücken gehen zu lernen, und hilft auch im väterlichen Geschäft mit. Seine Mutter ist sehr froh, ihn bei sich zu haben. Und Paul, nun, der ist natürlich bei der Armee. Zur Zeit beobachtet er, wie man hört, auf Anweisung des Prinzen Moritz die Truppenbewegungen Parmas und studiert fleißig Mathematik und Befestigungskunst." –

„Marie . . ."

„Ja, Mutter?"

„Hast du an die Blumen gedacht?"

„Ja, sieh her, wie ich's gemacht habe."

Es war ein klarer Sommermorgen anfangs Juli. Die Fenster im Wohnzimmer standen weit offen und gewährten einen schönen Blick auf die im Sonnenschein glitzernde Zuydersee. Im Wohnzimmer der Kaufmannsfamilie war alles blitzsauber, und in mehreren Vasen leuchteten herrliche Blumensträuße.

Die Mutter schaute sich um. „Schön", lobte sie, „hochzeitlich!" setzte sie lächelnd hinzu.

Es war Adrians und Christines Hochzeitstag. Auf den eindringlichen Wunsch der beiden jungen Leute sollte dieser Tag möglichst still, in kleinem Rahmen begangen werden. Doch hatten Mutter und Schwester der Braut es sich nicht nehmen lassen, ihr Haus so schön wie möglich herzurichten. Die Trauung fand der Sitte gemäß im elterlichen Haus der Braut statt. Alle Angehörigen beider Familien konnten dabei sein, außer Paul, der sich beim Heer des Prinzen Moritz befand.

Christine hätte gar zu gerne ihre Antwerpener Tanten an ihrem Hochzeitstag begrüßt; aber im Lande herrschte noch immer einige Unruhe, so daß die beiden alleinstehenden Damen nicht zu reisen wagten, zumal Frau Else vor allem eine Reise per Schiff völlig ausschloß. Doch hatten beide herzliche Segenswünsche und Grüße geschickt und die Hoffnung geäußert, die Jungvermählten in absehbarer Zeit einmal bei sich zu Gast zu haben. –

Bald waren die wenigen Gäste da, und die kurze, schlichte Feierstunde begann. Pastor Enout hielt eine kleine Andacht und wies die Jungvermählten, nachdem er ihre Hände ineinandergelegt hatte, noch einmal hin auf den Wert des Wortes Gottes, auf des Herrn Zusage, das Vertrauen der Seinen nicht zu beschämen, und auf Ihn als die Quelle der Kraft auch in schwerster Zeit. Bei diesen Worten legte sich ein besonderer Ernst auf die kleine Festversammlung.

Frau Verkampt war überglücklich, daß sie diesen Tag, den Tag der Freude und des Glückes ihres ältesten Sohnes, miterleben durfte, und alle freuten sich auch darüber, daß Adrian und Christine in der Stadt blieben und dadurch keine größere Trennung bevorstand.

Die Gespräche an diesem Hochzeitstag waren ernster als sonst üblich. Besonders berührt waren die Gäste durch die kurz zuvor bekanntgewordene Nachricht von der Ermordung Heinrichs des Dritten von Frankreich.

„Sein Tod wird wesentliche Veränderungen in Frankreich bewirken", meinte Pastor Enout nachdenklich. „Dem unglücklichen Mann hätte man mehr Zeit gegönnt, sich politisch – auf sein Ende vorzubereiten."

„Er lebte noch bis zum folgenden Tag. Es heißt, er habe noch die Kraft gehabt, Heinrich von Navarra rufen zu lassen und ihn zu seinem Nachfolger zu bestimmen."

„Das wäre gut, wenn dieser Mann König würde, ein echter Protestant, gut für Frankreich und auch gut für uns!" ereiferte sich Karl.

„Ach, mein Sohn, ich fürchte, du irrst dich und erlebst eine Enttäuschung!" entgegnete sein Vater.

„So denke auch ich", fügte Adrian hinzu.

„Du hast also auch kein Vertrauen zu diesem großen Mann?" fragte Pastor Enout.

„Nein. Ich fürchte, er ist kein wahrer Christ – nicht einmal überzeugter Protestant."

„Nicht Protestant?" fuhr Karl auf. „Hat er das nicht all die Jahre unter Beweis gestellt – für die reformierte Religion gekämpft und gelitten? War nicht sein Name der Hugenotten Losungswort? Hat sich nicht die halbe Welt auf ihn gestützt?"

„Ich fürchte, sie alle werden eines Tages erkennen müssen, daß sie sich auf ein geknicktes Rohr stützen", entgegnete Adrian ernst. „Gottes Volk sollte seine Hoffnung nicht auf irgendeinen Menschen setzen, obgleich der Herr den Seinen mitunter einen tüchtigen Mann zur Hilfe sendet. Heinrich von Navarra aber war nie ein Hugenotte aus Herzensüberzeugung, er war es nur durch Geburt und Erziehung. Und wenn es geboten erscheint, den Glauben zu wechseln, wird er dies tun."

„Das kann ich mir nicht vorstellen", wehrte Karl ab.

„Die Zukunft wird es lehren, Karl. Zwar hat ihn König Heinrich zu seinem Nachfolger ernannt, aber nun muß man abwarten, ob auch das Volk einen Hugenotten haben will. Ich fürchte, diese Entscheidung hat Folgen. Ob das nicht zu neuen Unruhen führt?"

„Und in beiden Ländern – in Frankreich und hier bei uns – steckt der selbe Mann dahinter – Philipp von Spanien!" warf Mynheer Verkampt ein.

Alle stimmten ihm zu. Dann nahm das Gespräch einen ein wenig heitereren Verlauf. –

Wenige Tage später erschien Louis Bordait unerwartet in Amsterdam.

„Ich gehe zurück nach Frankreich", sagte er freudig. „Navarra ist König, und ich eile zu seinen Fahnen! Man munkelt, Parma solle nach Frankreich beordert werden, um dort Widerstand zu leisten. Ich muß hin! Ich will auf heimatlichem Boden gegen Parma kämpfen – unter Navarras Flagge!"

„Der Herzog von Parma geht fort von hier?" fragte Mynheer Rampaerts erstaunt, denn diese Nachricht war ihm neu. „Das wäre ja ein großes Glück für uns."

„Prinz Moritz", berichtete Bordait weiter, „exerziert seine Leute auf eine völlig andere Art ein als die meisten Heerführer bisher gewohnt waren; nun muß man abwarten, wie sich dies alles bewährt. Seine Idee ist, daß man mehr auf flexible, wirkliche Feldherrnkunst setzen soll als bloß auf Zahl und Stärke. Er findet gute Unterstützung durch seinen Vetter, den Grafen Ludwig Wilhelm."

„Das ist interessant. Und trotzdem geht Ihr fort von hier? Da läßt sich doch sicher manches lernen für einen zukünftigen Offizier..."

„Ich werde aus der Ferne beobachten. Aber jetzt zieht's mich nach Frankreich. Wenn alles gut geht, sehen wir uns bald wieder." –

Doch es verging längere Zeit, bis man den jungen Franzosen in Amsterdam wiedersah. Seine Nachricht, so unglaublich sie auch seinen Freunden im Hause Rampaerts geklungen hatte, erwies sich als wahr: Philipp hatte Farnese nach

Frankreich beordert zum Kampf gegen Heinrich von Navarra. Seine Abwesenheit in den Niederlanden wurde von den Patrioten dort nach Kräften genutzt. Zwar war die spanische Armee nicht abgezogen, sie blieb im Land und wurde auch von tüchtigen Offizieren befehligt; aber der führende Kopf, der tüchtigste unter allen fehlte. Ehe der Sommer zu Ende war, hatte Prinz Moritz mehrere Städte bezwungen und für die Staaten wiedererobert.

Dann kamen schreckliche Nachrichten aus Frankreich. Paris wurde von Heinrich belagert, und es spielte sich innerhalb seiner Mauern Fürchterliches ab. Der Hunger und schlimme Seuchen wüteten unter der Bevölkerung und forderten täglich viele Tote.

„Es ist ja gerade wie bei der Belagerung von Jerusalem", meinte Christine schaudernd, als sie von der Not und den Greueln hörte.

„Ja, es ist entsetzlich! Philipp geht über Leichen, wenn es nur seinen Zielen dient!"

Die Not dauerte mehrere Monate, bis es dem Fürsten von Parma gelang, Heinrich von Navarra vor Paris zu schlagen. Darauf konnte die Hauptstadt mit den nötigsten Lebensmitteln versorgt und somit sichergestellt werden, daß sie ihrem rechtmäßigen König weiterhin zu trotzen vermochte. Aber Heinrich dachte nicht daran, den Kampf um seine Rechte aufzugeben. Er kannte recht gut die Beweggründe, weshalb man ihm den Thron streitig machte: er hatte nicht den ‚rechten Glauben'. Schließlich erklärte er sich bereit, sich im römischen Glauben unterweisen zu lassen; er hänge hinsichtlich seiner religiösen Ansichten nicht unbedingt an gewissen Traditionen ... Also kamen in der Folgezeit ständig römische Bischöfe, Priester, Abgesandte in sein Lager.

Heinrich hörte ihnen zu, geduldig, aufmerksam, und jedermann sah voraus, wohin das führen würde. –

Zwei Jahre vergingen. Der Herbst 1592 war gekommen. Adrian und Christine hatten inzwischen ihren Wohnsitz gewechselt. Mynheer Verkampts Geschäft hatte sich sehr gut entwickelt, und der Kaufmann hatte sich gezwungen gesehen, ein Zweiggeschäft im Haag einzurichten und Adrian dort mit der Leitung zu betrauen. Adrians Herzenswunsch, einmal ein Prediger des Wortes Gottes werden zu können, schien in weite Ferne gerückt zu sein. Christine allerdings dachte oft im stillen, daß ein wahrer Jünger des Heilandes überall ein Prediger des Wortes Gottes sein könne – auch in solch einem Geschäft. So war sie darauf bedacht, ihr Haus stets offen zu halten für jedermann, der Rat, Trost oder Hilfe suchte. Und wenn Adrian im Kreis seiner Familie das Wort Gottes vorlas und kurze Andachten hielt, dann fanden sich nicht selten Nachbarn und Bekannte ein und hörten zu.

Es war für beide Familien nicht leicht gewesen, sie aus Amsterdam scheiden zu sehen, sowohl Adrian als auch Christine wurden dort oft vermißt; doch zum Glück war Haag nicht weit entfernt. Groß war Christines Freude, als sie eines Tages ihre geliebte Freundin Frau van Nuten wiederfand. Herr van Nuten hatte – ebenfalls aus geschäftlichen Erwägungen – sich im Haag seßhaft gemacht. Die beiden Frauen trafen sich von da an öfter. Frau van Nuten hatte ihre helle Freude an Christines halbjährigem blauäugigen Knäblein.

„Ach, Christine", sagte sie eines Tages zu der jungen Mutter, „Gott hat dich reich gesegnet. Uns hat Er dieses Glück versagt. Ich weiß, Er hat Seine Absichten, und darein sollen wir uns fügen. Aber manchmal ist das nicht so leicht, und man beginnt sogar zu murren. Es muß etwas sehr Schönes sein, ein eigenes Kind in die Arme zu nehmen..."

„Ja, das ist schön", nickte Christine, „und wir danken unserem Herrn auch jeden Tag dafür. Und wir möchten unseren Kleinen auch in Seiner Zucht und Ermahnung – für Ihn – erziehen und bitten dafür um die nötige Weisheit. – Aber auch du bist schon manchem zum Segen geworden! Vielleicht blieb dir persönliches Mutterglück gerade deswegen versagt. Sieh, wie vielen warst du wie eine Mutter! Wenn ich nur an Louis Bordait denke..."

„Er hat uns kürzlich geschrieben", berichtete Frau van Nuten nachdenklich. „Er glaubt noch immer fest an sein großes Vorbild und kämpft tapfer unter dessen Fahne. Aber ich fürchte, er erlebt eine sehr große Enttäuschung."

„Auch du glaubst, daß Heinrich von Navarra seinen Glauben wechselt – der Krone wegen?"

„Man muß es fürchten. Heinrich hat offensichtlich keine festen Grundsätze. Geht es um Frankreichs Krone, ist er zu allem bereit."

„Mein Mann hat die selben Befürchtungen", sagte Christine, „und es tut mir leid um die vielen Hugenotten, die ihm so entschieden beistanden und ihr ganzes Vertrauen auf ihn setzten. Allerdings – davor warnt uns jedoch auch Gottes Wort eindringlich. Unser Vertrauen soll dem Herrn gelten, unserem großen Gott im Himmel, der auch unser Vater ist."

„Viele werden es lernen, wenn auch erst nach großer Enttäuschung; aber andere werden es nicht begreifen – und zu diesen gehört Louis Bordait, wie ich fürchte."

Da wurde das Gespräch unterbrochen. Die Tür öffnete sich, und Adrian trat ins Zimmer.

„Eine Neuigkeit, ihr Lieben: der Prinz von Parma ist tot!" Erschrocken sahen ihn die beiden Frauen an.

„Eben ist die Nachricht eingetroffen. Er starb in Arras in seinem Bett. Es heißt, er habe sich zu gewohnter Zeit zur Ruhe begeben – offenbar gesund, wie seine Dienerschaft bezeugt –, aber als man ihn wecken wollte, fand man ihn tot."

„Das kommt so völlig unerwartet, so plötzlich..."

„Gewiß. Aber er war schon länger leidend. Die Wunde, die er vor längerer Zeit erhielt, hat ihm viel zu schaffen gemacht, obwohl er nicht klagte. Er zeigte sich immer tapfer und mutig und ist bis zuletzt willensstark gegen sich angegangen. Seinem König war er ein treuer Anhänger und tüchtiger Feldherr und hat wenig Dank dafür geerntet. Solche Treue war einer besseren Sache wert. Von Dank und Anerkennung weiß Philipp nichts."

„Werden wir jetzt von Spanien frei werden?"

„So leicht geht das nicht", meinte Adrian ernst. „Philipp hat noch andere Feldherren, wenn auch vielleicht keinen so bedeutenden wie Parma. Er wird nie seine Pläne aufgeben, solange er noch Soldaten hat."

„Prinz Moritz tut Wunder", sagte Frau van Nuten, „vielleicht wird er der Retter unseres Landes."

„Das schenke Gott!" antwortete Adrian. –

Es war ein Frühlingstag im Jahre 1594. Frau van Nuten saß allein in ihrem Wohnzimmer. Von der See her wehte ein scharfer Wind, und das Wetter war nicht gerade freundlich. Sie fröstelte und rückte näher an den warmen Kamin. Da wurde Besuch gemeldet. Sie erhob sich, und gleich darauf stand ein junger Mann vor ihr: Louis Bordait.

„Ihr seid es – ?" sagte sie, ein wenig erschrocken, denn der junge Franzose war fast nicht wiederzuerkennen. Er machte einen sehr ernsthaften Eindruck, und von seiner früheren Lebhaftigkeit war nichts mehr zu spüren.

„Ja, ich bin es", antwortete er. „Ihr seht, ich bin wieder in Holland."

„Wart Ihr krank?" fragte Frau van Nuten teilnehmend.

„Körperlich – nein", entgegnete er nach kurzem Sinnen.

Sie wußte sofort, wie das zu verstehen war. Fürsorglich nötigte sie ihn auf einen bequemen Sitz am Feuer. Sie sah, daß er fröstelte und müde war, und sie erkannte, daß er zunächst eine Stärkung brauchte.

Da kehrte auch der Hausherr zurück und begrüßte seinen Gast herzlich. Nach der Mahlzeit nahmen alle drei erneut am Kamin Platz.

„Schön, Euch hier wiederzusehen. Wie ist es Euch ergangen in all der Zeit?"

Des jungen Mannes Gesicht schaute noch trüber, als er antwortete: „Nicht gut. Aller Glaube, alle Hoffnung sind dahin. Begeistert zog ich aus – enttäuscht kehre ich zurück."

„Auch für Euch gibt es einen Trost, eine Hoffnung. Ihr dürft einen neuen Anfang machen", entgegnete Frau van Nuten.

Der junge Mann schüttelte den Kopf. „Ihr ahnt nicht, was ich hinter mir habe."

„Das weiß ich freilich nicht. Einer aber weiß es, und der kann Euch trösten wie sonst keiner."

„Ich kann nicht mehr glauben!"

„Habt Ihr durch Navarras Untreue so sehr gelitten?"

„Durch ihn, Madame – und durch eine andere Person."

Herr und Frau van Nuten stellten keine weiteren Fragen, und das Gespräch wandte sich der allgemeinen politischen Lage im Lande zu. Vor allem sprachen sie von den Taten des Prinzen Moritz, dem es gelang, immer weitere Städte den Generalstaaten zurückzugewinnen.

„Ich möchte gern in seine Dienste eintreten", sagte Bordait schließlich, „um seine neue Art, Krieg zu führen, kennenzulernen. Auf dem Schlachtfeld käme ich gewiß am schnellsten auf neue Gedanken und los von der Vergangenheit. – Ihr wundert Euch, Madame, doch ich habe Schlimmes erlebt, seit ich Euch zuletzt sah."

„Davon bin ich überzeugt", versicherte sie mitfühlend.

Eine Weile schwiegen sie. Dann ballte der junge Mann die Faust: „Ich bin betrogen worden! Betrogen – verlassen – zwiefach verraten! Ihr wißt, wie sehr ich Navarra zugetan war. Ich glaubte an ihn – mit ganzem Herzen! Ich glaubte seinem Wort, seiner Ehrenhaftigkeit! Madame, auch Ihr seid von Hause aus unserem Lande verbunden – Frankreich! Ihr könnt mich verstehen..."

„Wir verstehen Euch gut, mein Freund, und auch uns hat Heinrichs Verhalten bitter enttäuscht. Viele hatten auf ihn gehofft, sich auf ihn verlassen, ihm vertraut. Ein Protestant auf dem Thron Frankreichs! Welche Hoffnung!"

„Ja, wir schworen auf ihn, wir, die wir unter seinem Banner kämpften. Wir setzten auf seine Treue. Er, eifrig und tapfer, königlich in Haltung und Sitte, Sohn der glaubenstreuen Monarchin von Navarra! Er, der die Greuel der Bartholomäusnacht miterlebte! – wer hätte es für möglich gehalten, daß er jemals unsere Sache im Stich lassen könnte!"

„Ich glaube, Bordait", warf Monsieur van Nuten ein, „er war nie Protestant aus eigener Überzeugung. Gewiß, er stand zunächst ganz auf ihrer Seite und war einer ihrer Vorkämpfer, aber es war ihm wohl nie Gewissenssache. Es ging ihm nur um sein Königreich."

„Das ist ihm gelungen, gewiß. Er trägt nun eine Krone", erwiderte Bordait bitter. „Aber er hat in den Herzen aller echten Hugenotten seinen Platz verloren und uns gezeigt, daß es auf der Erde bei Leuten seinesgleichen um Treue und Redlichkeit schlecht bestellt ist."

„Laßt Euch dadurch nicht so niederdrücken. Beispiele von Falschheit beweisen oft, daß es eine Wahrheit gibt."

„Doch ist es ein schlechter Trost, erkennen zu müssen, daß man der Falschheit gefolgt ist."

„Es soll uns lehren, vorsichtig zu prüfen, damit wir bei unseren Entscheidungen die rechte Wahl treffen."

„Ich habe ihn mit eigenen Augen gesehen!" rief der junge Mann erregt. „Ich habe ihn gesehen, unseren protestantischen Vorkämpfer, unser Ideal, unseren Heinrich von Navarra – gekleidet wie ein Bräutigam in glänzenden weißen Atlas, mit weißen Rosen an den Schuhen – sich tief neigend vor den päpstlichen Bischöfen! Ich sah ihn vor ihrem Altar knien und in ihren Beichtstuhl treten. Dann ging ich fort! Dann ging ich fort! Dann konnte ich nicht mehr bleiben! Nun weiß ich: es gibt keine wahre, echte, ehrliche Religion! Nein, die gibt es nicht! Wenn die Edlen unseres Volkes so handeln!"

„Werft nicht alles Vertrauen über Bord", entgegnete Herr van Nuten ernst. Er sah, wie sehr der junge Mann an seiner Erfahrung trug. „Gewiß, Heinrich von Navarra hat enttäuscht, hat gefehlt; aber unser Herr Jesus Christus hat nie gefehlt, nie enttäuscht. Er ist und bleibt treu! Und Er hat hier auf der Erde auch noch solche, die, wenn's not tut, bereit sind für Ihn zu sterben."

Bordait schwieg ein Weilchen. Der kummervolle Ausdruck in seinen Augen ging seinen Freunden zu Herzen. Dann begann er aufs neue:

„Das ist nicht alles. Ich stand nahe davor, mich mit einer schönen jungen Französin zu vermählen. Ich hielt sie für unbedingt treu und von edler Gesinnung. Aber sie betrog mich. Sie heiratete im letzten Augenblick einen anderen. Wundert es da, daß ich an nichts und niemanden mehr zu glauben vermag?"

„Unser Herr Jesus Christus enttäuscht nie. Er ist und bleibt treu", antwortete nun auch Frau van Nuten, und ihr kamen die Tränen. Der junge Mann verließ rasch das Zimmer.

Die Eheleute sahen einander an. Was konnten sie tun? Wie vermochten sie hier eine Hilfe zu sein?

„Wir bieten ihm an, zunächst bei uns zu bleiben. Vielleicht können wir ihm den Weg zu wirklichem Frieden zeigen, zu unserem Heiland, unserem wahren Herrn und Führer. Er braucht Ihn, denn erst dann wird sein Herz zur Ruhe kommen."

Die Güte, mit der man in den folgenden Tagen dem jungen Mann begegnete, schien ihre Wirkung nicht zu verfehlen. Und doch blieb zunächst die ganze Hoffnungslosigkeit. Zwar schien er nach außen ruhiger. Aber die große Bitterkeit in seinem Herzen zeigte sich stets von neuem, sooft die Rede auf den König kam, auf Heinrich von Navarra.

Der junge Franzose blieb mehrere Wochen im Haag, dann trat er in den Dienst des Prinzen Moritz. Die neue Aufgabe dort, die Märsche, Übungen, Gefechte und Siege schienen ihm neues Leben einzuflößen. Als er dann nach Monaten erneut im Haag zu Gast erschien, war er wieder ganz der frühere vitale, begeisterungsfähige junge Patriot.

„Prinz Moritz ist der richtige Mann am richtigen Platz", versicherte er. „Ich habe ihm früher Unrecht getan; ich hielt ihn für zu langsam, zu bedächtig, zu pedantisch. Aber wie habe ich mich da getäuscht! Das ist alles wohl berechnet, ist klar durchdacht! Wie schnell er ist in seinen Bewegungen, bei seinem Aufmarsch, seinen Manövern und vor dem Feind! Er lehrt selbst die tüchtigsten Veteranen das Fürchten. Man kann stolz sein, in seiner Armee zu stehen!"

„Wieder ein Idol – ein sterblicher, irrender Mensch als Idol? Wieder könnte eine Enttäuschung die Folge sein", mahnte Frau van Nuten ernst.

„Er ist durch und durch Patriot."

„Das mag sein. Aber ob er ein so wirklicher wahrer Christ ist wie sein Vater?"

Darauf zuckte Louis Bordait die Schultern. Nach kurzem Überlegen sagte er plötzlich:

„Wie hat sich Antwerpen verändert! Auf meinem Weg nach hier kam ich dort vorbei."

„Ihr sahet Antwerpen?" horchte Frau van Nuten auf.

„Für einige Stunden verweilte ich dort. Man sieht auf den ersten Blick, daß dort die Spanier das Regiment führen – und damit die Priester. Keine Freiheit, kein Leben, kein Verkehr, kein Handel und Wandel. Alles anders als früher. Wenn ich daran denke, daß das auch meiner Heimat droht, daß auch Frankreich unter fremde Herrschaft kommen könnte..."

„Nicht unter Philipps Herrschaft, denke ich fest. Gewiß, Heinrich von Navarra wechselte die Front; aber ich kann mir nicht vorstellen, daß er sich wirklich gegen die Hugenotten stellt, sie unterdrückt oder gar verfolgt. Das ist für mich undenkbar!"

„Ich habe den Glauben an ihn verloren. Ja, ich – ich habe allen Glauben verloren!"

„Den Glauben an unseren Herrn Jesus Christus? – wegen Eurer Enttäuschung über Heinrich? Ihr wollt auch verleugnen, weil Euch ein Mensch enttäuschte? Habt Ihr denn je selbst diesen persönlichen Glauben an unseren Heiland und Herrn besessen? – weil Ihr ihn so bald aufzugeben bereit seid? O, Monsieur, verzeiht mir meine Offenheit, ich fürchte um Euch! Verlaßt Euch in so ernster Zeit nicht wieder auf einen Menschen, das geht nicht gut!"

„Madame, ich bin ein echter Hugenotte!"

„Aber kein echtes Gotteskind." Frau van Nuten sagte es in aller Liebe, aber auch voll Besorgnis.

„Ihr drückt Euch deutlich aus, Madame", entgegnete Bordait und hob die Schultern.

„Weil ich so sehr wünsche, daß Ihr wirklich Frieden findet, Frieden mit Gott. Und weil ich sehr wünsche, daß Ihr erkennen möchtet, daß Ihr mit Ihm versöhnt werden müßt, wollt Ihr zur Ruhe kommen und zu wahrem Glück. Auch Ihr bedürft der Vergebung Eurer Sünden, auch Ihr seid ein verlorener Sünder und müßt mit Gott versöhnt werden – aufgrund des Opfers unseres Heilandes Jesus Christus. Erkennt Euch im Lichte Gottes und nehmt das Heil an, das Er Euch anbietet. Ist diese Heilswahrheit nicht der Ausgangspunkt wahren Christentums? Und gehört sie nicht zum Bekenntnis eines wahren Hugenotten?"

„Ich kenne einige, die die Vergebung nötiger haben als ich. Wie hat man mich betrogen! Wie wurde ich belogen! Wie wurde ich hintergangen! Die brauchen Vergebung! Ich – ? – wie habe ich mich bemüht, gekämpft, gerungen! Ich war meinem König treu!"

„Seid Ihr auch Gott treu gewesen? Standen Seine Belange bei Euch immer obenan? Euer ganzes Herz möchte Er – nicht Euren Arm! Habt Ihr es Ihm gegeben? Hat Er darin nicht meist nur den zweiten Platz gehabt?"

„Ihr wollt doch nicht, Madame, daß ein Mann seiner Braut oder seinem Vaterland nur das halbe Herz gibt – noch gar die kleinere Hälfte..."

„Ich denke, ein Mann soll Gott zuerst sein ganzes Herz geben, und dann gibt er es denen, die er liebt. Das eine schließt das andere nicht aus, im Gegenteil."

„Würde eine Braut wohl mit dem zweiten Platz zufrieden sein?" fragte Bordait erneut. „Verzeiht, Madame, aber auch Ihr nehmt im Herzen Eures Gemahls den ersten Platz ein. Das ist deutlich zu sehen."

„Mein Mann räumt dem Herrn Jesus die erste Stelle ein", sagte Frau van Nuten mit glücklichem Lächeln, „und das möchte ich nicht anders. Um so mehr bin ich dessen gewiß, daß meines Mannes Herz mir gehört, weil ich weiß, es gehört in erster Linie Christo."

Bordait schwieg. Er schien getroffen zu sein.

Frau van Nuten lächelte ihm aufmunternd zu und fragte:

„Wollt Ihr mich zu einem guten Freund unserer Familie begleiten? Er ist leidend, hat viel Schweres erlebt..."

„Ich schätze mich glücklich, Madame, Euch einen Wunsch erfüllen zu können", antwortete er höflich.

Sie gingen miteinander durch mehrere Straßen und traten in ein Haus ein, wo sie von einem Bediensteten höflich begrüßt und in ein großes, vornehm ausgestattetes Zimmer geführt wurden. Auf einem Ruhebett lag ein Mann mittleren Alters, dessen Gesicht deutlich Spuren schweren körperlichen Leidens zeigte. Der junge Franzose trat teilnahmsvoll näher.

Nachdem Frau van Nuten ihren Begleiter vorgestellt und sich nach dem Befinden des Kranken erkundigt hatte, erklärte sie:

„Ich habe Euch schon von unserem jungen Freund Bordait erzählt, Mynheer de Boer, heute ist er einmal mitgekommen."

„Ich freue mich sehr, ihn zu sehen", antwortete der Kranke und streckte Bordait die Hand entgegen. „Ich bekomme nur selten Besuch. Aber die wenigen Freunde, die kommen, tragen mir viele neue Gedanken zu."

„Ich fürchte, ich trage Euch nur traurige Gedanken zu."

„Ihr seid eigentlich noch zu jung, um so zu sprechen", entgegnete der Kranke ein wenig betroffen. „Es gibt eine Botschaft für jeden, der sie aufnehmen will – die Botschaft von einer großen Freude."

„Für mich kann es keine große Freude mehr geben", entgegnete Bordait. „Doch verzeiht, Mynheer – Ihr seht aus, als hättet Ihr viel gelitten, und doch sprecht Ihr von Freude. Beides verträgt sich nicht miteinander..."

„Gerade durch das Leid ist die Freude in mein Herz eingezogen, lieber Freund. Seit Jahren leide ich an einer schlimmen Krankheit und habe fast ständig Schmerzen. Aber ich kenne jetzt auch die eine große wahre Freude! Meine Schmerzen treten mehr und mehr zurück – wenn ich Den betrachte, der weit größere Schmerzen zu erdulden hatte. Ja, diese Freude, Ihn zu besitzen! Und wie vermag Er auch zu trösten!"

„Körperliche Schmerzen mögen uns sehr zusetzen, aber es gibt größeren Schmerz", entgegnete Bordait kurz.

„Das ist wahr. Soll ich Euch von einem anderen schweren Leid erzählen, das mir widerfahren ist?"

„Nein, nein, Mynheer", wandte Frau van Nuten ein, „rührt das alte Leid nicht auf, es bringt Euch nur Herzweh."

„Da seid unbesorgt. Gewiß, es ist nicht immer weise, alte Wunden anzurühren. Aber manchmal lohnt es doch, dies zu tun, zeigt man doch zugleich auch das Heilmittel, das anderer Menschen Wunden zu heilen vermag. Die Heilung muß eine wirkliche, eine gründliche sein – dann bedeutet sie wahren Segen."

Eine Weile schweigen sie, dann erzählte der Kranke:

„Ich liebte ein Mädchen und warb um ihre Hand. Aber sie gehörte dem Herrn Jesus an. Ich war noch nicht Sein Eigentum. Sie, Grete, hatte mich lieb, das wußte ich sicher. Aber sie liebte ihren Gott und Herrn mehr als mich. Wir müßten eines Sinnes, eines Glaubens sein oder gar nicht zusammenkommen, sagte sie. Das machte mich hart und bitter, und ich weigerte mich, ihre Entscheidung anzuerkennen.

Sie blieb ledig. Sie liebte mich. Aber ihr Ja-Wort gab sie mir nicht. Heute verstehe ich, daß sie nicht anders entscheiden konnte. Vor rund zwei Jahren wurden die Jesuiten auf sie aufmerksam. Es war diesen Eiferern zu Ohren gekommen, daß Grete die Bibel lese, und sie setzten sie ins Gefängnis. Ich hörte davon und versuchte sie zu besuchen. Aber man ließ mich nicht zu ihr. Ich konnte es einfach nicht fassen, daß ihr Gefahr drohte."

Der Kranke hielt einige Augenblicke inne. Der junge Franzose sah ihn gespannt an. Da fuhr de Boer fort:

„Endlich erklärten ihr die Richter, sie könne sofort freikommen, wenn sie öffentlich ihre Bibel ins Feuer werfe und Abbitte tue wegen ihres Ungehorsams gegen die Kirche. Aber sie lehnte das ab. Sie wollte sich lieber selbst verbrennen lassen als das Wort Gottes ins Feuer werfen. Da brachten sie sie in strenge Haft und setzten ihr sehr zu. Sie mußte hungern und viel leiden, aber sie ließ sich nicht bewegen, ihrem Gott untreu zu werden. Zuletzt erwürgten sie sie und verbrannten ihre Bibel..."

Der Kranke schwieg und barg das Gesicht in den Händen.

„Sie war treu, treu wie wenige", sagte Bordait leise nach langer Pause.

„Sie war getreu bis in den Tod, und sie hat ihren Lohn – die Krone des Lebens. – Wie habe ich gelitten! Schließlich nahm ich das Buch zur Hand, das Buch, für welches Grete ihr Leben ließ. Da lernte ich Den kennen, der für mich gestorben ist, und auch mir ward diese große Freude zuteil."

Wenig später verabschiedeten sich Frau van Nuten und ihr junger Begleiter und gingen nach Hause. Unterwegs wurde von beiden kein Wort gesprochen. Nach etwa einer Woche schloß Louis Bordait sich wieder dem Heer des Prinzen Moritz an. Er unterließ es, vorher noch einmal bei seinen

Gastgebern vorzusprechen, und sie konnten nichts für ihn tun als beten. –

Die beiden Damen im Hause Rampaerts in Antwerpen hatte man lange Zeit unbehelligt gelassen. Es war zwar hier und da bekannt, daß sie zu den Reformierten neigten, aber da sie sich nie in der Öffentlichkeit zeigten, hatte man wenig auf sie geachtet. Doch das sollte sich nun über Nacht ändern.

Frau Margarete machte sich Gedanken wegen der gelegentlichen Besuche einer Nachbarin, die eine fromme Kirchgängerin war. Diese Frau war stets freundlich, fragte nach Frau Elses Gesundheitszustand, brachte auch fast immer irgendeinen kleinen Leckerbissen mit und plauderte ein Weilchen mit den beiden. Nur selten kamen die drei Frauen auf religiöse Fragen zu sprechen, und Frau Margarete wußte nicht zu sagen, ob Frau van Doerts in einer bestimmten Absicht kam. Doch hatte sie ein ungutes Gefühl, sooft Frau van Doerts erschien.

Eines Tages fragte diese beiläufig:

„Ich glaube, Ihr geht nie zur Messe...?"

„Nein!" antwortete Frau Else nachdrücklich. Dann fügte sie jedoch schnell hinzu: „Ich komme kaum noch aus dem Hause, ich bin gesundheitlich gar nicht in der Lage dazu. Ich kann weder weit gehen noch lange sitzen, wißt Ihr, wegen meines schwachen Rückens."

„Und Eure Schwester läßt Euch nicht gern allein."

„Ganz selten."

Es entstand eine kleine Pause. Danach fragte Frau van Doerts:

„Ihr brauchtet gewiß einen tüchtigen Arzt? – ich kenne einen, der Euch sicher helfen könnte. Soll ich vermitteln?"

„Mir kann niemand helfen, und an einen anderen Arzt würde ich mich gewiß nicht mehr gewöhnen."

Als dann die Besucherin wieder gegangen war, sahen die beiden Schwestern einander an. Da stimmte etwas nicht! Beide hatten ein ungutes Gefühl.

„Sie hatte irgend etwas Bestimmtes im Sinn", sagte Frau Margarete. „Sie war anders als sonst."

„Warum fragte sie uns wegen der Messe? Ob da gar die Priester dahinterstecken? – Margarete, ich zittere am ganzen Körper, da ist Gefahr im Verzug!"

„Nun mal nicht gleich so furchtsam sein, Else. Vielleicht täuschen wir uns", versuchte Frau Margarete ihre Schwester zu trösten, obgleich auch sie mit Bangen an den Besuch zurückdachte.

„Die Zeiten sind vorbei", begann sie erneut, „wo die Leute um des Glaubens willen verfolgt wurden. Die Lage der Dinge in unseren Nordstaaten, vor allem die entschiedene Haltung der dortigen Reformierten gegen die spanische Tyrannei, das alles läßt die Päpstlichen sich sehr hüten, uns hier nahezutreten."

Frau Else lehnte sich ein wenig ruhiger in die Kissen ihres Sofas zurück. Doch dann richtete sie sich erneut auf: „Vielleicht geschieht das alles wegen Anna. Ich habe schon immer Sorge gehabt, daß wir noch einmal wegen ihr in Schwierigkeiten kommen. Sie sollte sich ein bißchen mehr zurückhalten!"

„Anna ist eine entschiedene Christin, das ist gut so, und sie ist ganz sicher auch verständig genug, uns nicht unnötig in

Gefahr zu bringen. Sie weiß vor allem, wann geschwiegen werden muß. Und wie treu ist sie uns! Da mache ich mir keine Sorgen. Aber ich will sie trotzdem gelegentlich warnen." –

Einige Tage nach diesem Gespräch klopfte es an der Tür, und dann standen zwei Priester im Hausflur. Sie wiesen sich aus, zeigten eine schriftliche Vollmacht der Kirche und der Stadtverwaltung vor und begehrten die Damen Rampaerts zu sprechen.

Anna, die ihnen geöffnet hatte, wies darauf hin, daß Frau Else leidend sei und keinen fremden Besuch empfangen könne.

„Uns muß sie empfangen", entgegnete der ältere der beiden. „Wir sind ermächtigt, es zu fordern. Und mit Euch haben wir auch zu reden!"

Als Frau Margarete im Flur sprechen hörte, kam sie herzu, um zu sehen, was es gäbe. Die Männer gingen sofort auf das Wohnzimmer zu, und schon begann das Verhör. Durch geschickte Fragen sahen sich die drei Frauen schon nach wenigen Minuten als Ketzer überführt, und ehe sich der Tag neigte, waren alle drei in sicherem Gewahrsam. –

Es war dies so schnell und so still zugegangen, daß ihnen alles wie ein Traum erschien. In wenigen Minuten hatten sie ihr behagliches Heim mit einem schauerlichen Gefängnis vertauschen müssen.

Anna blieb ruhig und gefaßt. Sie stützte sich auf den lebendigen Gott und hatte in Ihm Frieden. Frau Else jedoch jammerte ununterbrochen, und ihre Schwester hatte nur den einen Gedanken, wie sie sie trösten könne.

„Es ist schrecklich, Margarete! Ich kann es nicht aushalten! Ich kann es wirklich nicht aushalten, ich muß hier heraus!"

„Liebe Else, wir sind eingeschlossen. Wir können jetzt gar nichts machen. Sei ruhig, sonst machst du dich noch mehr krank."

„Wie kann ich hier ruhig sein? Wir müssen heraus, Margarete!"

„Wenn die liebe Herrin sich auf Gott stützen möchte", wagte Anna voll Mitgefühl zu sagen; „wir sind ja um Seinetwillen hier. Das weiß Er. Er wacht über uns und kann uns trösten."

„Du bist auch gesund und kräftig", wandte Frau Else ein, „mit mir ist das etwas ganz anderes. Margarete, wir müssen hier heraus."

So ging es die ganze Nacht hindurch. Das Klagen nahm kein Ende. Zum Glück schlief sie gegen Morgen ein wenig ein. Während dieser kurzen Stunde flüsterten Frau Margarete und Anna miteinander.

„Das wird meine Schwester nicht überstehen, das bedeutet ihren Tod, wenn das hier nicht bald ein Ende hat", sagte nun auch Frau Margarete.

„Wenn die liebe Frau Schwester doch ihre Sorge auf den Herrn werfen wollte", meinte Anna, „dann würde sie ruhiger sein. Es ist ja schwer zu tragen, Herrin, aber des Herrn Trost ist etwas Wirkliches, wenn wir ihn nur ergreifen wollen."

„Wir müssen hier heraus, wenn's nur irgend möglich ist – um meiner Schwester willen", beharrte Frau Margarete. „Sie ist doch krank!"

„Wir müssen unserem Gott treu bleiben", erwiderte Anna fest. „Er wird für alles andere sorgen und Kraft geben zu dulden."

„Meine Schwester kann nicht auch noch dulden, dazu ist sie viel zu schwach!"

„Der Gott des Himmels und der Erde ist in den Schwachen mächtig, Herrin. Keines von uns könnte aus eigener Kraft die Anfechtung erdulden." –

Als ein fahles Licht durch die schmale Fensterluke fiel und den Morgen ankündigte, öffnete sich die schwere Türe, und den drei Gefangenen wurde ein karges Mahl hereingestellt.

Frau Else konnte erst durch viel gutes Zureden dazu gebracht werden, etwas Brot zu sich zu nehmen und ein Schlückchen Wasser zu trinken. Danach drehte sich das Gespräch ausschließlich um die Möglichkeit, frei zu werden.

„Hier in Antwerpen hilft uns niemand, die Stadt ist gänzlich in den Händen der Spanier."

„Wir müssen versuchen, unseren Bruder zu benachrichtigen. Er hat mancherlei Verbindungen und könnte etwas für uns tun. Aber wie sollen wir ihm Nachricht zukommen lassen?"

„Der Herr Jesus Christus ist immer nahe", versuchte Anna erneut zu trösten. „Er hört uns und kann uns Rettung schikken, wo es nach menschlichem Ermessen unmöglich scheint. Sollte es jedoch Sein Wille sein, daß wir Ihn durch Leiden verherrlichen, dann schenkt Er uns auch die Kraft dazu."

„Du hast gut reden, Anna, du hast gut reden. Aber wie soll das gehen bei einer Kranken? Du weißt gar nicht, wie mir zumute ist! – Wir müssen hier heraus!" –

Erst gegen Mittag wurde die Türe wieder geöffnet, und es erschien einer der beiden Priester in Begleitung eines Fremden, ebenfalls in Priestertracht und offensichtlich dem ersteren übergeordnet.

„Das sind die drei Frauen, Pater Franziskus, Ketzer, wie man weiß. Ihr werdet Euch bald selbst überzeugen."

Pater Franziskus grüßte höflich und erklärte, es tue ihm leid, die Damen in solch unglücklicher Lage anzutreffen. Er sei aber überzeugt, es bedürfe nur einer kurzen Unterweisung, sie vom rechten Glauben zu überzeugen.

„Wir müssen hier heraus, Mynheer", antwortete Frau Else aufgeregt, „wir können keinen Tag länger hier bleiben, das bedeutet meinen Tod."

„Gewiß, Madame. Wir haben nie gewünscht, jemandem Leiden zuzufügen. Unsere Kirche verlangt nur danach, die verirrten Schafe zur rechten Herde zurückzubringen. Auch unserem allergnädigsten König ist es unerträglich, daß eines seiner Untertanen eine andere Religion bekennt als er, und es ist sowohl sein als auch unseres heiligen Vaters Wunsch, daß Ihr zum wahren Glauben zurückkehrt."

„Wir haben kein Wort gegen den König geredet", wandte Frau Margarete ein, „auch haben wir in keiner Weise etwas Unrechtes gegen ihn getan. Wir sind stille, friedsame, harmlose Leute und leben zurückgezogen in unserem eigenen Hause."

„Ihr gebt ein schlechtes Beispiel durch Euer Wegbleiben von der Messe", erklärte der Priester, „und das darf nicht gestattet werden. Der König hat verfügt, daß alle seine Untertanen an der Messe teilnehmen sollen."

„Man muß Gott mehr gehorchen als den Menschen", sagte Anna ruhig. Denn sie erkannte, daß ihre Herrinnen nachzugeben begannen, und sie wollte sie ermutigen. „Der ewige Gott ist größer als König oder Papst, und vor Ihm müssen wir einst Rechenschaft ablegen."

„Der große Vorkämpfer des reformierten Glaubens, Heinrich von Frankreich, hat sich die Unterweisungen der römischen Kirche zu Herzen genommen und ist zu ihren Hürden zurückgebracht worden. Dadurch hat er seine Seele errettet und seine Krone erlangt", sagte der Priester, Annas Bemerkung übergehend.

„Mich deucht, er hat sie verloren", sagte sie leise, „und er wird es in Ewigkeit bereuen. Gott bewahre meine lieben Damen vor solchem Los!"

„Es paßt sich nicht, daß Dienstboten ihrer Herrschaft Rat erteilen", bemerkte der Priester mit einem strengen Blick auf Anna.

„Anna hat immer recht viel auf ihre eigene Meinung gegeben", murmelte Else unwillig, und auch Margarete sah die alte Dienerin mißbilligend an.

Der Besucher redete noch eine Weile auf sie ein, wobei er sich vor allem an Frau Else wandte, die sich vielleicht am ehesten gewinnen ließ, und bevor er sie verließ, versprach er, seinen Vorgesetzten die Sache vorzulegen und alles zu tun, um ihre Befreiung zu erwirken.

Eine Stunde später erschienen zwei Mönche in der Zelle und befahlen Anna, ihnen zu folgen.

„Sollen wir nicht alle mitkommen?" fragte Margarete.

„Nein, wir haben nur den Auftrag, diese zu holen."

„Wo kommt sie denn hin?"

„Gefangene haben keine Fragen zu stellen", versetzten die Männer und faßten Anna beim Arm.

„Es ist alles gut, Frau Margarete, macht Euch meinetwegen

keine Sorge, ich bin in des Herrn Hand. Möge Er Euch, teure Herrschaft, bewahren und treu erhalten!"

Sie wollte noch mehr sagen, aber schon schloß sich hinter ihr die Tür, und die beiden Schwestern waren allein.

„Was bedeutet das?" fragte Else und sah ängstlich nach der Tür.

„Ich weiß es auch nicht", erwiderte Margarete, und plötzlich hatte sie Tränen in den Augen. Sie machte sich Sorgen um ihre alte Dienerin, die sie während ihrer langjährigen treuen Dienste sehr liebgewonnen hatte. „Ich fürchte, sie kommt nicht wieder zu uns."

„Hätte sie den Mund gehalten, hätte sie sich besser gestanden. Man muß auch schweigen können."

„Sie war treu, treu gegen Gott und treu gegen uns. Das bedeutet viel."

„Du denkst mehr an sie als an mich", entgegnete Else unwillig, „wo ich so leidend bin..."

„Das glaubst du selbst nicht, Else. Du weißt genau, daß ich dich sehr lieb habe. Aber ich darf auch an Anna denken, sie ist in weit größerer Gefahr als wir beide."

„Wir sind also in Gefahr...?"

„Freilich! Im Gefängnis! In Händen solcher, die uns übel gesonnen sind!"

„Margarete, wir müssen heraus! Wenn es nicht anders geht, dann müssen wir zum römischen Glauben übertreten."

„Else!" rief ihre Schwester und wurde blaß.

„Heinrich von Frankreich hat das auch getan, der große Vorkämpfer der Hugenotten. Wir sind keine Vorkämpfer,

Margarete, nur schwache, wehrlose Frauen. Keiner hat das Recht uns zu tadeln!"

Margarete konnte darauf nicht antworten. Sie fürchtete sich vor Verfolgung, Not und Leid und fühlte sich schwach und elend; aber sie hatte bisher nicht im geringsten daran gedacht, ihren Glauben aufzugeben oder zu verleugnen. Und daß Else so schnell dazu bereit war, hatte sie nicht für möglich gehalten.

Da wurde erneut die Tür geöffnet, und Frau van Doerts trat herein. Sie schaute erschrocken zu Frau Else hin, die sich in den wenigen Tagen seit ihrem Besuch sehr verändert hatte. Ja, Frau Else stand die Angst in den Augen, sie wußte sich kaum noch zu beherrschen und zitterte am ganzen Körper. Frau van Doerts reichte den Damen die Hand. Sie sagte, sie habe von der Verhaftung gehört und sich sofort aufgemacht, die lieben Bekannten zu trösten.

„Ihr müßt gewiß nicht hier bleiben, teure Freundinnen, Ihr werdet ganz sicher bald frei – es liegt an Euch, wie bald. Ihr müßt nur auf die Lehren unseres guten Paters Franziskus hören und den wahren Glauben annehmen."

„Ich verstehe davon nicht viel", murmelte Frau Else unsicher. „Es kann sein, daß wir im Irrtum sind, – aber bestimmt ist es noch nicht zu spät, sich belehren zu lassen . . ."

„Gewiß nicht. Ich bin überzeugt, Pater Franziskus wird Euch die Wahrheit lehren, und dann könnt Ihr bald wieder nach Hause zurück."

Dann wandte sich die Besucherin an Frau Margarete und fragte eindringlich:

„Auch Ihr werdet den Pater Franziskus anhören und seine Unterweisungen beherzigen – zum wahren Glauben zurückkehren? Denkt doch nur, wenn Ihr noch länger hierbleiben müßtet – das könntet Ihr doch gar nicht verantworten Eurer kranken Schwester gegenüber!"

„Ich weiß nicht – was – wie soll ich antworten? Wir sind in einem ganz anderen Glauben aufzrogen..."

„Aber jetzt laßt die Ketzerei fahren und lernt die Wahrheit kennen, ja? Ihr wollt doch um solcher Kleinigkeiten willen nicht Euer Leben aufs Spiel setzen, oder?"

Frau Margarete erschrak zutiefst. „In letzter Zeit hat hierzulande doch niemand mehr wegen seines Glaubens sein Leben verloren..."

„O doch. Das geschieht fast jeden Tag. Wollt Ihr's darauf ankommen lassen? Schon der Gedanke daran würde Eurer Schwester den Tod bedeuten, und dann müßtet Ihr Euch die Schuld geben. Ihr habt sie doch lieb, Eure Schwester, oder?"

„Ich möchte die rechte Entscheidung treffen", sagte Frau Margarete leise, „meiner Schwester eine Hilfe sein, – aber ich möchte auch meinem Glauben treu bleiben."

„Die rechte Entscheidung – da habt Ihr schon recht", antwortete Frau van Doerts. „Es muß das Rechte sein, daß Ihr zunächst an Eure leidende Schwester denkt und ihr eine Hilfe seid. Es muß das Rechte sein, daß man seinem König gehorcht; und er fordert von allen seinen Untertanen, daß sie glauben, was er glaubt."

„Hat irgendein Mensch das Recht, so etwas zu fordern? Ist nicht jeder vor seinem Gott persönlich verantwortlich?"

„Der Papst ist Gottes Stellvertreter auf der Erde. Unsere Pflicht ist es, ihm und den Priestern zu gehorchen; die sind für uns verantwortlich."

Margarete entgegnete nichts mehr darauf. Sie wußte nur zu gut, daß diese Lehre gegen Gottes Wort war; aber sie hatte keine Kraft mehr zu einer Erwiderung. Wie fühlte sie sich so zerschlagen und elend! Wenn nur die heftigen Kopfschmerzen nicht wären nach der langen schlaflosen Nacht! Kaum vermochte sie zuzuhören, was die Besucherin noch alles redete. Eindringlich mahnte die Nachbarin, sie sollten sich doch lossagen von der Ketzerei, nicht widerspenstig sein und zur wahren Kirche zurückkehren.

Schließlich erklärten sich die beiden Damen bereit, noch einmal alles zu überdenken und abzuwägen. Frau van Doerts versprach sich dafür einzusetzen, daß sie bald frei würden. Sie war kaum gegangen, da kam Pater Franziskus erneut in die Zelle und redete wieder auf sie ein. Zuletzt gaben sie nach, stimmten dem Drängen des Priesters zu, katholisch zu werden, und fügten hinzu, sie hätten allein aus Unkenntnis so lange an ihrem alten Glauben festgehalten.

Noch am Abend des selben Tages durften sie in ihr eigenes Haus zurückkehren. Aber es war eine freudlose Heimkehr. Anna war nicht bei ihnen! Wo mochte sie sein? Die Schwestern saßen noch lange beieinander, aber keine sprach auch nur ein einziges Wort. —

Mit großer Bestürzung wurde die Nachricht von der Einkerkerung der Damen Rampaerts im Haag aufgenommen. Adrian Verkampt hatte sich zunächst vergewissert, ob es wirklich wahr sei, ehe er es Christine mitteilte.

„Die Tanten im Gefängnis!" rief sie erschrocken. „Was wird man mit ihnen machen? Ach, Adrian, soll es denn immer weitergehen mit diesem Verfolgen, Quälen, Morden? Soll es denn gar kein Ende nehmen damit?"

„Und ausgerechnet diese alleinstehenden Frauen..."

„Und Anna? – was ist mit Anna?"

„Sie ist mit verhaftet worden."

„Sie also auch! Zwar – um sie mache ich mir weniger Sorge, sie hat einen Halt, einen festen Halt. Sie verläßt sich auf den Herrn – und Er verläßt sie sicher nicht. Aber die Tanten, vor allem Tante Else! Das kann ihr Tod sein!"

„Vielleicht lernt sie in der Anfechtung, wie stark der Fels unseres Heils ist. Erst in der Gefahr des Todes erfährt man, wie nahe Er den Seinen ist."

Nachdenklich schaute Christine aus dem Fenster. Dann legte sie ihrem Mann die Arme um den Hals: „Du hast es erfahren, Adrian. Aber du weißt auch, was da alles vorausgegangen sein kann."

Voller Liebe sah sie ihn an. Doch was er dann sagte, machte ihr das Herz schwer:

„Es sollte jemand von uns nach Antwerpen reisen und zu helfen versuchen."

„Du nicht – nein...", bat sie flehend. Sie zitterte am ganzen Körper. „Du bist den Häschern zu gut bekannt und wärest schnell hinter Schloß und Riegel."

„Die Gefahr ist nicht größer als in Spanien. Und der treue Hirte vermag mich auch in Antwerpen zu beschützen."

„Aber jetzt hast du deine Familie, hast Kinder... Verlangt der Herr Jesus das von dir?"

Noch während sie sich unterhielten, wurde Besuch gemeldet, und Herr und Frau van Nuten traten ein. Auch sie hatten schon von den Verhaftungen gehört.

„Du kannst jetzt unmöglich nach Antwerpen gehen, Adrian", warnte der Kaufmann. „Du würdest sofort festgenommen und könntest den Damen doch nicht helfen. Louis Bordait reist noch diese Woche in Privatgeschäften hin, der kann uns weitere Nachrichten über das Ergehen unserer Freunde zuschicken. Für ihn ist die Gefahr weniger groß, da er ja Franzose ist. Wir wollen es ihm überlassen, er kennt sich aus. Auch dürfen wir unserem Herrn vertrauen, Ihm alles anbefehlen."

Das Warten fiel allen nicht leicht. Besonders Christine war in Gedanken oft bei ihren beiden Tanten, die ihr so viel Liebe erwiesen hatten. Oft betete sie für sie.

Endlich kam ein Brief von Bordait. Er hatte sich nach den Gefangenen erkundigt und erfahren, daß sie, nachdem sie sich vom reformierten Bekenntnis losgesagt hätten, sofort in Freiheit gesetzt worden seien und wieder in ihrer eigenen Wohnung wohnten. Er habe sie persönlich nicht besuchen und sprechen können, da sie sich Besuche jeglicher Art verbeten hätten. Aber durch Bekannte wisse er sicher, daß sie voll und ganz in die römische Kirche aufgenommen seien und mit großer Andacht der Messe beiwohnten.

„So geht es immer, Madame", schloß er seinen Brief. „Leben und Sicherheit sind bei allen das höchste Gut. Der Glaube kommt erst in zweiter Linie. Man wechselt ihn wie ein Kleid, je nachdem es erforderlich ist. Es gibt keine Treue mehr auf Erden. – Sagt das aber nicht Frau Verkampt, es würde sie schmerzen..."

„Ich bedaure, daß wir gerade ihn beauftragten, sich nach unseren Freundinnen zu erkundigen", meinte Frau van Nuten. „Jetzt ist er in seinem Zweifeln noch bestärkt worden."

„Das ahnte keiner von uns, daß die Tanten dort so bald ihren Glauben verleugnen würden. Aber schrieb Bordait nichts von Anna van den Hove?"

„Doch. Hier auf dem Rand des Blattes steht eine kurze Notiz. Anna ist noch immer in den Händen der Jesuiten, und kein Mensch weiß, was sie mit ihr vorhaben. Sie weigert sich entschieden, ihrem Glauben abzuschwören. Die gute Anna! Sie ist treu! Sie wird ihren Heiland und Herrn niemals verleugnen, da bin ich sicher. Aber wie sehr wünschte ich, daß sie wieder freikäme!"

„Wir wollen Bordait schreiben, daß er sich für sie verwendet und sie zumindest einmal besucht!"

Der Kaufmann setzte sich dann auch gleich an seinen Schreibtisch, schrieb dem jungen Franzosen und veranlaßte anschließend, daß der Brief nach Antwerpen befördert werde. Unterdessen begab sich seine Frau zu denen, die Anna noch näherstanden. Christine war zutiefst erschrocken, als sie von den Nachrichten aus Antwerpen erfuhr.

„Losgesagt – sie haben sich sofort losgesagt? – Tante Margarete auch? Ich kann es kaum glauben..."

„Es war eine sehr schwere Prüfung für sie alle drei, eine große Anfechtung, und wir wollen vorsichtig sein mit unserem Urteil. Wenn wir an ihrer Stelle gewesen wären, wer weiß, wie wir entschieden hätten", erwiderte Frau van Nuten nachdenklich.

„Mir tut Tante Margarete besonders leid. Wie wird sie sich grämen, geht es doch um Ewigkeitsdinge! Wenn ihr erst wirklich bewußt wird, was sie da getan hat..."

„Wir wollen in unseren Gebeten an sie denken. Auch Petrus hat den Herrn einst verleugnet – und kam wieder zurecht.

Doch wer weiß, wie sehr Anna gerade in diesen Augenblicken in Gefahr stehen mag! Besonders auch an sie müssen wir denken!"

Christine schauderte. Sie wußte durch Adrian allzugut, wie man mit denen verfuhr, die fest blieben. Sie kannte Anna, ihren stillen Glauben und ihre ruhige Festigkeit.

„Könnten wir sie doch trösten und ihr Mut zusprechen!" seufzte sie.

„Ja, das ist auch mein Wunsch", setzte Frau van Nuten hinzu. „Von Anna habe ich die Wahrheit gehört, und ich schulde ihr viel. Doch können wir nicht auch so bei ihr sein? – durch den Himmel? Der Herr kann und wird trösten, aufrichten, stärken – wie es sonst niemand vermag."

So sorgten und harrten sie mit betendem Herzen, wenn auch oft unter Tränen. –

Ja, Anna war in tiefer Not. Bitter empfand sie ihre Vereinsamung, und das Verhalten der beiden Schwestern, das man ihr bewußt mitgeteilt hatte, schmerzte sie sehr. Man drang erneut auf sie ein und verwies sie auf ihre Herrschaft, die ihr doch ein Beispiel und Vorbild sein sollte. Aber auf alle diese Versuche blieb sie fest. Sie sei, wie sie mehrfach schon betont habe, nur eine geringe, unwissende Magd, müsse aber an die Belange ihrer himmlischen Herrschaft denken. Sie kenne den Herrn Jesus Christus als ihren persönlichen Heiland und Gebieter und wolle Ihm treu bleiben. Er habe sie errettet durch Sein Opfer, und sie gehöre Ihm mit Leib und Seele für Zeit und Ewigkeit. Und Ihm gehöre auch der erste und einzige Platz in ihrem Herzen.

Man setzte ihr immer härter zu, sie zum Wanken zu bringen, ließ sie hungern und dürsten und fügte ihr auf mancherlei Weise Schmerzen zu – aber sie blieb fest. Schließlich wurde sie nach Brüssel gebracht, wo sie vor einem besonderen Gerichtshof verhört werden sollte.

Von all diesen Ereignissen erfuhr Louis Bordait, und sehr bald konnte er kaum noch irgendeiner Arbeit nachgehen, ohne ständig in seinen Gedanken bei dieser alten Magd zu sein. Ihr Verhalten beeindruckte ihn außerordentlich. Ob sie wirklich bis zum bitteren Ende treu sein würde? Aber ob man ihr nicht beistehen mußte? Ob man nicht selbst Stellung zu beziehen hatte? Hatte man nicht selbst oft von Treue und Gefolgschaft geredet? – Schließlich verschaffte er sich Briefe von bekannten, angesehenen Kaufleuten in Brüssel und reiste Anna nach. Nach vielen Bemühungen gewährte man ihm schließlich Zutritt zu der Gefangenen.

Es war eine düstere, kalte, nasse Zelle, in der Anna gefangensaß. Annas Gesicht war sehr bleich und abgezehrt, aber in ihren Augen lag Frieden.

Betroffen schaute Bordait sie an. Es war ihm völlig unbegreiflich, was er da sah. Woher kam dieser Frieden? Worin hatte er seine Wurzeln?

Dann begann er zu sprechen. Aber selbst als er von der Besorgnis ihrer Bekannten berichtete, daß alle an sie dächten und ihr Trost bringen möchten, kamen ihm seine Worte unwichtig vor. Sie kannte offensichtlich einen Trost, der weit mehr bewirkte als der von Menschen, und seien es die besten Freunde!

Trotzdem freute Anna sich.

„Es ist Trost zu wissen, daß Gottes Heilige und Geliebte an mich denken und für mich beten. Doch bald werde ich keiner Gebete, keines lieben Gedenkens mehr bedürfen."

„Ihr seht keine Aussicht mehr freizukommen?"

„Nein. Sie wollen meinen Tod. Und sie werden es bald wahrmachen, was sie mir androhen."

„Und darüber könnt Ihr so ruhig sprechen – ?"

„Meiner wartet mein Heiland, mein Erlöser und Herr. Und meiner wartet eine himmlische Heimat – und eine Krone, Mynheer."

Der junge Mann schwieg eine ganze Weile. Was sollte er sagen? Er konnte es nicht fassen, daß die Gefangene so ruhig blieb. Dann mußte er sie fragen:

„Habt Ihr denn nicht den Wunsch, am Leben zu bleiben?"

„Das Leben ist uns allen kostbar, und ich wollte schon noch gern hier bleiben bei all meinen Lieben, bei meiner Herrschaft, meinen Bekannten und Freunden – wenn es der Wille des Herrn wäre. Aber man will meinen Tod – oder daß ich Ihn verleugne, meinen Heiland, und das kann ich nicht, das darf ich nicht. Ihn verleugnen? Der mich so liebt? – o nein!"

„Ihr seid aber doch nur eine schwache Frau, und Ihr seid wenig belehrt. Klügere als Ihr haben ihren Glauben drangegeben. Denkt nur allein an Heinrich von Frankreich, der ein König ist."

„Ich darf ihn nicht nachahmen, Mynheer, mag er noch so groß sein. Es geht um eine andere Krone, eine weit bessere . . ."

Da drehte sich der Schlüssel im Schloß, und Louis Bordait wurde beschieden, seine Besuchszeit sei zu Ende. Er ergriff Annas Hand und verabschiedete sich herzlich.

„Ihr werdet droben nicht fehlen, Mynheer, droben vor dem Thron?" fragte sie ihren jungen Besucher eindringlich. „Ihr seid heute hier zu mir in meiner schweren Prüfung so freundlich gewesen; ich möchte Euch droben in der ewigen Heimat wiedersehen, wo alle, die treu waren, sich bei Ihm in unaussprechlich seliger Freude zusammenfinden."

Der junge Mann vermochte kein Wort mehr zu sagen. Das Gespräch hatte ihn mehr als beeindruckt. Mit festem Druck schüttelte er Annas Hand. Dann schob der Schließer ihn hinaus, und Anna blieb allein zurück und betete für ihn.

Nicht lange ließ man sie in Ruhe. Erneut redete man auf sie ein und bedrängte sie, zu widerrufen. Falls sie sich nicht füge, sehe man sich zu anderen Mitteln gezwungen. Es gehe um ihr ewiges Seelenheil. Man wurde von mal zu mal deutlicher. Anna schauderte, als man ihr vorstellte, was auf sie warte, wenn sie nicht endlich ihrem Glauben abschwöre.

„Wie könnt Ihr erwarten, daß ich aus Furcht vor dem Tode meinen Glauben verleugne?" entgegnete sie immer wieder. „Der Herr Jesus Christus hat für mich einen schmachvollen Tod erlitten. Sollte ich mich nicht hineinfügen, wenn Er dies nun auch von mir fordert? – Er, der mich so liebt? Ich weiß, Er wird mit mir sein, mir beistehen und mir hindurchhelfen."

„Langsames Ersticken ist schrecklich", stellte man ihr vor.

„Der Herr kann dennoch Gnade geben, daß ich's ertrage."

„Wie dürft Ihr Eure Meinung so hartnäckig der Meinung der Kirche und ihrer Oberen entgegensetzen – wer seid Ihr! Ihr geht ewig verloren, wenn Ihr Euch nicht beugt!"

„Ich habe viel in meiner Bibel gelesen", antwortete Anna bestimmt, „doch nie von einer anderen Sündenvergebung als durch das Blut des Heilandes. Wenn andere anderes glauben – ich streite nicht mit ihnen. Ihre Seele wird für sich allein vor Gott stehen müssen, aber angesichts des Richterstuhls droben kann ich nicht gegen mein Gewissen lügen und meinen Herrn verleugnen."

„Euch ist wahrlich nicht zu helfen! Euch geschehe wie Ihr's verdient und wie Ihr's selbst haben wollt!" schrie man sie an. „Dann fahrt hinab in die ewige Verdammnis!"

„Ich gehe in die himmlische Heimat, des bin ich gewiß, denn so hat's mein Heiland verheißen. Er achtet mich würdig, für Ihn zu leiden. Er hält mir die Krone vor, und kein Mensch kann sie Ihm entreißen noch mich hindern, sie aus Seinen Händen in Empfang zu nehmen." –

Wieder vergingen mehrere Wochen, da traf an einem späten Abend Louis Bordait erneut im Haag ein. Er suchte unverzüglich seine Freunde auf und wurde aufs herzlichste begrüßt. Frau van Nuten erkannte sofort, daß Louis Bordait sich verändert hatte; etwas ganz Besonderes mußte sich in seinem Leben ereignet haben.

Herr van Nuten fragte gleich nach Anna van den Hove, an deren Geschick alle sehr Anteil nahmen.

Der junge Mann vermochte zunächst nicht zu antworten. Es standen Tränen in seinen Augen, als er dann leise sagte:

„Sie ist bei Christo. Sie hat die Krone der Märtyrer erlangt."

Betroffen schauten die Eheleute ihn an.

„Ich weiß es genau – von Augenzeugen. Sie muß furchtbar gelitten haben. Man hat sie – lebendig begraben!"

Der junge Mann barg sein Gesicht in den Händen.

Frau van Nuten weinte, und ihr Mann versuchte sie zu trösten:

„Jetzt denkt sie nicht mehr an die Leiden. Sie schaut die

Herrlichkeit des Himmels und das Angesicht Dessen, für den sie starb."

Später berichtete der junge Franzose weiter; vor allem von seinem letzten Besuch bei Anna im Gefängnis. Tief bewegt schilderte er ihr Gespräch, ihre Mahnungen an ihn, und richtete ihre Grüße aus an alle, mit denen sie verbunden gewesen war. Und seltsam, bei diesen Worten trat die Veränderung, die man bei dem jungen Franzosen zu erkennen vermochte, am deutlichsten zutage. Von seiner früheren Begeisterung, seinem Aufbegehren, seinem ungezügelten Eifer war nicht das geringste mehr zu spüren; all dies hatte einer stillen Demut Platz gemacht.

Später galt es das Vorgefallene Christine mitzuteilen. Damit ward Frau van Nuten beauftragt. Christine preßte die Hände zusammen, so wurde auch sie von Schmerz geschüttelt. Doch sie war nicht ganz unvorbereitet auf diesen Augenblick; aus früheren Gesprächen mit Anna wußte sie, daß es dieser oft vor Augen gestanden hatte, ihren Glauben an ihren Herrn eines Tages mit dem Tod zu besiegeln.

Nachdem sich Christine ein wenig beruhigt hatte, wünschte sie persönlich mit Bordait zu sprechen. Sie wollte gern Näheres von ihren Tanten hören. Um Anna brauchte sie nun nicht mehr zu sorgen, wohl aber um die Tanten. Doch wußte Louis Bordait nur wenig Neues zu berichten, und dies Wenige war nicht befriedigend. Auf einen langen, herzlichen Brief an die Tanten, den Christine am nächsten Tag schrieb, bekam sie keine Antwort.

Einige Tage danach erhielt Christine Besuch. Ihr Vater stand vor der Tür, und sie umarmte ihn freudig.

Dann fragte sie nach dem Grund seines Besuches.

„Ich bringe Nachricht von Antwerpen. Else ist gestorben,

und Margarete ist jetzt ganz allein. Ich reise hin und hole sie zu uns."

„Tante Else ist gestorben? Wie kommt das so plötzlich?"

„Sie war schon lange leidend, das weißt du ja. Nun, die Ereignisse der letzten Monate haben ihr dann weiter sehr zugesetzt, vor allem die Kerkerhaft, und so ging es mit ihr kräftemäßig rasch bergab. Ich muß Margarete von Antwerpen wegholen."

„Ich rede mit Adrian. Ich denke, sie kann hier bei uns sein. Ich will mich ihrer annehmen, mich um sie kümmern, sie trösten. Hier bei uns ist Platz für sie."

„Davon bin ich überzeugt. Doch ich muß zunächst mit ihr darüber sprechen, sie muß selbst entscheiden. Ich denke in zwei Tagen wieder hier zu sein." –

Christine bereitete alles zum Empfang der Tante vor. Sie richtete das Gastzimmer so behaglich wie möglich her und betete ernstlich, Gott möge ihr Gnade geben, der Tante die rechte Hilfe zu sein.

Am dritten Tag traf die Tante ein. Adrian und Christine hießen sie herzlich willkommen. Die Tante war auffallend still, hielt sich sehr zurück und ließ sich von ihrer Nichte gleich in ihr Zimmer führen. Dort schlang sie plötzlich beide Arme um Christines Hals und schluchzte hemmungslos.

„Es ist alles so trostlos, so schrecklich trostlos! Was habe ich getan! Was werdet ihr hier alle von mir denken! Ich habe den Herrn verleugnet! Ich tat es nicht nur Elses wegen, nein, ich war selbst feige genug! O, Kind, das kann nie wieder gutgemacht werden!"

„Tante, liebe Tante, nun komm einmal zur Ruhe, du bist hier bei uns, bei Menschen, die dich liebhaben. Dich verachtet niemand hier, da sei sicher. Du standest in schwerer Prüfung, in Anfechtung schlimmster Art, und da hat niemand das Recht zu urteilen, dem solches noch nicht widerfahren ist. Du bleibst jetzt zunächst hier bei uns, und wir trösten einander."

„Für mich gibt es keinen Trost mehr. Ich habe – den Glauben verleugnet."

„Liebe Tante, du kehrst zum Heiland zurück! Er ist allezeit bereit zu vergeben und alle anzunehmen, die zu Ihm kommen."

„Nicht solche wie ich, Christine, nicht solche, die gegen die erkannte Wahrheit sündigten. Denn ich wußte die Wahrheit von Kind an, ich habe sie von meinen Eltern gelernt, und am Ende habe ich sie verworfen. Ich habe die göttliche Wahrheit für eine Lüge hingegeben. Für solche Schuld kann keine Vergebung möglich sein, Christine. Ich habe mit voller Überlegung die Wahl getroffen und muß dabei bleiben."

Christine wußte zunächst nichts darauf zu antworten. Doch dann entgegnete sie:

„Wir sind noch auf der Erde. Hier können wir noch Buße tun und zum Heiland fliehen, der stets bereit ist, auch die schwersten Sünden zu vergeben, wenn sie in wahrer Buße und Aufrichtigkeit vor Ihm bekannt werden."

„Auch die schwersten Sünden, sagst du – ?"

„Das sagt Gottes Wort, Tante."

Als sie wenig später beim Abendbrot saßen, schien es Christine und Adrian, als schaue Tante Margarete nicht mehr ganz so hoffnungslos aus wie bei ihrer Ankunft.

„Du wirst ihr auch weiter eine gute Hilfe sein", meinte Mynheer Rampaerts und sah seine Tochter liebevoll an, nachdem Tante Margarete sich zur Ruhe begeben hatte.

„Laß sie uns eine Zeitlang hier, Vater."

„Unter einer Bedingung: daß du und Adrian samt den Kindern sie dann auch bald nach Amsterdam bringt. Deine Mutter sehnt sich nach dir, und sie hat euer Jüngstes ja noch nicht auf dem Arm gehabt."

So blieb Frau Margarete zunächst einige Wochen im Haag. Aber es lag ein schwerer Druck auf ihr. Zwar legte sie gleich zu Anfang vor mehreren Ältesten der reformierten Kirche ein öffentliches Glaubensbekenntnis ab und suchte bei Gott Vergebung ihrer Sünde; aber sie vermochte nicht zu der Gewißheit durchzudringen, daß ihr vergeben sei. Ihre Schwester Else erwähnte sie nie. Eines Tages aber sprach sie sich bei Christine aus.

„Wenn ich an Anna denke, schäme ich mich so sehr. Wie schauten wir auf sie herab, als stände sie tief unter uns! Und doch, wie entschieden trat sie ein für ihren Herrn und Sein Wort! Unsere letzten Worte an sie waren Vorwürfe – und ich kann sie nicht einmal mehr um Vergebung bitten! Ach, könnte ich dies alles ungeschehen machen!"

„Liebe Tante, wir können begangene Fehler oder Sünden nicht ungeschehen machen. Aber Gott sei Dank, wir können sie Ihm bekennen, und Er ist treu und gerecht, daß Er sie uns vergibt und uns reinigt von aller Ungerechtigkeit. Christi Blut macht alles gut."

Doch viel änderte sich nicht. Die Tante hielt sich zurück, suchte auch kaum Kontakt mit den Kindern, war meist in ihrem Zimmer und sah stets ernst und nachdenklich aus.

„Ich passe nicht zu den Kindern", erklärte sie schon bald

darauf aufs neue. „Ich habe mir meine letzten Lebenstage selbst verdorben; und sollte ich – trotz allem – doch noch in den Himmel kommen, dann kann es auch dort nur Beschämung für mich geben. Ach Kind, ich habe Ihn verleugnet! Jetzt weiß ich, was das bedeutet."

„Liebste Tante", entgegnete Christine, „wahre Liebe sieht anders aus als wir denken. Und unser Herr ist und bleibt die Liebe in Person. Bei uns allen ist kein Grund zum Rühmen – als nur Ihn und Seine Liebe."

„Das ist alles wahr, Kind, und doch trauere ich über mein Versagen, meine Sünde. Denn wenn sie auch vergeben ist – vergessen kann ich sie nie."

Christine wußte darauf nichts mehr zu antworten. Aber besorgt sprach sie mit Adrian abends über die Tante, und beide nahmen sich vor, auch weiterhin treu für sie zu beten. –

Dann kam der Tag, an dem Adrian geschäftlich nach Amsterdam reisen mußte. Die ganze Familie sollte ihn diesmal begleiten. Für Tante Margarete ging damit die Zeit im Haag zu Ende. Alle empfanden, daß es für sie besser sei, wenn sie in eine andere Umgebung und zu anderen Menschen kam, wo sie nicht ständig erinnert wurde an vergangene Tage.

Kurz vor dem Abschied kam Frau van Nuten zu einem Besuch.

„Hast du gehört, welch hellen Edelstein unsere treue Anna für ihre Krone gewann, ehe sie von dieser Erde Abschied nahm?" fragte sie Christine.

„Louis Bordait?"

„So ist es. Wir hofften es immer. Aber gestern erfuhren wir

nähere Einzelheiten. Bordait hat uns einen langen Brief geschrieben. Durch Annas Treue ist er zu wahrer Umkehr gekommen, hat sich selbst ins Licht Gottes stellen lassen, sich anhand Seines Wortes geprüft, sich gedemütigt und nun auch zu dieser wunderbaren Gnade Zuflucht genommen. Er ist zurückgekehrt nach Frankreich und kümmert sich um sein Erbteil. Er sieht nun seine Aufgabe in der treuen Verwaltung seines väterlichen Gutes, das ihm Heinrich gnädig zurückgegeben hat, und will da auch ein treuer Zeuge sein für seinen himmlischen Meister. Zwar wollte er anfangs nichts davon wissen, auch nur einen einzigen Heller anzunehmen aus der Hand eines solchen Königs, und es entfuhren ihm manche unschönen, ungeziemenden Worte. Aber auch darin demütigte er sich, beherrschte seinen Geist, und so kam nun in sein Leben Ruhe und Richtung."

„So hat Gott also durch Anna gewirkt", fügte Christine hinzu.

„Ja, so ist es. Er erwähnt es ausdrücklich. Wahres Christentum sei eine Realität! Nachdem er Anna besucht habe, sei er zum Nachdenken gekommen. Da habe er bei sich persönlich angefangen mit dem Prüfen ... Da habe er kein Auge mehr gehabt für die vielen Unzulänglichkeiten anderer. Ja, schon durch Annas praktisches Verhalten in all den vielen kleinen Diensten bei ihrer Herrschaft, durch ihre Treue und Gewissenhaftigkeit selbst in den kleinsten Dingen sei er aufmerksam geworden auf wahres Christentum – und dann vor allem durch ihre Entschiedenheit, ihre Treue bis in den Tod."

„Wie würde Anna sich gefreut haben, wenn sie das noch erfahren hätte!" meinte Christine.

„Und sollte sie es nicht wissen? – ist nicht Freude im Himmel über jede Seele, die vom guten Hirten heimgebracht wird? Sollte Anna nicht wissen, daß Gott sie gebrauchen konnte, Seine Botschaft auszurichten? Wird nicht diese Mitfreude ihr den Himmel noch herrlicher machen? Sie hat ihre Krone erlangt und ganz sicher mehr als einen Edelstein dafür erworben, und sie wird sie behalten und sie tragen zum Preise der Herrlichkeit Seiner Gnade bis in alle Ewigkeit."

Heimkehr

Die kleine Straße hieß ‚Grubengasse'. Sie war schmal, und es war nicht viel Verkehr darin. Die Häuser standen eng beieinander, niedrig, einstöckig, mit einem spitzen Giebel. Man sah auch solche mit einem vorspringenden oberen Stockwerk, deren Gebälk schön geschnitzt und bemalt war. Es wohnten meist Handwerker darin, vor allem Schuhflicker und Pantoffelmacher – keine reichen Leute.

Das stattlichste Haus war eine Schmiede. Die hatte eine breite Tür, wo man die Pferde zum Beschlagen hineinführte auf eine geräumige Diele. Im Hintergrund sah man den Blasebalg und das große Schmiedefeuer und in der Mitte einen mächtigen Amboß, auf dem die Gesellen mit schweren Hämmern das rotglühende Stangeneisen schmiedeten, daß die Funken sprühten; und auf dem auch Nägel gemacht wurden, denn damals kannte man noch nicht die neumodischen Drahtstifte. Dann sammelten sich draußen die Kinder aus der Nachbarschaft und guckten zu. Es war für die kleine Gesellschaft immer wieder lustig zu sehen, wie aus dem glühenden Eisen ein spitzer Nagel wurde, und wie der Nagel einen zierlichen Kopf bekam. – Jetzt sieht man dergleichen nicht mehr, es wird alles in Fabriken gemacht, in

Betrieben mit mächtigen Maschinen; da gucken keine Kinderaugen hinein.

Durch die Schmiede, am Amboß und an den rußigen Gesellen vorüber mußten auch alle Hausbewohner, wenn sie in die Wohnung wollten. Der Schmied hatte zwei Töchter. Sie besorgten ihm den Haushalt, denn er war ein Witwer. Der Schmied hieß Hans Eberle, seine Töchter Hanna und Lore.

Neben der Schmiede stand das kleinste und niedrigste Haus der Gasse. Die Leute hatten schon oft gesagt: „Warum kauft der Meister Eberle nicht das Häuschen zum Niederreißen, dann hätte er einen freien Platz neben seinem Hause! Da könnte er den Rossen die Hufe beschlagen und brauchte sie nicht ins Haus zu nehmen!" – Zwei schmale Fenster waren neben der niedrigen Haustür, an welcher ein eiserner Klopfer hing. Farbe und Anstrich waren nicht mehr zu sehen an Tür und Fenstern, und auf dem Dache wuchs viel grünes Moos. Über der Tür aber war auch ein Fenster, dessen Scheiben blank gehalten waren. Dahinter sah man weiße, saubere Vorhänge, und es hing ein Vogelbauer daran, jedoch ohne einen Vogel. – Die beiden Fenster unten waren mit plumpen Holzläden verschlossen und darüber mit eisernen Stangen verwahrt.

Meister Eberles Lore saß über der Schmiede am Fenster und nähte, denn es war Nachmittag und die Hausarbeit getan. Die Gasse war menschenleer. Es hatte kräftig geschneit, und noch immer fielen einzelne dicke Flocken und legten sich weich auf jedes vorspringende Eckchen. Nur einige Sperlinge flogen unruhig zwischen den Dächern und schimpften über den Schnee, der ihnen Nahrungssorgen bereitete.

Es war ein hübsches Plätzchen, wo Lore saß, ein rechter ‚Lug ins Land', wo einem nichts entgehen konnte, was draußen passierte. Denn außer dem Fenster, das nach Süden in die Gasse sah und in die Sonne, war da auch noch ein zweites, schmaleres Eckfenster, das einen Blick gewährte bis hinauf zum Marktplatz, wo die Wache aufzog, und von wo alle Wagen, Reiter und Fußgänger herkamen, die in die Gasse einbogen. Auf den Fensterbrettern standen in schönen Töpfen allerlei Pflanzen, zwei Monatsrosen, zwei Myrtenbäumchen mit runden dichten Kronen und etliche Goldlack. Die Vorhänge waren sorgfältig aufgesteckt, in tadellose Falten gelegt und so weiß, wie es bei dem vielen Tabaksqualm, den der Vater abends machte, möglich war. –

Lore saß in einem Korbstuhl, auf einem Kissen, das sie mit roter und schwarzer Wolle bestickt hatte. Sie sang mit ihrer hellen Stimme ein paar fröhliche Lieder. Dabei nähte sie emsig an einem kräftigen Hausmacherleinen, ihre Naht war schnurgerade, und die Stiche saßen sehr dicht und regelmäßig. Hin und wieder warf sie einen Blick durchs Eckfenster nach dem Markte zu. Alles war still, und der Schnee fiel wieder dichter. Das Mädchen schüttelte den blonden Kopf, als wollte es sagen: wie ist das langweilig! Dann nähte es um so emsiger weiter.

Hanna ließ auch recht lange auf sich warten. Die Schwester hatte droben auf dem Speicher zu tun, da hing noch die letzte Wäsche an der Leine und wollte nicht trocknen bei der Schneeluft.

Wieder einmal blickte Lore die Gasse hinauf. Endlich bewegte sich draußen etwas! Ja, da kam einer angestapft. Wie schwer er die Füße hob; es schien sich schlecht zu gehen in dem frischen Schnee. Und ein schweres Bündel trug er, das war in schwarzes Leder eingeschnallt mit festen

Riemen. Einen derben Stock hatte er in der Rechten, darauf stützte er sich, als wäre er recht müde. Der Mann kam näher. Jetzt konnte sie sein Gesicht sehen. Wie müde und farblos war es, und wie düster blickten die dunklen Augen umher, als suchten sie etwas.

Nun war er ganz nahe herangekommen. Er stand still und betrachtete von der gegenüberliegenden Straßenseite aus das kleine Nachbarhaus. Lore konnte den Blick nicht abwenden von dem Fremden; er sah sehr traurig aus, so, als wolle er weinen. Jetzt ging er über die Straße, trat auf die verschlossene Tür zu, hob den eisernen Klopfer an und tat drei Schläge. Dann horchte er, ob niemand kam, ihm zu öffnen. Aber es kam niemand. Er trat einen Schritt zurück und blickte hoch zu dem oberen Fenster, wo die blanken Scheiben und die weißen Vorhänge waren, und er nickte hinauf, als suche er da ein bekanntes Gesicht.

Lores Augen wurden immer größer. Wer war der Mann? Was suchte er in diesem Häuschen? Ach, da konnte er lange klopfen, da hörte ihn niemand mehr. Seit einer Woche stand es leer, da hatten sie die Läden zugemacht. Lore fühlte Mitleid mit dem müden Mann. Sie klopfte an der Fensterscheibe, um ihn aufmerksam zu machen. Er schaute auch zu ihr herauf, überlegte einige Augenblicke, als wollte er sagen: Du bist nicht die rechte, die ich suche! Lore schüttelte den Kopf und hob die Schultern, das sollte bedeuten: Es nützt dir nichts, da hört dich keiner! Aber trotzdem hob der Mann wieder den Klopfer und tat noch lautere Schläge.

Da öffnete Lore das Fenster; sie wollte es vermeiden ihrer Blumen wegen. Aber nun neigte sie sich hinaus und rief dem Fremden zu: „Da wohnt niemand mehr. Das Haus steht zum Verkauf! Wen sucht Ihr denn?"

Der Fremde sah sie erstaunt an und sagte langsam, als würden ihm die Worte schwer: "Wohnt hier denn die Witwe Eichner nicht mehr, – Margarete Eichner? Das ist doch ihr Haus?"

"Ja, die wohnte da, freilich, aber sie ist am Montag vor acht Tagen gestorben und am Mittwoch begraben worden; und heute ist schon wieder Freitag; habt Ihr denn r,ch, ; davon gewußt? Ihr seid wohl nicht von . . ."

Da brach der Mann draußen zusammen, lag auf seinen Knien im Schnee, der Kopf sank gegen die verschlossene Haustür, und das erschrockene Mädchen hörte ihn schluchzen!

Was sollte sie tun? Zunächst eilte sie an die Tür und rief laut nach oben: "Hanna! Hanna! Komm schnell!" Den Vater konnte sie nicht rufen, der war außer Haus, das wußte sie. Nur der Lehrling, der ,dumme' Lorenz, wie sie ihn nannten, war im Hause.

Schwester Hanna kam schnell ins Zimmer und trat auch ans Fenster. Da lag der fremde Mann noch immer vor der Nachbartür und rührte sich nicht. Es schien, als habe er keine Kraft mehr aufzustehen.

Die beiden Mädchen blickten einander ratlos an. Was war da zu machen? Ob denn von den Nachbarn gegenüber sich niemand rührte? Doch wer auch? Da wohnte zunächst die Gerberin, eine taube Frau von siebzig Jahren. Dann rechts der Schuhflicker mit den zehn Kindern, der hatte seine Werkstatt nach hinten, und die Stube vorne stand leer. Dann links war da eine Schnapsschenke, da hatten sie schon die Fensterläden geschlossen und beim Kartenspielen Licht angezündet.

"Wir müssen hinaus!" sagte Hanna entschlossen, "es ist ja zum Erbarmen. – Lore, sie hat's mir einmal selber gesagt –

ich weiß, daß die arme Eichnerin einen Sohn hatte, der vor vielen Jahren in die Fremde gegangen und nie wiedergekommen ist. Wenn es der wäre? – Wir müssen ihn hereinholen, er erfriert ja sonst da draußen! Komm, Lore, wir nehmen den Lorenz mit, er muß uns helfen."

Die beiden Mädchen waren ordentliche und schmucke Mädchen und bei allen Leuten wohlgelitten. Solche wie Lore, die mit den Vögeln von morgens bis abends sang und guter Dinge war, gab es noch mehr. Hanna dagegen hatte etwas Besonderes an sich, das man nicht alle Tage sah. Wenn sie mit ihren dunklen Augen jemanden ansah, der sie belogen hatte, den brachte sie zum Geständnis; wenn sie den Kranken in der Nachbarschaft ein Essen hintrug und mit der Hand ihnen übers Gesicht fuhr, dann ward's eine Weile besser mit ihnen. Auch mußte sie des Abends aus der großen Hausbibel vorlesen, denn des Vaters Augen waren schwach, trotz der Brille, und die Gesellen hörten gern ihre tiefe, weiche Stimme. Lore ordnete sich ihr wie von selbst unter und tat nichts ohne ihren Rat.

So eilte Hanna auch jetzt voran, nachdem sie den Lehrbuben herzugerufen hatte. Er und Lore folgten ihr etwas zaghaft, und Lore, ein wollenes Tuch über dem Kopf, hob Rocksaum und Füße hoch in dem kalten Schnee draußen. Hanna stand schon neben dem Fremden, über den die weißen Flocken bereits eine dünne Decke breiteten. Das Mädchen legte ihm die Hand auf die Schulter und sprach ihn an. Aber er rührte sich nicht. Man konnte denken, er schlafe. Lore und Lorenz schauten einander ratlos an.

„Es hilft nichts", sagte Hanna, „kommt und faßt mit an, wir müssen ihm aufhelfen, damit wir ihm ins Gesicht sehen können."

Sie faßten ihn mit vereinten Kräften an, und als der Fremde das merkte, richtete er sich von selbst auf.

„Ihr sucht die Witwe Margarete Eichner", sagte Hanna, „sie ist nicht mehr hier, Gott hat sie zu sich genommen. Habt Ihr sie denn gekannt?"

Da legte der Mann die Hand über seine Augen und antwortete: „Sie war ja meine Mutter!"

„Ach...", rief Lore, und Hanna ergriff die Hand des Mannes und sagte: „Dann seid Ihr der Martin, ihr Sohn, der vor dreißig Jahren von zu Hause fortging. O, ich weiß schon, kommt nur mit in unser Haus, ich kann Euch viel erzählen von Eurer Mutter! Kommt nur, es ist hier so kalt und so naß!"

Aber all die Freundlichkeit öffnete dem Heimgekehrten nicht den Mund. Völlig teilnahmslos saß er im Wohnzimmer des Schmiedes, als dieser später mit seinen Gesellen heimkam. Meister Eberle war recht überrascht, in seinem großen Lehnstuhl einen fremden Gast zu finden. Die beiden Mädchen teilten ihm flüsternd mit, was vorgefallen war. Und dann wachte der Fremde so weit auf aus seinem Brüten, daß er dem Meister die Hand entgegenstreckte und mühsam hervorbrachte:

„Guten Tag, Nachbar Eberle! Ihr kennt mich wohl nicht wieder? Es ist auch lange her, sehr lange!"

Der Meister trat dicht an ihn heran, legte ihm die Hand auf die Schulter und beugte sich tief, ihm lange ins Gesicht blickend. Dann richtete er sich wieder auf, schüttelte den Kopf und sagte:

„Martin! Eichners Martin! – Nein, dich hätte ich nicht wiedererkannt! Ist auch kein Wunder, das müssen ja wohl fast drei Jahrzehnte her sein, als du fortgingst, ein grünes Bürschchen, schlank wie eine Weidenrute. Ach, Martin, wie hat deine Mutter nach dir ausgeschaut – und nun kommst du zu spät!"

„Zu spät!" wiederholte der Mann und sank erneut tief in sich zusammen.

Auf einmal richtete er sich auf und sagte: „Ich bitt' euch, Meister, schließt mir das Haus auf – unser Haus. Ihr habt sicher den Schlüssel. Ich muß nach Hause, endlich nach Hause!"

„Gewiß, freilich, man hat mir den Schlüssel in Verwahrung gegeben, da hängt er am Haken. Drüben steht und liegt auch alles gerade noch so, wie deine Mutter es verlassen hat. Sie war nur einen Tag krank. Ihr Lebensfaden war so dünn geworden, daß man jeden Tag mit ihrem Ableben rechnen konnte. – Aber so lassen wir dich jetzt nicht fort, du mußt erst mit uns zu Abend essen. Wir haben von jeher gute Nachbarschaft gehalten mit den Deinen und wollen's auch mit dir so halten. Kinder, deckt rasch den Tisch zum Abendbrot und holt auch einen guten Willkommensgruß aus dem Keller herauf. Unser Gast sieht ganz so aus, als ob Speise und Trank ihm not täte."

Aber der Gast wehrte ab und schüttelte den Kopf. „Laßt mich gehen, Meister!" entgegnete er, „ich bedarf jetzt allermeist der Ruhe und des Alleinseins. Habt Dank für eure Güte – vielleicht später einmal; laßt mich jetzt nach Hause."

Da winkte Hanna heimlich dem Vater zu und sagte dann:

„Laßt ihn gehen, Vater, es ist besser für ihn. Wir schicken ihm ein Abendbrot hinüber. Ich gehe voraus und mache Licht, und ihr kommt nach. Es wird so am besten für ihn sein."

Damit nahm sie den Schlüssel und ging voraus. Der Mann sah ihr nach; man spürte, daß er am liebsten gleich mitgegangen wäre. Schließlich faßte Meister Eberle ihn am Arm und führte ihn ins Häuschen nebenan.

Eine kalte Luft schlug ihnen auf der schmalen Diele entgegen. Die Tür zum Wohnzimmer stand offen. Auf einem weißgescheuerten Tisch brannte ein Lämpchen. Vor dem eisernen Ofen hockte Hanna, um ein Feuer anzuzünden, das dann auch bald lustig flackerte. Dann erhob sie sich rasch, um mit dem Vater wieder nach Hause zu gehen. Doch zuvor wandte sie sich noch einmal an den Heimgekehrten und sagte freundlich: „Ihr wißt ja Bescheid hier. Oben ist Euer Lager bereit – schon viele Jahre. Wir wünschen Euch eine g u t e Nacht und, daß Gott Euch das Herz tröste!"

Ob Martin das gute Wort hörte? Er stand mitten in der Stube, wie versteinert, und seine Augen hingen wie gebannt an einem Fleck. In der Ecke beim Fenster stand nämlich ein Spinnrad, der Flachs saß noch am Rocken, ein Faden hing noch daran, und die Spule war nur halb voll geworden. Er stand noch lange so, dies Spinnrad betrachtend, nachdem die Nachbarn gegangen waren.

Lorenz, der Lehrling aus der Schmiede, brachte einen Abendimbiß, stellte ihn auf den Tisch und ging wieder schweigend davon, nachdem er den sonderbaren Fremden scheu angestarrt hatte. –

Wie war es so still in dem kleinen Haus! Draußen lag tiefer Schnee, der alle Geräusche der Straße dämpfte. Leise knackte es im Gebälk. Vom Turm der Marktkirche schlug eine Stunde nach der andern. Um zehn Uhr stapfte der Nachtwächter durch die Grubengasse. Er verhielt seinen Schritt, es wunderte ihn, Licht zu sehen in dem Häuschen neben der Schmiede. Es war die ganze Zeit dunkel gewesen darin, und er hatte nichts davon gehört, daß Mieter oder Käufer eingezogen wären. Hätte der Wächter einen Blick durch die Ritzen des undichten Ladens geworfen, dann hätte er das Stübchen leer und eine einsam brennende Lampe auf dem Tisch gesehen. Der Heimgekehrte war im Dunkeln die kleine Treppe hinaufgestiegen und hatte mit sicherem Griff eine Tür geöffnet ohne zu suchen und zu tasten, – er wußte gar genau Bescheid. Das Erkerstübchen, das nun vor ihm lag, war eigentümlich beleuchtet. Der Mond war aufgegangen, hatte das Schneegewölk durchbrochen und leuchtete mit seiner großen runden Scheibe gerade durch das kleine Fenster ins Stübchen, so daß dieses gut zu überschauen war. Es herrschte eine peinliche Ordnung darin. Am Fenster stand ein Tisch, darauf lagen mehrere Bücher und etliches Handwerkszeug, wie Tischler es gebrauchen. An der Wand hing am Nagel eine Armbrust und daneben ein kleiner Papierdrache. Auf einer alten Kommode lag eine aufgeschlagene Bibel. In der Ecke war ein Bett, sauber überzogen. Der Mann trat an das Bett und fuhr leise mit der Hand über die Decke. Er kannte Farbe und Muster des Überzugs genau. Dann ließ er sich auf dem niedrigen Holzschemel nieder. – – –

Drei Jahrzehnte zuvor.

Auf der Steinbank unterm Lindenbaum saßen eine blasse Frau und ein hochaufgeschossener junger Bursche mit unruhigen Augen und dichtem, dunklem Kraushaar. In der Hand hielt er einen kräftigen Wanderstock, damit kratzte er ungeduldig im Sand. Neben ihm auf der Bank lag ein lederner Ranzen, vollgepackt und wohlverschnürt.

Es war noch sehr früh an diesem Mittsommermorgen. Die Vögel in der Linde über den beiden waren freilich schon wach, und der Fink schmetterte seinen ersten Morgengruß, sonst lag die Welt noch im Morgenschlummer. Der Himmel hüllte sich noch in Nebel, und an den Gräsern am Rande des Kopfsteinpflasters hingen Tautropfen der Nacht. Es war noch vor Sonnenaufgang.

Die alte Linde mit ihrem weiten Geäst hatte schon manches Menschengeschlecht kommen und gehen sehen. Hier auf der Steinbank hatten Frauen und Mägdlein gesessen, wenn sie mit ihren Krügen zum Brunnen kamen, der seinen kräftigen Wasserstrahl in ein steinernes Becken ergoß. Hier hatten abends manche Burschen gesessen und sich unterhalten. Auch diese blasse Frau hatte wohl Erinnerungen, die sich an diesen Ort knüpften, und die selbst von der ernsten Gegenwart sich nicht verdrängen ließen.

Die Linde stand in voller Blütenpracht und strömte ihren Duft weit umher, bis über die Stadtmauer und durch den dunklen Torweg in die Häuser der Menschen, die nun anfingen ihre Fenster zu öffnen, um den Morgen einzulassen.

Die große Straße, die nach der Hauptstadt ging, führte hier vorüber. Eine Stunde später war es hier lebhaft von Milchverkäufern und Landleuten, die ihre Gemüse und Früchte zu Markte brachten. Der junge Mann drängte zum Aufbruch.

„Ach, Martin", sagte die Frau, „laß uns noch ein halbes Stündchen hier sitzen. Es ist mir, als sähe ich dich nie wieder, und ich hätte dir noch so vieles zu sagen, das Herz ist mir so voll, so übervoll!"

„Aber Mutter, du hast doch gestern den ganzen Abend auf mich eingeredet und heute morgen auch schon, es könnte nun wohl genug sein. Ich bin doch kein Kind mehr und weiß, was ich will!"

„M e i n K i n d bist du aber doch, mein einziger Sohn! Und ich bin eine Witwe und habe niemanden als dich auf der ganzen Welt. Und – ja, du weißt, was du willst, mein Martin! Mit deinem eigensinnigen Willen hast du mir's abgetrotzt, daß du nun nach Amerika gehst. Es ist wohl gut für einen Mann, einen festen Willen zu haben, wenn er nur immer das Rechte will und sich unter Gottes Willen beugt!"

„Ach, Mutter, wie oft habe ich dir schon gesagt, daß ich gerade um deinetwillen hinübergehe, weil ich es da zu etwas bringe. Ich bin das satt, das langweilige Leben hier! Immer hübsch Hände falten, schaffen, Hände falten, schaffen – man kommt nie weiter! Würde ich hier bleiben, dann hätte ich mir allenfalls hier in unserem alten Kasten eine kleine Werkstatt eingerichtet, und da hätten wir beide geradeso unser Brot gehabt und unser Leben lang hier in unserem armen Gäßchen bleiben müssen. Nennst du das ein Glück? – Nun, wenn's gut geht, komme ich nach ein paar Jahren wieder, oder auch du kommst zu mir! Amerika! – ha, das ist doch jetzt keine Reise mehr, in vierzehn Tagen bin ich am Ziel!"

„Ja, so sprichst du!" seufzte die blasse Frau. „Wir werden ja sehen, was unser Gott dazu sagt. Laß es denn nun gut sein, mein lieber Junge; und so magst du nun gehen. Unsere Nachbarn sind auch schon aufgestanden. Da kommen schon Mädchen zum Wasserholen!"

Sie umschlang seinen Nacken mit ihren beiden Armen, sie zog seinen Kopf zu sich herab, sie küßte sein schönes, dichtes Haar und seine roten Wangen, und er fühlte ihre Tränen. Er weinte aber nicht, das war ihm nicht männlich. Kaum daß er ihren Händedruck erwiderte. Und als die Frau rasch entschlossen aufstand und quer über die Straße auf einen kleinen Fußweg zuschritt, da wandte der junge Mann der Stadt den Rücken und wanderte mit festen Schritten dahin, ohne einen Blick zurück zu tun.

Die Frau zog das graue Tuch, das ihr um die mageren Schultern hing, über den Kopf, damit keiner, der ihr begegne, ihr Weinen sähe. Gott aber sah es wohl.

Und nun kamen die langen, langen Jahre der Einsamkeit, Zeiten so grau und so trübe, daß ihr Herz oft brechen wollte vor Sorgen und Sehnen. –

Die Witwe Eichner war damals, als ihr Sohn fortging, eine Frau um die Vierzig. Ihren Mann, der Schreiner gewesen war, hatte sie früh verloren. Das Häuschen in der Grubengasse war sein eigen, von den Eltern her; und als er, ein geschickter und fleißiger Handwerker, sie geheiratet hatte, da hatte sie dankbar gegen Gott ihr Glück gepriesen. Aber es kam anders als sie gedacht. Nach kurzer Zeit schon wurde ihr Mann krank. Als er starb, war Martin etwa drei Jahre alt.

Der Junge hatte von klein auf einen festen, harten Willen, den die sanfte Frau kaum zu lenken vermochte. Dabei war sein Trachten von jeher ins Weite gerichtet, er wollte etwas werden und mehr erreichen als andere. Für das ruhige Sich-genügen-lassen an dem, was da ist, wie es der Mutter Wesen war, hatte er kein Verständnis.

Kaum daß sie ihn dazu brachte, des Vaters Handwerk zu erlernen; ungern und mit Murren ertrug er die harte Zucht bei einem strengen Meister. Und sobald die Lehrzeit zu Ende, da war kein Helfen und Halten mehr, er nahm sich fest vor, nach Amerika oder nach Australien zu gehen. In der engen Umgebung einer Kleinstadt vermochte er es nicht mehr auszuhalten. So mußte seine Mutter ihn denn ziehen lassen. –

Es dauerte recht lange, bis endlich die erste Nachricht kam. In einem Brief schrieb er nur kurz und in Eile, vertröstete auf einen zweiten Brief und erklärte, er könne jetzt noch nicht viel berichten. Dennoch sind viele Tränen auf die wenigen Zeilen dieses Briefes geflossen, und an mancher Stelle ist die Schrift davon ausgelöscht worden.

Der zweite Brief kam ein halbes Jahr später. Er berichtete unter anderm, daß Arbeit genug zu finden sei und gut gelohnt werde. Martin arbeitete für eine große Möbelfabrik und stellte von morgens bis abends Stuhlbeine her.

Ein dritter Brief ging im darauf folgenden Jahr ein. Danach verstummte der Schreiber ganz. Diese drei Briefe hat die Witwe an drei verschiedene Stellen ihrer Bibel gelegt, und es verging nicht leicht ein Tag, an welchem sie nicht die eine oder andere Stelle aufschlug, erst das betreffende Bibelwort las und dann ihre Augen auf den verblaßten Schriftzügen des Briefes ruhen ließ. Den Inhalt kannte sie ja längst auswendig.

Der erste Brief lag im Ersten Buch Moses, beim zweiundzwanzigsten Kapitel; und bei den Versen, wo Gott von Abraham das Isaakopfer forderte, steckte eine Knopfnadel.

Der zweite Brief lag im Zweiten Buch Samuel, im neunzehnten Kapitel, bei dessen letztem Vers die zweite Nadel steckte, denn da steht geschrieben, wie David, der König, traurig ward und hinging auf das Obergemach im Tor und weinte und im Gehen sprach: „Mein Sohn Absalom! mein Sohn, mein Sohn Absalom! Wollte Gott, ich wäre für dich gestorben! O Absalom, mein Sohn! mein Sohn!"

Der dritte Brief lag im Neuen Testament und zwar in dem wohlbekannten fünfzehnten Kapitel des Lukas-Evangeliums, und da steckte die Nadel bei dem Verse, mit dem die

Geschichte vom verlorenen Sohn schließt, der da lautet: „Denn dieser mein Sohn war tot, und er ist wieder lebendig geworden; er war verloren und ist gefunden worden."

Also war die Liebe dieses Mutterherzens von der echten Art, die da alles glaubt, alles hofft und alles erduldet.

Im übrigen führte denn nun die Witwe Eichner alle die Jahre hindurch ihr Leben in Stille, in Ehrbarkeit und Gottseligkeit. Die Leute hatten sie gern, und man rief sie oft, wo Krankheit in den Häusern der Menschen einkehrte und wo Sterbefälle eintraten. Sie hatte einen leisen Schritt, eine linde Hand und eine liebe Stimme.

Von ihrem eigenen Kummer sagte und klagte die Frau den Menschen gar nichts, desto mehr redete sie davon mit Gott.

Als die beiden kleinen Mädchen im Nachbarhaus beim Meister Eberle heranwuchsen, da besuchten sie bald die Witwe in ihrem Häuschen. Der Meister hatte seine Frau auch früh verloren, da sah er es gern, wenn seine beiden Küken unter der Obhut der Frau Nachbarin waren, bei ihr das Stricken und Nähen lernten und manch anderes Nützliches. Und für die einsame Frau waren die Kinder wie Sonnenstrahlen.

Beide Nachbarhäuser hatten nach hinten zu ihre Höfe, der Schmied einen großen, woran auch noch ein Garten sich anschloß; die Witwe nur einen ganz schmalen, etwa zehn Ellen im Geviert, da stand ein einziger Fliederstrauch mit einem sehr einfachen Holzbänkchen darunter. Das Bänkchen hatte Martin als Junge gemacht, indem er vier Pflöcke in die Erde getrieben und ein Brett darauf genagelt hatte. Beide Höfe waren durch einen leichten Bretterzaun von einander getrennt, der war so niedrig, daß Erwachsene bequem darüber hinwegsahen, und kleine vierjährige Mädchen, wenn sie sich mit den Händen am Zaun in die Höhe zogen und auf den Fußspitzen standen, auch eben darüber hinwegsehen konnten. Wenn nun die Witwe Eichner im Sommer auf dem Bänklein unterm Fliederbusch saß und am Spinnrad den Faden zog, dann lugten alsbald die kleinen Köpfe über den Bretterzaun, ein blonder und ein brauner, und riefen einstimmig: „Dürfen wir kommen?" Und gleich trat Frau Eichner heran und hob sie herüber, eins nach dem andern, und hieß sie freundlich willkommen. Als die beiden älter wurden, kletterten sie auch ohne Hilfe über den Zaun.

Drüben war alles viel schöner als zu Hause! Der Hof war freilich viel enger, aber dafür um so gemütlicher. In einer Ecke lag ein wenig Sand, in dem sich schön buddeln ließ. Auch waren die Puppen hier viel artiger als zu Hause, saßen im Sand aufrecht und fielen nicht um. Und was das Schönste war, Mutter Eichner wußte so herrliche Geschichten zu erzählen! Geschichten und ein Honigbrötchen, gab es etwas Schöneres? Dann holten sie sich zwei niedrige Holzschemel herbei, die immer an ihrem bestimmten Platz für sie bereitstanden; da saßen sie dann zu den Füßen der Witwe unterm Fliederstrauch, und sie erzählte eine Geschichte nach der anderen. Das Spinnrad ging dabei seinen leisen Gang, und der Flieder streute seine weißen Blütensterne; bisweilen kam auch ein Vöglein, drehte neugierig das Köpfchen nach den Versammelten da unten, zirpte oder flötete ein wenig und flog wieder davon.

Die blonde Lore ward zuerst des Sitzens müde, Hanna dagegen wurde es nie zu viel, und wenn der Abend kam, trennte sie sich mit Seufzen.

Aus den Kindern waren nun schon große Mädchen geworden. Nach wie vor gingen sie bei der alten Nachbarin aus und ein. Hanna aber war dort wie zu Hause, und es verging kein Tag, daß sie nicht Zwiesprache dort hielt, bald länger, bald kürzer.

Ihr vertraute denn auch die Witwe das Leid ihres Lebens. An stillen Sonntagnachmittagen, wenn der Gottesdienst zu Ende war, pflegte sie wohl hinauszugehen, wo am Brunnen vor dem Tore die Linde stand und unter der Linde die steinerne Bank. Es war um die Zeit dort ganz einsam. Die Stadtbewohner waren meist in den Gärten, und das junge Volk zog es weiter hinaus. So hörte man denn in der sommerlichen Ruhe nur den Brunnen rauschen und die Vögel in den Zweigen.

Hanna ging auch regelmäßig unter Gottes Wort, und da traf es sich denn wohl, daß sie den Arm der lieben Frau Nachbarin nahm und mit hinausspazierte zu dem Plätzchen vor dem Tor. Da war der Frau das Herz aufgegangen und dem aufmerksam horchenden Mägdlein die Augen naß geworden, denn trotz ihrer Jugend verstand sie die heilige Kunst, zu weinen mit den Weinenden.

Und als es nun mit der einsamen Frau zum Sterben kam, ist auch da Hanna bei ihr gewesen. So hat sie auch das Geheimnis der Bibel erfahren, und sie wußte es nun wohl, wo die drei Briefe lagen und die drei Knopfnadeln steckten. Denn es waren die letzten Worte, mit denen die sterbende Frau sich tröstete; und nachdem Hanna ihr aus Lukas vorgelesen hatte: „Dieser mein Sohn war tot und ist wieder lebendig geworden, er war verloren und ist gefunden worden", da ist die arme Frau still entschlafen, wie ein Licht ausgeht, das kein Öl mehr hat.

Eine ganze Weile blieb Hanna still neben der Entschlafenen stehen. Dann trug sie die Bibel mit den drei Briefen in die obere Stube, die noch immer „Martins Stube" hieß, und legte sie aufgeschlagen auf die Kommode. So hatte die

Sterbende es ausdrücklich gewünscht, und das Mädchen hatte es ihr versprechen müssen. „Denn", hatte sie gesagt, „er muß sie gleich finden, wenn er wiederkommmt." —

Nun war er wirklich wiedergekommen, und Hanna war es gewesen, die ihn aus dem Schnee aufgehoben und ins Haus gebracht hatte; die ihm auch das erste Feuer angezündet, und die auch am Abend, als ihre Gedanken immer wieder bei dem einsamen Mann weilten, ihre Hände für ihn faltete und ein Gebet für ihn tat. Seine trostlosen Augen verfolgten sie bis in den Traum der Nacht.

Am nächsten Morgen lag die Welt im tiefen Schnee. Man erinnerte sich lange nicht, so viel Schnee gehabt zu haben. Die Leute öffneten ihre Haustüren, zogen aber den Fuß bald wieder zurück, es mußte erst geschaufelt werden; und mit dem Schaufeln war's eine schwierige Sache, denn in der Grubengasse war's so eng, daß man nicht wußte, wohin man den vielen Schnee schaufeln sollte. Da fing denn das Schelten an über die Dinge, die sich nicht ändern lassen, über die enge Straße und die vorspringenden Häuser, über das schlechte Stadtregiment und die nachlässige Polizei...

Auch Meister Eberle war schlecht gestimmt und sehr geneigt, in das Schelten einzustimmen, und hätte wahrscheinlich den vortägigen Vorfall und den heimkehrenden Nachbarn vorläufig vergessen, wenn nicht seine Töchter schon beim Morgenkaffee davon angefangen hätten. Seine Älteste, auf die er so große Stücke hielt, bat ihn, doch ja bald hinüberzugehen und nach dem armen Menschen zu sehen, wie man ihm helfen könne. Das tat der Meister denn auch. Die Haustür war offen, – ob sie wohl die Nacht unverschlossen geblieben war? – es regte und rührte sich nichts. Die Stube unten war leer. Das Abendbrot vom Vortag stand unberührt auf dem Tisch. – Wo mag er denn stecken? dachte der Meister. „Na, guten Morgen!" rief er mit seiner tiefen Stimme. Aber es kam keine Antwort.

Die Kammer neben der Stube war auch leer. Außerdem war noch die kleine Küche unten im Hause, – alles leer und öde. Es blieb also nur die kleine Erkerstube. Langsam stieg er die Treppe hinauf, öffnete sachte die Tür, – ja, da saß er noch auf dem Schemel am Bett und blickte zu dem Eintretenden auf mit Augen so stumpf und dumpf und leer, daß es dem Schmied ganz wunderlich und ängstlich zumute dabei ward und er bei sich dachte: Mit dem ist's nicht richtig im Kopf.

„Guten Morgen, Nachbar!" sagte er noch einmal. „Schon aufgestanden? Wollte mal sehen, wie's dir geht, und ob wir als Nachbarn auch mit etwas dienen könnten. Hast wohl nichts dagegen, wenn ich beim ‚Du' bleibe, es ist mir so gewohnt, obgleich es lange her ist; kannst mich auch gern so ansprechen. Wir sind ja freilich mit den Jahren ein gut Stück auseinander, aber man sieht's uns nicht an. Dir hat die Zeit übel mitgespielt, hast schon viel Schnee auf dem Kopf, und bei mir ist noch alles schwarz! Ja, Schnee, mein Junge! Schau mal nach draußen, es hat viel gegeben davon die Nacht!"

Der Heimgekehrte sah aus, als käme er weit, weit her, aus einer anderen Welt. Doch klärte sich sein Gesicht ein wenig auf bei den gemütlichen Reden des anderen. Er fuhr sich mit der Hand übers früh ergraute Haar, als der Schmiedemeister vom Schnee auf dem Kopfe sprach; er stand auch langsam mit steif gewordenen Knien vom Schemel auf und trat einen Schritt ans Fenster, schüttelte sich leise fröstelnd und murmelte: „Ach ja, viel Schnee! Was liegt alles drunter!"

„Was drunter liegt?" fuhr Meister Eberle gut gelaunt fort, „ja, siehst du, das lassen wir vorläufig hübsch liegen, denn ehe der wohlweise und fürsorgliche Rat unserer guten Stadt uns Schaufler und Fuhrwerk schickt, hat's gute Zeit. Wir müssen uns eben selber Luft schaffen und Bahn brechen. Und hör mal, mein Junge, das scheint mir auch bei dir nötig zu sein. Wollen's doch gleich mal ein bißchen mit'nander bereden . . ." Damit zog er sich einen Stuhl heran und ließ sich darauf nieder, als gedenke er fürs erste nicht wieder aufzustehen. Aber plötzlich schlug er sich vor die Stirn und sagte:

„Na, was würden meine Mädel sagen, du hast gewiß noch gar nichts Warmes im Leibe, und ich sollte dir sagen, die Kaffeekanne stünde auf dem Herd, und du möchtest nur herüberkommen, denn hier im Hause findet sich sicher nichts."

Allmählich hatte nun Martin Eichner sich gesammelt. Er war nicht unempfänglich für die ihm entgegengebrachte Freundlichkeit, aber er konnte doch die harmlos offene, derbe Art des alten Bekannten jetzt nicht gut vertragen, so erwiderte er abwehrend: „Verzeiht, Meister, und verdenkt es mir nicht, wenn ich hier zunächst für mich allein bleibe! Ich kann die Menschen nicht mehr ertragen; ihr Fragen und Ausforschen, ihre Neugier und Zudringlichkeit sind mir unausstehlich. Wollt Ihr mir etwas Gutes tun, so schickt mir ein wenig Speise und Trank ins Haus, ich will's Euch bezahlen und es Euch danken und hoch anrechnen. Aber da ich niemanden gefunden habe in diesem Hause, so will ich auch allein drin sein und allein bleiben. Gott hat's ja so gefügt. Fragt mich nicht, ach, fragt mich nicht! – das ist alles unterm Schnee vergraben; mir ist das Haar nicht ohne Ursache weiß geworden vor der Zeit. Ich wollte nur, daß ich auch unterm Schnee läge und noch sechs Fuß tiefer, da, wo ihr meine Mutter hingelegt habt!"

Meister Eberle, von guter Gesundheit und heiterem Gemüt, konnte solche Reden nicht verstehen, und er mochte sie auch nicht gern hören. Er legte also dem Unglücklichen die Hand auf die Schulter und sagte:

„Wird sich alles geben, Nachbar! Sollt nur sehen, wird sich alles geben, – wenn du erst warm geworden bist hier unter uns. Hat schon mancher so etwas erlebt und doch wieder den Kopf hochgekriegt. Unser Gott ist der beste Doktor und hat Pflaster für allerlei Schäden. – Nun sollst du erst mal'n guten Kaffee haben und frisches Brot dazu, mußt ja rein ausgehungert sein. Wenn du nur erst was im Leibe hast, dann sollst du mal sehen, dann kommst du auch auf andere Gedanken!"

Damit ging der Meister. Der andere blickte ihm eine Weile still und ernst nach, dann stieg er langsam die Treppe hinab in die untere Stube, wo er sich an das verlassene Spinnrad setzte und den abgerissenen Faden sachte durch die Finger gleiten ließ. Das war der letzte Faden, den seine Mutter gesponnen hatte, – und nun war wie dieser Faden auch ihr eigener Lebensfaden abgerissen! Bitter war die Frage für den heimkehrenden Sohn, ob wohl der Kummer um ihn an diesem Faden gezehrt und genagt habe.

Da öffnete sich die Tür, und herein trat Hanna mit einem Kaffeebrett, über das ein schimmernd weißes Tuch gebreitet war und auf dem eine braune, gemütliche Kanne stand, bauchig und inhaltsreich, dazu ein Topf mit Sahne und zierlich geformter Butter und frische Semmel.

Besser noch als diese nicht zu verachtenden Gottesgaben war der freundliche Blick der guten Augen und der herzliche Ton der klangvollen Stimme, als das Mädchen einen Morgengruß aussprach. Sie sah ihn an, wie er so am Spinnrad seiner Mutter saß, und erkannte, was in seiner Seele vorging. Doch schwieg sie und rückte das Frühstück auf dem Tisch zurecht.

Martin Eichner erhob sich langsam, trat näher heran, bot dem Mädchen die Hand und dankte ihr kurz und schlicht, aber doch nicht ohne Wärme.

Jetzt erst im hellen Morgenlicht sah Hanna, wie alt und vergrämt der Mann aussah, wie viele weiße Haare er hatte und wie tief der Kummer sich seinem Gesicht aufgeprägt hatte. Das Mädchen empfand ein tiefes, schwesterliches Mitleid mit ihm, und die Augen wurden ihr feucht, als sie sagte:

„Gott segne Euch das erste Brot der Heimat, lieber Nachbar! Wenn Ihr erst ein wenig heimisch hier geworden seid, dann will ich Euch von Eurer Mutter erzählen. Ich bin bei ihr gewesen wie ein Kind im Hause; ich habe auch an ihrem Bett gestanden, als der Herr sie abrief. Ihr könnt es mir gern sagen, wenn Ihr danach verlangt, von alledem zu hören. Gott wird uns wohl eine gute Stunde dazu bescheren. Heute nur das eine: Oben liegt die Bibel! Ihr habt sie vielleicht schon gefunden. Eure Mutter wollte es, daß ich sie dahinlege, damit Ihr sie gleich fändet, wenn Ihr wiederkämet. Nun habe ich ihren Wunsch erfüllt, die Bibel hat auf Euch gewartet."

Mit gesenktem Blick hörte der Mann diese Worte an. Er sagte gar nichts darauf; und als das Mädchen ihm noch einmal die Hand reichte und wegging, nickte er nur stumm, und über seinem Gesicht lag es wie eine dunkle Wolke. –

An Pflege und Fürsorge fehlte es dem einsamen Mann nun freilich nicht. Meistens brachte Hanna ihm das Essen, selten auch wohl einmal Lore. Aber wie stand es mit der Pflege an seinem inwendigen Menschen?

Die Bibel lag oben in der Stube unberührt und ungelesen. Martin Eichner hätte das Buch ebenso gut zusammenklappen und in eine Schublade legen können, aber er tat es nicht. Er scheute sich vor jeglicher Berührung und Annäherung. Es war ihm, als ob die Verstorbene da die Hand nach ihm ausstreckte. Und weil die Hand Gottes noch nicht den Schnee hatte wegräumen dürfen, der über seiner Seele lag, so regte sich auch noch kein Verlangen in ihm nach Vergebung. Er schlief auch nicht oben in der Erkerstube, sondern hatte sich unten in der Kammer ein Lager zurechtgemacht.

„Geld hat er sicher mehr als genug mitgebracht", meinte Meister Eberle, „sonst könnte er sich ein solches Leben nicht leisten. Es wäre aber besser für ihn, wenn er arbeiten müßte! Womit er bloß seine Zeit zubringt . . .?"

Am Ersten eines jeden Monats lag ein Päckchen Geld auf dem Servierbrett bei den leeren Tassen und Tellern, und stets war es reichlich bemessen. Die beiden Mädchen hatten es bald aufgegeben, den finsteren, schweigsamen Mann zum Reden zu bringen. An manchen Tagen kam er ihnen auch gar nicht zu Gesicht.

Als es Frühling ward und die Menschen wieder das Freie aufsuchten, als die Gärten und Felder zur fröhlichen Arbeit riefen und auch die Alten und Kranken ins warme Sonnenlicht traten, da sang Lore vergnügt: „Nun, armes Herz, vergiß der Qual, nun muß sich alles, alles wenden!" und dabei kam ihr auch der Nachbar in seiner traurigen Einsamkeit in den Sinn, und sie meinte zu ihrer Schwester:

„Jetzt paß mal auf! Nun kommt der Dachs aus seiner Höhle! Die Frühlingssonne lockt ihn hervor. Dann setzt er sich aufs Bänkchen unterm Fliederbusch und läßt sich von Amsel und Star etwas vorsingen, und dann nicken wir ihm zu über den Zaun . . ."

Aber Lore irrte sich. Eines Morgens fand sie zu ihrem Erstaunen jenseits des Bretterzaunes zwischen den beiden Gärten eine Sichtwand aufgerichtet aus allerlei Holzwerk, die jeden Verkehr unmöglich machte. Das mußte in der Nacht oder doch vor Tagesanbruch geschehen sein, denn am Tage zuvor war noch nichts zu sehen gewesen davon.

Lore war gekränkt, als sie dies sah, und gereizt berichtete sie der Schwester: „Dem Kerl ist wirklich nicht zu helfen! Man meint's doch nur gut mit ihm! Paß auf, Hanna, das wird noch ein ganz großer Sonderling – oder ist's vielleicht schon! Komm, Hanna, komm mit in den Garten, das mußt du dir ansehen!"

Damit lief Lore in den Garten voraus, und sie sang mit den Lerchen und trällerte mit den Finken um die Wette. Hanna aber gedachte mitleidig des Nachbarn, dem die Seele so verdüstert war, daß auch der Frühling keinen Trost für ihn hatte, und sie hoffte zu Gott, daß Er ihm dennoch einen anderen Frühling senden werde, der einer anderen Sonne entstammt: Jesus Christus!

Mittags trug sie selbst das Essen hinüber; aber der Nachbar ließ sich nicht blicken. Sie hörte ihn in der Werkstatt, die nach hinten lag, an der Hobelbank arbeiten. Als sie hinging, ihm es anzusagen, nickte er nur schweigend nach seiner gewohnten Art, und Hanna ging, wie so oft schon, nachdenklich davon, bei sich überlegend, wie man wohl den Weg finden könnte zu seinem Herzen.

Meister Eberle hatte es aufgegeben, mit dem Nachbarn in Verkehr zu kommen. „Dem Menschen ist nicht zu helfen", sagte er, „der will's nicht anders. Nun, man kann niemanden zwingen." –

Nein, erzwingen ließ sich da nichts.

Vielleicht war sich der Mann selbst nicht bewußt, was er tat: Martin Eichner las und las – im Buch der Vergangenheit. Dieses Buch hatte viele Seiten, dunkle und helle. Da war zuerst ein dunkler Abschnitt, dabei mochte sich sein Antlitz wohl verfinstern. Was las er denn da? Er begann mit jenem Morgen vor dem Tore unterm Lindenbaum. Da stand es zu lesen: Martin Eichner, wie war deiner Mutter das Herz so schwer, und dir war's so leicht wie einem Vogel, dem das Fenster offen steht! Sie segnete dich mit ihrem Muttersegen und umarmte dich noch einmal, und du dachtest: Wär's nur erst überstanden und ich weit weg von hier. – War das recht, Martin?

Aber da stand noch viel Schlimmeres. Da kam eine Seite, die war überschrieben: Hamburg, im Auswandererheim. In den Tanzlokalen und Bierkneipen, bei vollen Gläsern und fröhlichen Zechgenossen. Weggelacht, weggetanzt, weggetrunken alle Gedanken an die Vergangenheit mitsamt dem Abschied von zu Hause; alle Gedanken an die ungewissene Zukunft, an die Fahrt übers große Meer, an das fremde Land und die fremden Menschen. Da kam ein stiller, freundlicher Mann zu den Auswanderern, auch zu Martin, bot ihnen ein gutes Büchlein an und eine Einladung zu einem Ort, wo abends ein gutes Wort geredet und noch einmal in deutscher Sprache gesungen werden sollte. Aber dem hat man den Rücken gezeigt und nichts von ihm haben und hören wollen. Auch du hast es so gemacht, Martin!

Dann kamen Seiten von der Überfahrt und von dem Leben im Zwischendeck. Nachdem die Tage der Seekrankheit überwunden waren, hatte man sich's in dem engen Raum so gemütlich wie möglich gemacht und sich die Langeweile zu vertreiben gesucht. Es waren mehrere Irländer an Bord gewesen, große, starke Rothäute, reichlich versehen mit Schnaps. Die lagen den ganzen Tag auf ihren Matratzen, Karten zu spielen, zu zweien oder zu vieren, und sie vergaßen dabei alles, nur nicht das Trinken. Den Martin zogen sie mit heran und nahmen ihm ein gut Teil seiner Barschaft ab. Aus Ärger darüber mußte er dann ja trinken. Daß er dabei abends ohne Nachtgebet einschlief und daß ihm morgens nicht nach einem Gebet zumute war, ergab sich von selbst.

So ist er ins ferne Land gekommen. Hier fing denn nun wieder ein neues Blatt an im Buche der Vergangenheit: der amerikanische Strudel. Da schwamm man bald oben, lustig und guter Dinge, hatte viel Geld in der Tasche und kaufte sich dafür alles, was man haben wollte; bald saß man ganz unten im Abgrund des Jammers, obdachlos, brotlos, der Verzweiflung nahe. Auch Martin hatte dies alles durchgemacht und wurde hindurchgerettet. Gewiß blieb er durch seiner Mutter Gebete bewahrt, sonst wäre er versunken. Aber das wußte er nicht, und daran dachte er nicht. —

Der Finger Gottes hat unter diesen ersten Abschnitt ein großes, ernstes Wort geschrieben, als die Summe des Ganzen, das lautet: Die Gottlosen haben keinen Frieden!

Dieses Wort warf einen Schatten über die Züge des Mannes, der hier unterm knospenden Fliederstrauch im Buche seiner Vergangenheit las. —

Dann kam ein Abschnitt, der hieß: Im Segen.

Als Martin Eichner am Tiefpunkt seines Elends angekommen war, streckte sich eine gute Hand nach ihm aus. Es war eines treuen Quäkers Hand, der hieß Thomas Cooper und wohnte auf einer schmucken Farm am Hudson. Als Thomas einmal mit seinem Pferd am späten Abend von einer Geschäftsreise nach Hause zurückkehrte, stand das Tier plötzlich in der Dunkelheit still und war nicht weiterzubringen, es schnobte am Boden und prustete. Thomas schlug sein Tier niemals, dazu waren beide viel zu verständig. „Es muß etwas da sein!" sprach der Reiter zu sich selber, stieg ab, tastete mit der Hand und griff in das kalte Gesicht eines Menschen, der auf der Landstraße lag.

„Dachte ich mir doch, daß da etwas ist!" sagte der Quäker, leitete sein Tier seitwärts an dem Liegenden vorbei, ritt eilends zu seiner nahen Farm und holte Hilfe. So kam Martin in das Haus des Quäkers.

Die Güte dieses Hauses, die wohltuende Freundlichkeit seiner Bewohner wirkte auf das verelendete Herz Martins wie Tau und warmer Regen auf ein verdorrtes Gewächs. Thomas Cooper hatte eine Frau und eine Tochter. Er selbst war von sehr stiller Art und hielt sich nach dem Grundsatz, daß Reden Silber und Schweigen Gold ist. Seine Gemahlin trug die schneeweiße Quäkerhaube über einem Paar klarer, offener, gütiger Augen und einem klugen Mund, der wohl zu reden verstand und dessen gutes Wort auch meist angenommen ward. Und die Tochter, Rahel, war der Eltern große Freude.

Martin verlebte drei Jahre in diesem guten Hause, ward herausgepflegt an Leib und Seele, arbeitete treu und fleißig auf dem Feld und im Garten, in den Maisfeldern und Pfirsichplantagen, feierte die Sonntage mit nach Quäkerart und hörte andächtig zu, wenn Thomas aus der großen, silberbeschlagenen Bibel las.

Am Ende dieser drei Jahre ward Rahel seine Ehefrau, und der wohlhabende Quäker kaufte seinen Kindern eine Farm weiter nach dem Süden, die sonst keinen Fehler hatte, als daß sie in der Fieberregion lag.

Als Thomas Cooper die jungen Leute in ihre neue Heimat verabschiedete, da tat er einmal seinen schweigsamen Mund auf und sagte langsam und betont: „Nun laßt die Güte Gottes euch zur Buße leiten!" –

Das war denn nun die Unterschrift dieses zweiten Abschnitts im Buche der Vergangenheit des Martin Eichner.

Rahel hatte ihrem Vater mit Tränen auf jenes Wort geantwortet. An Martins Herzen aber war es spurlos vorübergegangen.

Der langmütige Gott hatte ihnen dann eine Reihe glücklicher und gesegneter Jahre beschert. Martin hatte eine sanfte, liebreizende Frau und zwei herzige Kinder: Salome, die ältere, und die kleine Hanna. Dazu mehrte sich sein Hab und Gut. Also hätte wohl Gottes Güte ihn zur Buße leiten mögen. Aber wie er seiner Heimat und seiner Mutter vergessen hatte, so vergaß er auch all dessen, was die Güte Gottes ihm bedeuten wollte. –

Ach, wenn der jetzt so einsame Mann an jene glücklichen Jahre dachte, an das freundliche Lächeln Rahels, womit sie ihn willkommen geheißen bei seiner Heimkehr vom Feld am Abend, oder an seine beiden kleinen Mädchen, wie sie ihm entgegenliefen; und an seine schattige Veranda, daran die schweren Trauben reiften, wo das Abendbrot seiner geharrt, – ja, dann mochte sich wohl sein Antlitz aufklären und ein warmer Schein in seinen Augen erglänzen.

Die Güte Gottes aber war vergeblich an seiner Seele gewesen. Und so folgte dann der dritte, der so überaus ernste Abschnitt in seinem Leben. –

Es war ein glühend heißer Sommer. Die erste Maisernte war hereingebracht, – der Boden und das Klima waren so günstig, daß man zweimal ernten konnte. Zwischen beiden Ernten lag die Fieberzeit. Das war auch eine ‚Erntezeit'; da ging der Tod durch die Siedlungen und mähte die Menschen nieder wie Halme. Als Martin Eichner eines Tages vom Felde kam, lief ihm die alte Negerin Dido entgegen und schrie und winkte schon von weitem: „Massa kommen! Massa kommen! Missus krank, sehr krank!"

Rahel war in kurzer Zeit todkrank. Martin saß die Nacht an ihrem Bett und hörte das Irrereden ihrer glühenden Lippen. Als der Morgen kam, brach er zusammen, und Dido schleppte ihn auf sein Bett. Die alte Negerin war die einzige von der Dienerschaft, die geblieben, alle anderen waren davongelaufen.

Nun war auch Martin krank, und seine Fieberanfälle waren noch heftiger als die Rahels, und seine Reden wurden oft ein wildes Geschrei. So lag er viele Tage und Nächte. – Als er wieder zum Bewußtsein kam, sah er niemanden als die Negerin, und es war totenstill im Hause. Zuerst konnte er vor Schwäche kein Wort hervorbringen. Das erste, was dann über seine Lippen kam, war „Rahel". Aber Dido legte nur den schwarzen Finger auf den Mund und wiegte den Kopf; weiter gab sie keine Antwort. Als Martin endlich sich erheben und, an den Wänden sich haltend, in die anderen Räume des Hauses wanken konnte, fand er alles leer, ganz leer. Die Negerin war in den Garten gegangen, Obst für ‚Massa' zu holen. Da überfiel eine Angst des einsamen Mannes Seele: „Ich bin allein! Sie sind alle, alle weggerissen! Rahel und die Kinder..." Bis in die Veranda gelangte er, da brach er zusammen. Dido fand ihren Herren mit dem Gesicht auf dem Boden liegend, und zum zweitenmal schleppte die treue Seele ihn auf sein Lager, wo ein Rückfall ihn wochenlang festhielt. Er war todkrank. Bilder und Gestalten gingen an ihm vorüber, auch vernahm er Stimmen, die zu ihm redeten – so vor allem seine Mutter. Das hat er nie vergessen! "Die Welt vergeht mit ihrer Lust!" waren ihre Worte. Da schrie er oft auf und rief dadurch die alte Negerin herbei, die ihm seine Stirn mit nassen Tüchern kühlte und seine trockenen Lippen netzte.

Endlich verging auch diese Leidenszeit. Sie hatte Martin Eichner, den blühend schönen, kräftigen Menschen, der im besten Lebensalter stand, zu einem gebrochenen Mann gemacht. Das dunkle Haar war ihm eisgrau geworden. Die Körperkräfte kehrten dann langsam wieder, er konnte umhergehen, auch wieder Hand anlegen bei der Arbeit. Aber die Seele lag wie gebunden, wie niedergedrückt unter einer schweren, schweren Last. Teilnahmslos und müde blickte er die Welt und die Menschen an. Es war ihm alles einerlei: Sommer und Winter, Säen und Ernten, Blühen und Fruchtbringen, Tag und Nacht – was kümmerte es ihn?

Thomas Cooper und seine Frau waren während dieser Jahre sanft und still heimgegangen, wie sie gelebt. Hätte der vereinsamte Mann zu ihnen fliehen können, vielleicht wäre ihm die Seele genesen – Thomas Cooper hatte den Frieden gekannt, den die Welt nicht zu geben vermag. So aber beherrschte ihn je und je mehr nur ein Gedanke: der Gedanke an seine Mutter. Denn auch sie, das wußte er bestimmt, kannte diesen Frieden. Was sollte er länger in Amerika? Er mußte zu der einzigen, die er auf Erden noch hatte – zu seiner Mutter!

Aber kam ihm denn nicht die Frage, ob er sie noch habe? – ob er sie finden werde unter den Lebenden? – Ja, die Frage tauchte wohl auf, aber er verscheuchte sie. Seine Mutter mußte noch leben; wenn es einen barmherzigen Gott gab, so mußte sie noch leben. Er hatte ihr so viel zu sagen, er mußte ihr ja sein Herz ausschütten. Er wollte sie auf seinen Knien um Vergebung anflehen, bis sie sich über ihn neigte und ihn ans Herz zog und ihn segnete! – War ihm denn nicht der Gedanke gekommen, vorher zu schreiben, um sich zu vergewissern, ob sie noch lebte? Freilich, wohl; aber er hatte einmal gesehen, wie jemand – auch ein Deutscher – aus der Heimat einen Brief zurückbekam mit dem Vermerk: „Adressat verstorben." Daß ihm ähnliches widerfahren könnte, war ihm unvorstellbar. Auch das lange Warten auf eine Antwort schien ihm schwer. Viel lieber wollte er sich selbst auf die Reise begeben. Die Gefahren der Reise, der Wechsel der Eindrücke, das Treiben der Mitreisenden, das Meer und der Sturm, es war ihm alles willkommen, nur um der Unruhe seines Herzens zu entfliehen, das Tag und Nacht fragte: „Werde ich sie wiedersehen? Werde ich sie wiederfinden?" – Und er fand sie nicht!

Ach, wer wollte sich noch wundern, daß der einsame Mann auf der kleinen Bank unterm Fliederstrauch saß und kein Auge hatte für des Lenzes herrliche Pracht! Wer so wie er im Buche der Vergangenheit las, der blieb hangen an dem Wort: „Die Welt vergeht mit ihrer Lust!"

Wie ist es doch so wunderbar zu sehen, wenn nach langer kalter Winterzeit endlich die Schneedecke wegschmilzt von unseren Äckern, wo wir im Herbst die Körnlein hineingestreut. Nun sind sie gekeimt in der heimlichen Verborgenheit. Ja, die zarten Hälmchen sind sogar gewachsen. Und unter der weißen Decke kommt das junge, grüne, frische Leben hervor als ein Wunder vor unseren Augen! Und wenn über dem Grün die Lerchen aufsteigen, möchte man ein Loblied nach dem anderen singen von dem, was Gott an uns getan! – So geschieht es alle Jahre im Reiche der

Natur. Aber wie geschieht's denn im Reiche der Gnade? Gibt's da auch ein heimliches Walten und Grünen – unterm Schnee? –

Die Herbstsonne war im Untergehen. Rötlich lagen ihre Strahlen auf den Wipfeln der Kirchhoflinden, webten einen schimmernden Duft über dem Gezweige der Hängeeschen und der Trauerweiden, die auf den Gräbern standen, und über die stille abendliche Welt klang noch eine einzelne Vogelstimme, als sänge sie dem scheidenden Sommer einen Abschiedsgruß.

Es war ein alter Friedhof, nahe vor dem Tor der Stadt gelegen. Seit Jahrhunderten hatte man sie hier alle zur Ruhe gebracht, die Geschlechter und Familien mit den alten, immer wiederkehrenden Namen und auch die in neueren Zeiten eingewanderten Fremdlinge und Ansiedler.

An einem der Gräber hockte ein Mann, emsig beschäftigt, jede Spur aufkommenden Unkrauts zwischen Efeu und Monatsrosen auszuzupfen. Jetzt richtete er sich mühsam auf. Die Glieder waren ihm steif geworden beim Knien. Er nahm den Stab, den er neben sich auf die Erde gelegt hatte, stützte beide Hände darauf und verharrte sinnend mit geneigtem Kopf, und seine Augen ruhten auf dem blühenden Grab, als wollten sie gar nicht mehr in die Gegenwart zurück.

Ein wenig weiter von ihm an einer Grabstätte ordnete eine schwarzgekleidete Frau die vielen Blumengebinde. Neben ihr stand ihr Töchterchen und schaute ihr zu. Schließlich wurde es dem Kinde wohl langweilig, es schaute sich um und begann dann einen kleinen Streifzug zwischen den Gräbern hindurch. Seine Mutter bemerkte es nicht.

Der Mann am Monatsrosengrab hörte Schritte neben sich. Als er aufschaute, blickte er in ein Paar helle Kinderaugen, und eine kleine Hand bot ihm einen Strauß schöner weißer Astern.

„Warum steht auf deinem Grab nicht auch ein weißes Kreuz, so wie auf Vaters Grab?" fragte das Kind unbefangen. Und ohne eine Antwort abzuwarten, fügte es hinzu: „Willst du die Blumen haben für dein Grab? – Vater hat schon so viele! – Ich weiß auch, was auf Vaters Kreuz zu lesen steht. Da steht: ‚Ich lebe, und ihr sollt auch leben!'"

Der Mann wußte zunächst gar nicht, wie er sich dem Kind gegenüber verhalten sollte. Er sah es aufmerksam an, und auf einmal sagte er leise vor sich hin: „Salome – !"

„Nein", entgegnete die Kleine, „ich heiße Magdalene, – du kannst auch Lenchen sagen, das sagte Vater auch." Dann fragte sie eifrig: „Darf ich dir einmal vorlesen, was da auf den vielen weißen Kreuzen steht? – ich kann nämlich schon lesen, kommst du mal mit?" Und damit nahm sie ihn bei der Hand und zog ihn mit.

Von Kreuz zu Kreuz und von Stein zu Stein führte ihn nun die kleine Hand, und der kleine Mund las, wenn auch oft recht holprig, die herrlichen Worte unseres Erlösers. Ach, da standen sie klar und deutlich vor ihm, die Worte Dessen, der unser Heiland und Retter sein will und unser Freund bis in den Tod, die Worte Dessen, der die Wolken auseinanderzieht und uns hineinschauen läßt in die offenen Türen des Vaterhauses, wo wir bei Ihm sein sollen allezeit.

So ging es von Kreuz zu Kreuz, von Stein zu Stein. Das Kind war unermüdlich, und dem Manne war es, als läge ein wunderbares Buch vor ihm aufgeschlagen und er läse darin Seite um Seite.

Nach einer Weile kam die Frau herzu; sie hatte sich nach dem Kind umgesehen und es dann mit einem Fremden langsam Hand in Hand von Grab zu Grab gehen sehen. Sie glaubte zunächst, daß es ein Verwandter oder Bekannter sei, den ihr Töchterchen getroffen habe. Doch da sah sie einen Fremden. Sie rief ihr Kind beim Namen. Das Kind ließ schnell die Hand des Mannes fahren und eilte zur Mutter. Der Mann grüßte höflich; die Frau entschuldigte sich, daß sie das Kind aus den Augen gelassen habe, und dann ging sie mit der Kleinen dem Ausgang zu. Martin Eichner blickte den beiden nachdenklich nach. Das Kind sah sich noch mehrmals nach ihm um und winkte freundlich zurück.

Am westlichen Himmel zog jetzt ein schönes Abendrot herauf, und der Abendstern erglänzte heller und heller. Dem Heimgekehrten ward es so eigenartig zu Mute, als sei ihm ein besonderes Heil widerfahren. Was war ihm denn geschehen? War's vielleicht deshalb, weil unter dem Schnee eine junge Saat sich keimend regte?

Daheim in seinem Erkerstübchen lag noch immer die aufgeschlagene Bibel, vergebens seiner wartend. Das Haus erschien dem Heimkehrenden nicht mehr so trostlos und öde und verlassen wie zuvor. Es dünkte ihn, als zöge es ihn mit Macht hinaus ins Erkerstübchen zu Mutters Bibel. Langsam stieg er die Treppe empor. Behutsam nahm er das Gotteswort, das noch immer auf der Kommode lag, und setzte sich auf den Holzschemel vor seinem Bett. Es war schon dämmrig. Aber dazu reichte noch das scheidende Tageslicht, daß er die drei Stellen las, daneben seine Mutter die drei Nadeln gesteckt hatte. Bei der ersten Stelle im Ersten Buch Mose, wo von Abraham das Sohnesopfer gefordert wird, da stand es vor des Lesenden Augen wie mit großer Schrift geschrieben: Im Glauben gehorsam. So hatte auch seine Mutter ihre Seele geübt in des Glaubens Gehorsam, da ihr Hoffen und Warten vergeblich gewesen. Und daneben, auf der selben Buchseite, lag sein erster Brief, ein armseliger Wisch, kalt und kahl, leer und lieblos! Da beugte Martin Eichner zum erstenmal schuldbewußt das Haupt und sprach bei sich selber: „Ich bin nicht wert, daß ich dein Sohn heiße!"

Bei der zweiten Stelle im Zweiten Buche Samuel von der Wehklage Davids um seinen Sohn Absalom tönte in des Lesenden Ohren das Weinen seiner Mutter, und es dünkte ihn, als sähe er Tränenspuren auf dem vergilbten Blatt vor seinen Augen.

Nun aber kam er zu der dritten Stelle, dem Vers in Lukas: „Dieser mein Sohn war tot und ist wieder lebendig geworden, war verloren und ist gefunden worden!" – Also hatte ihre Liebe gehofft – dennoch gehofft! – Da brach das Eis, und der Schnee schmolz. Auf den Knien lag der Mann. „O, Du großer Gott, – welch eine Liebe! – und sie kommt von Dir – sie ist in Deinem Herzen! – Wie schäme ich mich, wie bereue ich! Nie habe ich nach Dir gefragt! O Gott, sei mir, dem hoffnungslos verlorenen Sünder gnädig! O, Herr, vergib! Wie bist Du mir nachgegangen – all die Jahre – durch sie! – Welch eine Mutter hatte ich..."

Es war spät, als Martin Eichner sich von seinen Knien erhob. Aber er war nun nicht mehr verloren, nicht mehr einsam, denn er hatte seinen Gott, seinen Heiland gefunden. –

Als am nächsten Morgen Hanna dem Nachbarn wie gewöhnlich das Frühstück brachte, fand sie ihn krank im Bett liegend, unruhig und fiebernd. Seine Augen leuchteten seltsam. Nun werde alles gut werden, sagte er. Gott habe mit ihm geredet, und nun habe er Frieden. Aber da sei nun einiges zu schaffen, und ob sie ihm dabei helfen könnten? Es sei an der Zeit ...

Hanna wurde ein bißchen nachdenklich bei diesem Reden; aber da sie wirklich ein verständiges Mädchen war, gelang es ihr, den Kranken zu beruhigen. Sie brachte ihm einen Trunk frischen Wassers und legte ihm kühlendes Tuch auf die Stirn, öffnete ein Fenster, die erquickende Morgenluft einzulassen, und versprach, nach einer Stunde wiederzukommen.

Es folgte nun eine Zeit schwerer Krankheit. Meister Eberle, Hanna und Lore versorgten und pflegten ihn, und auch Lorenz erwies sich als gar geschickt in der Krankenpflege. Das Fieber nahm zu, und oft schwand das Bewußtsein. Aber die Fieberträume und das Gerede der heißen Lippen waren nicht heftig und unbändig, sondern merkwürdig sanft und linde, wenn auch die Worte hastig hervordrangen – wie im Frühjahr die Bäche und Rinnsale eiliger zu Tal laufen, weil der Schnee in den Bergen geschmolzen ist.

Fragte man ihn dann, was denn sei, so gab er Antwort, ohne die Augen zu öffnen: Er habe große Aufgaben vor sich, das wisse er bestimmt. Er müsse sich der armen Witwen annehmen, denn seine Mutter sei ja auch eine Witwe gewesen. „Und dann", so fuhr er fort, „siehst du nicht die vielen, vielen Menschen, wie sie dahinziehen – viele von ihnen wollen weit, weit über die Meere, – ich muß ihnen den rechten Weg zeigen, damit sie nicht in die Irre gehen. O, ich kenne das wohl, ich bin ja selbst dort gewesen – auch in der Irre bin ich gewesen – nun hat es aber keine Not mehr, denn ‚dieser mein Sohn war tot, und ist wieder lebendig geworden, war verloren und ist gefunden worden' ..."

Die treue und sorgsame Pflege der Nachbarn half dann die große Schwäche des Kranken allmählich überwinden, und nach etlichen Wochen konnte der Genesende das Bett verlassen. Als er zum erstenmal wieder in seinem Stuhl saß, in eine warme Decke gehüllt, aber mit klaren Augen und lächelndem Munde, und Hanna mit einer Erquickung ins Zimmer trat, da wurden dem Mädchen die Augen feucht, und sie reichte ihm wortlos beide Hände. Martin Eichner verstand sie wohl und nickte ihr froh zu.

Als er gegessen hatte, sagte er:

„Nun setz dich her zu mir! Ich hab mir's schon lange vorgenommen, sobald ich nur erst wieder auf wäre, wollte ich mit dir reden."

Hanna sah ihn verwundert an, sie wußte nicht, was er im Sinn hatte.

„Warte nur ein bißchen", fuhr er fort, ihren fragenden Blick bemerkend, „du sollst gleich alles erfahren. Siehst du, ihr habt an mir Engeldienste getan während meiner Krankheit, und das vergesse ich euch nie. Aber nun sind da noch andere Menschen, die auch Engeldienste nötig haben, und auch dabei müßt ihr mir helfen. Sei so gut und rücke mir den Klapptisch hier nahe heran, und dann schließe die Schublade in Mutters Kommode auf, die oberste. In der Ecke rechts liegt ein großer Beutel, gut verknotet, den gib mir bitte!"

Das Mädchen tat, was er verlangte. Es mußte auch den festen Knoten öffnen und den Beutel auf den Tisch ausleeren. Da lagen denn nun mehrere Briefumschläge, die voller Papiere steckten, auch einige Geldrollen, worauf der Inhalt verzeichnet stand.

Martin öffnete die Umschläge, nahm die Papiere heraus, ordnete sie, breitete alles auf dem Tisch aus und sagte dann lächelnd: "Siehst du, Kind? Das sind rund zwanzigtausend amerikanische Dollar, die hier auf dem Tisch liegen. Und ich will dir jetzt sagen, was ich damit vorhabe, damit ihr mir helft, daß ich's vollbringe. Siehst du, dieses alte Häuschen ist freilich nicht groß, aber doch immerhin groß genug für zwei Witwen. Ich selbst ziehe hinauf ins Erkerstübchen, und dann halten wir die Mahlzeiten hier unten gemeinsam. Nun kommt es nur darauf an, daß wir die beiden bedürftigsten Witwen finden – und dazu brauche ich noch einmal eure Hilfe!"

Hanna war so voll Staunen, daß sie eine ganze Weile schwieg. Dann holte sie Atem, ergriff des Genesenden Hand und sagte immer wieder: "Gott sei Dank! Gott sei Dank! Wer hätte das gedacht! Nun ist alles so gut geworden! O, wartet nur! – zwei Witwen, die weiß ich schon! Da ist einmal die arme alte Frau, die sie immer ,Bruhnchen' nennen, weil ihr Mann Bruhn geheißen, und sie ist jetzt so klein und krumm geworden, aber ihr Geist ist lebendig, und ihre Hände sind fleißig und sie hat Gottes Wort lieb. – Und dann ist da – ach ja, die alte ,Pantoffelmachersch' – aber die ist blind und sehr gebrechlich, die ist so arm, so arm, und klagt doch nie; aber das geht wohl nicht, oder?"

"Warum denn nicht?" erwiderte Martin, "Bruhnchen und ich haben zusammen vier Augen, da können wir wohl mitsehen für die blinde Pantoffelmachersch. Also das wäre abgemacht. Ich denke, bis Neujahr wird sich das Nötigste hier unten schon einrichten lassen; und bis dahin gibt mir Gott wohl auch die Kräfte, daß ich die Stiege hinaufsteigen kann. Ich merk's schon, nun werde ich bald ganz gesund. O, ich bin so froh, ich fühle so viel neuen Lebensmut und Hoffnung in mir, ich kann's dir gar nicht sagen! – Und nun kommen wir zu dem anderen, nämlich zu den Wandersleuten, denn mit denen hab' ich auch zu tun. Das hab' ich mir nun so gedacht: Die wandernden Schmiedegesellen, die schauen ja bei deinem Vater herein und grüßen das Handwerk, die schickst du denn alle zu mir, daß sie sich einen Zehrgroschen bei mir holen, – alle, hörst du wohl, alle ohne Ausnahmen! Und gern auch die Schuster und die Schneider und so fort! Hab' ich erst einige hier gehabt, so erzählen's die den andern in der Herberge und auf den Landstraßen – der Zehrgroschen zieht. Aber der ist ja nur eine Lockspeise, ich will ihnen etwas viel Besseres mit auf den Weg geben. Ich will ihnen aus dem Buch meiner Vergangenheit ein wenig vorlesen, je nachdem es ihnen not tut. Das Buch enthält nämlich dreierlei, erstlich, daß die Gottlosen keinen Frieden haben; sodann daß die Güte Gottes uns soll zur Buße leiten; und zum dritten, daß das Wesen dieser Welt vergeht! Wenn's gelingt durch Gottes Gnade den Wandersleuten davon etwas mit auf den Weg zu geben, das könnte ihnen zum ewigen Gewinn werden!"

Noch viel war nun dazu zu bereden. Schließlich erbat sich Hanna, daß sie gleich einmal im Hause umhergehen und sich jeden Raum gründlich betrachten dürfe, „denn", meinte sie, „wir müssen sehen, daß jede ihr eigenes Kämmerchen bekommt um des lieben Friedens willen. Sie mögen immerhin beide verträglich sein, aber wenn man zu dicht aufeinander wohnt, dann gibt's gar zu leicht Zwistigkeiten, und davon wollen wir nichts wissen."

„Du bist eine gar Kluge!" lobte Martin und nickte Beifall, und es ergab sich, daß die Sache sich machen ließe, wenn eine hölzerne Wand gezogen würde.

Schließlich erbat sich das Mädchen noch die Erlaubnis, an diesem selbigen Abend den beiden Frauen ihr Glück verkündigen zu dürfen, es brannte ihr unter den Sohlen. Das ward ihr gern bewilligt, nur mit der Bedingung, daß sie den beiden sage, da sei ein Schatz hinterlassen und ein Testament gemacht, damit komme man gut für alles auf. –

Das Jahr neigte sich seinem Ende zu, und der Tag kam, an dem die beiden Witwen ihren Einzug halten sollten in das Häuschen in der Grubengasse, das bisher so einsam und voll Traurigkeit gewesen und nun voll Segens werden sollte. Alles war fertig und bereit. Die Wand war gezogen, und so hatte jede ein gemütliches Schlafkämmerlein, geräumig genug, um auch einen Tisch und Stuhl zu bergen, und mit einem kleinen Ofen versehen, so daß man sich jederzeit darin aufhalten konnte, wenn man allein sein wollte. Die Stube vorne war für den gemeinsamen Gebrauch, und Martin hauste oben im Erkerstübchen. Das rüstige und fleißige Bruhnchen wollte für alle drei die Küche besorgen, und unten sollten die Mahlzeiten gehalten werden. Unermüdlich hatte Hanna für alles vorgesorgt, und sie würde auch ferner zu jeder Zeit mithelfen und mitraten, wo es nötig war.

Langsamen Schrittes kamen die zwei alten Frauen die Straße herunter, die eine von der anderen sorgsam geleitet. Das gute Bruhnchen hatte die blinde Genossin abgeholt. An der Tür des Häuschens wurden sie von Martin Eichner und Hanna empfangen und in die Stube geführt. Auch Meister Eberle hatte sich eingefunden und sogar Lorenz, der Lehrjunge. Auf dem weißgedeckten Tisch stand ein mit viel Liebe bereitetes Mahl, und auf dem Wandsims lag für jede der beiden neuen Hausbewohner eine Bibel mit großem Druck bereit. Meister Eberle hatte warme Federdecken gekauft.

Die alten Frauen waren tief bewegt. Nach dem Essen nahm Martin die Bibel seiner Mutter hervor. Er sagte, nun wolle er ihr Vermächtnis mitteilen und ihr Testament eröffnen, und er las die drei Schriftstellen vor, welche sie mit Nadeln bezeichnet hatte. Aus dem fünfzehnten Kapitel des Evangeliums nach Lukas aber las er die Geschichte vom verlorenen Sohn ganz.

Zum Schluß fügte er dankerfüllt hinzu:

> „Mir ist Erbarmung widerfahren,
> Erbarmung, deren ich nicht wert;
> das zähl ich zu dem Wunderbaren,
> mein stolzes Herz hat's nie begehrt.
> Nun weiß ich das und bin erfreut
> und rühme die Barmherzigkeit."

Die verlorene Banknote

Die Familie West saß um den Frühstückstisch. Dem Gesicht des Hausherrn war anzusehen, daß ihm diese knappe Stunde vor Dienstbeginn inmitten der Seinen kostbar war, zumal er vor wenigen Jahren seine geliebte Gattin verloren hatte. Herr West war hochgewachsen, kräftig und offenbar von guter Gesundheit. Aber sein Aussehen täuschte. Der Hausarzt hatte ihm nach gründlicher Untersuchung wegen seines Herzens größte Vorsicht anempfohlen.

Herr West war Kassierer in einem Bankhaus in einer der großen Industriestädte Englands. Auch Georg, sein ältester Sohn, war dort angestellt. Oswald, sechzehn Jahre alt, hatte die Schule abgeschlossen, aber über seine weitere Ausbildung waren noch keine endgültigen Beschlüsse gefaßt worden. Maria, zweiundzwanzig Jahre alt, umsorgte ‚ihre' drei Männer. Schon seit zwei Jahren stand sie allein dem Haushalt vor und bemühte sich. Alle drei hingen an ihr mit großer Liebe, denn stets war sie fröhlich und hilfsbereit.

Georg und Oswald waren heute besonders guter Laune. Am folgenden Tag wollten sie mit anderen jungen Leuten einen Ausflug machen, und darauf freuten sie sich sehr.

„Wie schön wäre es, wenn du mit dabei sein könntest", sagte Maria und strich dem Vater über die Hand.

„Ich käme gern mit, aber an Urlaub ist im Augenblick nicht zu denken, weil zwei Kollegen krank sind. Und ihr wißt, wie es heißt: Erst die Arbeit, dann das Vergnügen."

„Aber Papa", fiel Oswald ein, „wenn Georg frei bekommt, warum dann nicht auch du?"

„Der Platz eines Kassierers ist gewiß nicht so leicht umzubesetzen wie der dieses jungen Grünschnabels", lachte der Vater und zwinkerte Georg zu. Dann wandte er sich an seine Tochter:

„Hast du denn auch schon an Proviant gedacht, Maria, denn von Luft allein könnt ihr nicht leben."

„Alles in Ordnung, Papa. Jeder, der mitgeht, leistet seinen Beitrag. Ich hab es übernommen für Kuchen und Semmeln zu sorgen. Die Kuchen backe ich selbst, und die Semmeln sind schon beim Bäcker bestellt."

„Wirst du auch bestimmt genug backen?" sorgte sich Oswald. „Du weißt, wie hungrig man an so einem Tag wird!"

Fröhlich unterhielten sie sich noch eine Weile, bis der Vater sich die Bibel reichen ließ, um wie jeden Morgen eine kurze Andacht zu halten. Herr West schlug das zweite Kapitel des ersten Johannesbriefes auf; und nachdem er den Text gelesen hatte, sprach er in eindringlicher Weise über den Inhalt dieses Abschnitts und besonders über die Worte: „Die Welt vergeht und ihre Lust; wer aber den Willen Gottes tut, bleibt in Ewigkeit."

„Ich will keineswegs euch in eurer Freude stören, Kinder", sagte er, „aber ich bitte euch, stets daran zu denken, daß alle irdischen Freuden, alles, was von dieser Erde ist, der

Vergänglichkeit anheimfallen wird, und daß die einzige wahre, wirkliche Freude in unserem Herrn Jesus ist, der für Sünder am Kreuz von Golgatha litt und starb und uns den Eingang in die ewige Herrlichkeit eröffnete – eine Herrlichkeit, die wir jetzt schon durch den Glauben im Vorgeschmack genießen können."

Ein kurzes Gebet beendete die Andacht, und Herr West und sein ältester Sohn verließen das Zimmer, um ins Büro zu gehen, während Maria in die Küche ging und mit dem Bakken begann. Oswald folgte ihr, vielleicht weil er fürchtete, daß die Kuchen ohne sein Beisein nicht die erwünschte Größe und Süßigkeit bekämen. Ein Weilchen sah er der Schwester zu. Dann nahmen seine Gedanken eine andere Richtung. Nachdenklich meinte er:

„Ich möchte doch gern wissen, was aus mir werden soll. Hat Vater noch nicht mit dir darüber gesprochen, Maria?"

„Nein", antwortete die Schwester. „Aber ich kenne seinen Wunsch, seine Vorstellung. Wenn du nur Lust dazu hättest."

„Und das wäre – ?"

„Bankkaufmann, wie er und Georg. Man hat Vater von der Geschäftsleitung aus dieserhalb schon angesprochen; du brauchst nur zuzustimmen."

Oswald schaute recht enttäuscht zu seiner Schwester hin.

„Das wäre aber ganz und gar nicht nach meinem Geschmack. Bankkaufmann, nein. Das ganze Leben lang nur Zahlen zusammenzählen. Und man bleibt dabei ohne jede Aussicht, je einmal vom Schreibpult weg in die große weite Welt zu kommen. Was hat Papa denn fertiggebracht bei all seiner Sorgfalt und Mühe und all seinem Fleiß? Geschafft hat er von morgens bis abends. Wofür aber?"

„Gewiß, Oswald", wandte die Schwester ein, „ein solcher Beruf hat seine Schattenseiten. Allerdings haben wir dafür ein gesichertes Einkommen, haben alles, was wir brauchen. Aber was würdest du denn gern lernen?"

Oswald zögerte einen Augenblick, dann sagte er leise: „Wenn Vater aus der Bibel liest und uns vorstellt, was der Herr Jesus zur Rettung und zum Heil verlorener Menschenkinder getan hat, dann wünsche ich mir immer wieder, in fernen Ländern ein Prediger des Evangeliums zu werden."

„Du trachtest nach etwas Hohem, Oswald", entgegnete Maria. „Aber du weißt doch, daß es Vater unmöglich ist, dich auf eine entsprechende Schule zu schicken. Woher sollte das Schulgeld kommen?"

Oswald seufzte, und Maria setzte ihre Arbeit fort. Sie hatte alle Hände voll zu tun, denn außer daß sie den Haushalt zu besorgen hatte, mußte sie heute auch eine ganze Anzahl Vorbereitungen treffen für den geplanten Ausflug am folgenden Tag. Auch war noch einiges dieserhalb mit den Freundinnen zu bereden, und Oswald begleitete sie bei ihren Einkäufen. Spät am Nachmittag kehrten sie zurück. In der Nähe ihres Hauses wurden sie von einem jungen Mann begrüßt. Oswald freute sich sehr:

„Hallo, Alfred! Wirst du morgen auch mitkommen?"

„Leider nein, ich bin verhindert. Ich kann geschäftlich nicht abkommen."

„Wie, du wirst nicht dabei sein?" fragte Maria enttäuscht.

„Es ist nicht möglich", versicherte der junge Mann erneut. „Die Arbeit auf meinem Schreibtisch hat sich so angehäuft, daß ich unmöglich freinehmen kann."

„Schade!" rief Oswald. „Doch hat das auch einen kleinen Trost für mich: Ich kann ein wesentlich größeres Stück

Kuchen beanspruchen. Schließlich kommt er aus unserer Küche, und Maria ist im Kuchenbacken eine Meisterin." – Lachend gingen die jungen Leute auseinander.

Alfred Walther war ein freundlicher junger Mann mit guten Umgangsformen. Als weitläufiger Verwandter kam er öfter in das Haus der Wests. Die drei Geschwister mochten ihn gern. Obwohl erst fünfundzwanzig Jahre alt, hatte er in einem großen Geschäftshaus eine einflußreiche Position, so daß man hier und da schon munkelte, er werde dort bald ständiger Teilhaber sein.

Maria und Oswald warteten nun auf die Rückkehr des Vaters und des Bruders. Doch die Zeit verging, ohne daß sie heimkamen. Die Geschwister konnten sich ihr Ausbleiben nicht erklären.

Da plötzlich klingelte es. Oswald öffnete. Ein Herr stand vor der Tür, den er nur flüchtig kannte. Er zog den Hut und deutete dann auf die Straße in Richtung des Bankgebäudes:

„Ich habe leider keine gute Nachricht, Herr West. Dort kommen meine Kollegen und bringen Ihren Herrn Vater. Er fühlte sich auf einmal nicht recht wohl."

„Was ist mit ihm? Was ist geschehen? Ein Unfall . . .?"

„Nein, anscheinend das Herz. Der Anfall kam ganz plötzlich und unerwartet. Ihr Herr Vater hatte schon seinen Hut in der Hand und wollte gerade heimgehen, als er auf einmal an seinem Arbeitsplatz zusammenbrach. Er war sofort bewußtlos. Wir benachrichtigten den Arzt, und dieser wies uns an, den Kollegen unverzüglich heimzutragen. Da bringen sie ihn."

„Steht es schlimm um ihn?" Maria war erschrocken hinzugekommen.

„Ich – ich hoffe nicht", antwortete der Mann zögernd. „Wenn Sie uns nun bitte zeigen, wohin wir ihn bringen sollen . . ."

Mit zitternden Knien ging Oswald voraus und wies den Männern, die nun mit der Bahre herangekommen waren, den Weg zu Vaters Schlafzimmer. Maria wollte ihnen folgen. Doch da stand auf einmal Alfred neben ihr und hielt sie fest. „Bleib zurück, Maria. Du kannst im Augenblick gar nichts tun für deinen Vater. Ich werde mich um alles kümmern und rufe dich, wenn du gebraucht werden solltest."

Das Mädchen war ein wenig erleichtert, als es Georg mit dem Arzt die Treppe hinaufeilen sah. Doch bald darauf kam er zu ihr:

„Oh, Maria, unser Vater . . ."

„Man will mich nicht zu ihm lassen."

„Du kannst ihm gar nicht mehr helfen jetzt . . ."

„Ist er denn immer noch ohne Bewußtsein?" fragte Maria.

„Ohne Bewußtsein? – wenn es nur das wäre! Ach, Maria...!"

Ja, Herr West war einem Herzschlag erlegen. –

Erst eine Stunde danach wurde den drei Geschwistern gestattet, ins Zimmer des Vaters zu treten. Hier lag er mit geschlossenen Augen. Ein stiller Friede in seinem Gesicht deutete an, daß seine Seele da angelangt war, wo es kein Leid, keinen Kummer, keinen Schmerz mehr gibt. –

Ärztliche Kunst war hier machtlos gewesen. Nicht einmal die wirkliche Ursache dieses so plötzlichen Todes konnte mit Sicherheit genannt werden. Wie gut, wenn angesichts der Ewigkeit, angesichts eines so plötzlichen Abscheidens die lebendige Hoffnung besteht, für immer bei dem Herrn

Jesus zu sein! Wie gut, wenn der Tag des Heils genutzt worden ist, sich mit Gott versöhnen zu lassen, mit Schuld und Sünde zu Dem zu kommen, der vergeben will, ja, der rechtfertigen und verherrlichen will. –

Am folgenden Tag kam der Bruder des Verstorbenen, William West, zu Besuch, um der Beerdigung beizuwohnen. Sein Anwesen lag in einer rund vierzig Meilen entfernten Grafschaft. Er war ein fleißiger Mann, hatte eine Anzahl Äcker und Wiesen gepachtet und es zu einigem Wohlstand gebracht, denn er sah gern aufs Geld. Er nun kümmerte sich um all die Angelegenheiten, die es nach einem Sterbefall, vor allem da dieser so plötzlich eingetreten war, zu regeln galt. Einige Tage später, nachdem der Verstorbene beigesetzt war, fragte Onkel William:

„Maria, weißt du, ob euer Vater vorsorglich etwas für euch zurückgelegt hat?"

„Das glaube ich nicht, das war ihm sicher gar nicht möglich. Sein Gehalt war so knapp bemessen, daß es gerade so für uns reichte. Für unsere Schulbildung hat er keine Unkosten gescheut; und dann das letzte lange Kranksein unserer Mutter hat, wie ich sicher weiß, sehr viel Geld gekostet. Da kann unmöglich etwas auf die Seite gelegt worden sein."

„Was hast du nun vor?" fragte der Onkel weiter. „Es muß hier doch irgendwie weitergehen. Und ohne Einkommen könnt ihr nicht allein hier bleiben. Wie denkt ihr darüber?"

„Darüber habe ich noch gar nicht nachgedacht", gab Maria zögernd zu.

„Was dich betrifft, so kommst du nach Fenheim und findest bei uns auf dem Torfhof eine neue Heimat. Aber die beiden

Jungen, nein, die kann ich nicht auch noch aufnehmen, die müssen sehen, wie sie sich durchschlagen."

Marias Wangen färbten sich dunkelrot. „Ich kann aber meine Brüder nicht im Stich lassen! Sie sind noch so jung und unerfahren, ich muß ihnen beistehen."

„Kind, sei vernünftig", wandte der Onkel ein. „Du hast doch deinen klaren Menschenverstand, und den benutze auch und sage mir, wie das hier in der Stadt mit euch weitergehen soll. Wovon wollt ihr leben? Wer soll für eine solche Wohnung die Miete zahlen?"

Auf diese Frage nun war Maria gar nicht vorbereitet. Ja, wie sollte das weitergehen mit ihnen? Zwar waren ihre Gedanken schon einigemale in die Zukunft geeilt, hatten sich mit der Führung des Haushalts befaßt und mit dem Vorsatz, es den beiden Brüdern nicht an der nötigen Zuwendung und Fürsorge fehlen zu lassen. Aber dazu war ja nun auch das nötige Geld Voraussetzung. Und wo sollte dies herkommen? Ob es ihr vielleicht möglich sein würde, einigen Kindern in bessergestellten Familien Nachhilfeunterricht zu erteilen? Doch ob das ausreiche?

Mehrere Tage hindurch machte Maria sich dieserhalb viele Gedanken und betete immer wieder treu und anhaltend wegen dieser Nöte.

Kurz danach kam ein Brief von dem Geldinstitut, in dem Vater beschäftigt gewesen war. In diesem Schreiben wurde noch einmal der treuen Pflichterfüllung des Verstorbenen gedacht und den drei Geschwistern mitgeteilt, daß das Unternehmen bereit sei, Georgs Gehalt ein wenig zu erhöhen und Oswald ebenfalls, bei Zahlung eines kleinen Anfangsgehaltes, nach kurzer Probezeit anzustellen.

„Dann ist ja alles geregelt", meinte der Onkel, „dann können die beiden Jungen ja allein für sich aufkommen. Beide müssen versuchen, bei einer in bescheidenen Verhältnissen lebenden Familie unterzukommen, und bei einiger Sparsamkeit – die ist für junge Leute immer von Segen – müßte ihre Zukunft gesichert sein."

„Wie? Wir sollen hier von zu Hause weg?" fragte Georg und sah den Onkel erstaunt an.

„Nun, ich weiß keinen anderen Weg für euch beide. Seht ihr denn nicht, wie es um euch bestellt ist hinsichtlich eurer Finanzen? Unmöglich könnt ihr hier den bisherigen Haushalt weiterführen. Womit wollt ihr die Miete bezahlen und die Schulden, die noch offen sind? Ich habe mich genau erkundigt, da ist noch verschiedenes zu begleichen, sogar die Begräbniskosten, einige Trauerkleidung und noch hier und da das eine und andere. Und dabei ist kein Pfennig im Hause!"

Diese Worte klangen wenig freundlich, und Georg wagte nicht zu antworten. Maria nahm allen Mut zusammen und sagte:

„Mutters Kranksein hat viel Geld gekostet, das ist wahr. Da mag noch einiges zu begleichen sein. Aber muß wirklich unser Haushalt hier aufgelöst werden? Müssen gar unsere Möbel verkauft werden, um alles bezahlen zu können?"

„Da wird nichts anderes übrig bleiben", ereiferte sich Herr West. „Die Jungen werden schon zurechtkommen, sich durchbeißen, da mache ich mir keine Sorgen. Und du, Maria, du kommst zu mir, und ich sorge für dich."

„Mit dem Wenigen, das wir beide verdienen, sollen wir leben können?" fragte Georg betroffen. „Wir müssen zumindest doch ordentlich gekleidet sein, und das allein verschlingt schon unseren knappen Verdienst."

Herr West zog die Schultern hoch. Maria warf einen besorgten Blick auf Oswald. Dann wandte sie sich erneut zu ihrem Onkel und sagte leise: „Ich kann mir nicht gut vorstellen, daß Oswald Interesse findet an der Tätigkeit eines Bankkaufmanns. Er hat völlig andere Vorstellungen für die Zukunft."

„Laß gut sein, Maria, ich werde mich allem hier fügen. Freilich wäre ich gern weiter zur Schule gegangen, aber daran kann ich jetzt nicht mehr denken. Ich bin bereit, auch Bankkaufmann zu werden."

Dabei blieb es dann. Maria sollte, sobald der Haushalt aufgelöst war und ihre Brüder preisgünstigere Quartiere gefunden hatten, ihrem Onkel folgen, der noch am selben Tag abreiste. „Je früher, desto besser", mahnte Herr West beim Abschied. „Je länger ihr hier noch wohnen bleibt, desto mehr Schulden gilt es nachher zu begleichen, und ganz sicher muß ich's aus meiner Tasche zahlen." –

Als der Onkel abgereist war, rief Georg zornig: „Verhüte Gott, daß wir dieses Mannes Schuldner werden! Lieber will ich bis zum Umfallen schuften als von seiner Gnade abhängig sein! Der ist aufs Geld! Der kennt keine Gnade, wenn es um ein Scheinchen geht!"

„Das ist nun mal so seine Art, Georg", beschwichtigte Maria. „Er spricht alles so aus, wie es ihm in den Sinn kommt. Bestimmt meint er es im Grunde gut mit uns. Aber", und sie seufzte tief auf, „wie schwer wird uns die Trennung werden!"

„Ich darf auch nicht daran denken", sagte Georg leise, „doch da ist kein Ausweg zu sehen."

„Nicht nur daß wir uns trennen müssen macht mir soviel Not, sondern auch der Gedanke, daß ihr beide von jetzt an völlig allein auf euch gestellt seid und sich niemand um euch kümmert! Und ihr seid noch so jung und so unerfahren, besonders Oswald. Wie soll das alles gutgehen können . . ."

„Mach dir nicht so viele Gedanken um uns, Maria. Ich habe mir schon fest vorgenommen viel zu beten und mich ganz in der Nähe unseres Heilandes aufzuhalten; und ich will auch um Oswald besorgt sein und auf ihn achthaben, so gut ich kann."

„Ich bin ja so froh, daß du dir das vornimmst. Aber denke auch immer wieder daran, was Papa uns oft gesagt hat: Alle Kraft zu einem gottseligen Wandel, zu Glauben und Vertrauen kommt von oben. In uns ist keine Kraft. Nur wenn wir in wirklicher Gemeinschaft mit dem Herrn Jesus sind, werden wir in den Versuchungen bewahrt bleiben."

„Das ist so", nickte Georg ihr zu und schaute eine ganze Weile nachdenklich vor sich hin. Dann, von der Erinnerung an den geliebten Vater überwältigt, brach es noch einmal heftig aus ihm heraus: „Ach! es ist auch gar zu schmerzlich! Warum mußte er so plötzlich und so unerwartet von uns gehen? Nicht einmal Abschied konnten wir nehmen von ihm, der immer so gut war zu uns! Alles kam so plötzlich!"

„Aber eines tröstet mich, Georg: Papa ist im Paradies. Er ist bei Jesu, seinem Heiland. Er war bereit abzuscheiden. Stell dir vor, er wäre unversöhnt mit Gott von uns gegangen! Wie schmerzlich wäre dann erst die Trauer für uns!" –

Es war ein schwüler Julitag, an dem Maria ihre Heimatstadt verließ, um zu ihrem Onkel zu ziehen. Die Eisenbahn brachte sie bis zu einem Landstädtchen, das wenige Meilen von ihrem Zielort entfernt lag. Dort erwartete die Tante sie mit dem Einspänner. Tante Betty begrüßte die Nichte sehr freundlich.

Maria hatte ihre Tante bis zu diesem Augenblick noch nie gesehen, denn erst seit drei Jahren war der Onkel verheiratet. Vorher hatte ihm seine Schwester Esther den Haushalt geführt; und Esther war auch nachdem die neue Hausfrau eingezogen war bei ihm geblieben. Da die junge Frau an häuslichen Arbeiten wenig Gefallen fand, hatte Tante Esther die Leitung des Hauswesens und die Aufsicht über die Knechte und Mägde in der Hand behalten. Jetzt war die stets so rüstige Tante Esther krank; durch einen Schlaganfall gelähmt, mußte sie seit einigen Wochen das Bett hüten und mußte gepflegt werden wie ein kleines Kind.

„Maria, ich freue mich, dich willkommen heißen zu können. Wo ist dein Gepäck? Wir lassen den Kutscher zurück; der mag alles besorgen und uns dann nachkommen, wir fahren rasch nach Hause."

Dieser herzliche Ton tat Maria so wohl, daß sie fast allen Kummer darüber vergaß. Sie bezeichnete dem Kutscher ihren Reisekoffer und setzte sich an die Seite der Tante, die geschickt den kleinen Einspänner auf eine Straße lenkte, welche zwischen Hecken und schattigem Buschwerk in schnurgerader Linie nach Fenheim führte.

„Ich bin dem Onkel und auch dir, liebe Tante, sehr dankbar, daß ich bei euch eine neue Heimat finde", begann nach einigem Schweigen Maria unsicher. „Aber komme ich auch nicht als Eindringling?"

„Ach was, Kind", erwiderte Tante Betty freundlich. „Ich gestehe offen, daß meiner Freude, dich willkommen zu heißen, auch ein gut Stück Selbstsucht zugrunde liegt. Dein Onkel hat mir nämlich gesagt, du seiest eine perfekte Hausfrau, und ich rechne damit, daß du mir ein Teil meiner Hausarbeit abnimmst."

„Aber sicher, das werde ich gerne tun!" versicherte Maria. „Ich habe Onkel William gesagt, daß ich nur unter der Bedingung zu euch komme, mich nützlich machen zu dürfen."

„Dann werden wir uns gut verstehen, Kind", erklärte die Tante lebhaft. „Weißt du, es liegt mir einfach nicht, mich viel um Küche und Keller zu kümmern, und auf einem so großen Pachtgut ist ständig eine Menge Arbeit zu erledigen. Seit Tante Esther nicht mehr kann, läuft hier alles schief. Mit keinem meiner Leute kann ich mich so recht verstehen, sie sehen mich alle am liebsten von hinten. Mit einem Wort, man sagt, ich sei den Dingen nicht gewachsen. Na ja, ich kann's nicht ändern. Die Leute müssen aber auch zu jeder kleinsten Tätigkeit angeleitet werden, und geschieht das nicht, dann geht's drunter und drüber. Tante Esther hat sie alle so richtig verwöhnt; bei jeder Arbeit ging sie vorneauf und legte selbst Hand an. Sie hat sogar die Butter mit eigener Hand bereitet."

„Ich weiß, das hat sie von jeher getan", fiel es Maria ein. „Ich war vor einigen Jahren zu Besuch hier. Damals schickte sie immer selbstgemachte Butter auf den Markt."

„Und daß man dann immer so früh aus dem Bett muß! Oft schon vor fünf Uhr! Nein, manchmal macht alles keinen Spaß mehr!"

„Wie geht es Tante Esther?"

„Es geht etwas besser als gleich nach dem Anfall; sie kann wenigstens wieder sprechen – so sprechen, daß man sie versteht. Aber linksseitig ist sie noch ganz gelähmt, und deshalb bedarf sie ständiger Pflege. Du kannst dir denken, was da so alles auf mir lastet und den schönsten Teil meiner Zeit in Anspruch nimmt."

„Ich könnte die Pflege übernehmen, Tante", sagte Maria. „Ob sie wohl wieder gesund wird?"

„Nein, Kind, gewiß nicht. Die Ärzte haben nur noch wenig Hoffnung, daß sie noch lange bei uns ist. Davon hat sie selbst keine Ahnung. Im Gegenteil, sie ist noch voller Pläne für die Zeit, wenn sie wieder aus dem Bett sein werde."

„Und sagt ihr niemand, was die Ärzte wirklich von ihrem Zustand denken?" wunderte sich Maria.

„Aber nein, ich bitte dich! Warum denn auch? Es würde sie nur beunruhigen und könnte ihr Leiden noch verschlimmern."

Maria schwieg eine ganze Weile und schaute auf das trabende Pferd.

„Tante", begann sie dann wieder, „ob das wohl richtig ist, Tante Esther über ihren wahren Gesundheitszustand zu täuschen?"

„Ei freilich, Kind. Was sollte das anders für einen Sinn haben?" entgegnete Frau West ein wenig ungeduldig.

„Aber bedenke doch, was das heißt: plötzlich und völlig unvorbereitet abgerufen zu werden in die Ewigkeit . . ."

„Ein plötzlicher Tod ist der leichteste. Ich jedenfalls wünsche mir diese Art des Sterbens."

„Aber – wenn jemand nun wirklich nicht vorbereitet ist? In der Bibel steht: Es ist den Menschen gesetzt, einmal zu sterben, danach aber das Gericht. Jeder Mensch muß doch sorgen diesem Gericht zu entfliehen! Man muß doch mit seinen Sünden, mit der ganzen Schuld seines Lebens rechtzeitig zum Heiland gehen, um Vergebung und ewiges Leben zu empfangen! Er bietet es uns selbst ja an. Denn Er allein vermag zu erretten und will es so gern. Aber wir müssen doch zu Ihm kommen! Unvorbereitet zu sterben finde ich ganz schrecklich."

Tante Betty gab keine Antwort und hatte anscheinend auch keine Lust, auf dieses Thema näher einzugehen. Maria schwieg dann auch. Ihr war wohl bewußt, daß das Wort Gottes in ihrer neuen Umgebung nicht gern gehört wurde.

Nach einer Viertelstunde Fahrt erblickte man in der Ferne die ersten Gehöfte von Fenheim, die alle ein wenig verstreut lagen, und dann lenkte das Fahrzeug zu einem stattlichen Anwesen hin, aus Ziegeln errichtet, mit gepflegten Gärten und Ländereien dabei. Dies war der Torfhof, das Pachtgut des Herrn William West, Marias neue Heimat.

Der Onkel kam gerade aus dem Schafstall, als er den Wagen heranrollen sah. Er begrüßte Maria herzlich, führte sie ins Haus und bald auch in das Zimmer von Tante Esther, ein großes, behagliches Gemach im Obergeschoß. Wie erschrak Maria, als sie die Tante wiedersah! Das Gesicht der Kranken war bleich und abgezehrt. Wie ganz anders hatte es ausgesehen, als Maria sie zum letzten Male gesehen hatte!

„Aber warum weinst du?" fragte die Tante. „Hier ist wirklich kein Grund zum Weinen. Oder denkst du an deinen Vater? Nun, ich hätte ihn auch gern noch einmal gesehen, unseren Bruder Thomas. Wie plötzlich ging er von uns!"

„Ich dachte nicht an Papa, sondern an dich, Tante. Du bist sehr verändert, du mußt sehr krank gewesen sein . . ."

„Ei freilich. Das war ein schlimmer Anfall, dieser letzte, daß eine so kerngesunde, robuste Natur wie ich jetzt so hier liegen muß. Doch ich hoffe bald wieder auf den Beinen zu sein."

„Was sagen die Ärzte? Machen sie dir Hoffnung?" fragte Maria und erinnerte sich an Tante Bettys Worte.

„Hoffnung? Was heißt hier ‚machen sie dir Hoffnung'? So krank bin ich ja nun nicht, daß man mir Hoffnung machen muß. Geduld soll ich haben, sagt unser Doktor, alles braucht seine Zeit. Hier oben geduldig im Bett liegen, während unten alles drunter und drüber geht, das ist viel verlangt. Ich möchte bloß wissen, wo das noch hinführt! Die Leute wissen nichts von Sparen, überlegen kein bißchen und machen sich keine Gedanken. Und unsereins liegt hier fest! Wo will das noch enden! Und die Frau deines Onkels, nun, keine Ahnung hat die! Es kann mir ja eigentlich egal sein, aber nie hätte er die heiraten dürfen! ‚Damen' dieser Art passen nicht in das Hauswesen eines Pächters. Sie geht nur in Seide, kutschiert mit ihrer Equipage in aller Welt herum, um Visiten abzustatten, und macht überall die große Dame. Zu nichts Besserem taugt sie, sage ich dir! Und gibt sie hier in Küche oder Keller doch einmal das Kommando an, dann richtet's mehr Schaden an als Nutzen!"

„Sie wünscht, daß ich viel von der Hausarbeit übernehme", bemerkte Maria. „Und ich werde mich bemühen, sie nicht zu enttäuschen."

„Na ja, das mag ja ganz gut sein, Kind. Aber ob das wirklich Abhilfe schafft, wer weiß. Ein erfahrener Kopf läßt sich nun mal nicht auf junge Schultern setzen. Aber probier dein Glück, Kind, probier dein Glück."

„So gänzlich unerfahren bin ich nicht, Tante. Mutter war lange krank, und während dieser vielen Monate mußte ich unseren Haushalt allein versorgen. Und Mutter hat mich angeleitet zu vielerlei Arbeiten. Wie gab sie sich Mühe, mich zu unterweisen, damit ich zurechtkäme mit meinen vielen Pflichten."

„Wie kann sie sich denn um dies alles gekümmert haben; ich dachte, sie sei ständig sehr krank und im Bett gewesen?"

„O, wie war sie um mich bemüht! Sie ging gleichsam Schritt für Schritt mit mir in all die Aufgaben, die Pflichten hinein, die auf mich warteten. Nie dachte sie dabei an sich und ihr Los, nein, ihr Mühen galt mir. Ist es da nicht meine größte Pflicht, ihre Unterweisungen zu beherzigen? Vor allem auch ihre vielen Hinweise auf die Ansprüche unseres Gottes und Vaters, der uns so vollkommen liebt! Jeden neuen Tag bitte ich den Herrn um Kraft, dies alles mit Seiner Hilfe verwirklichen zu können."

„Ach, Kind", unterbrach die Tante, „alles, was du da erzählst, klingt so unwirklich, geht am wirklichen Leben vorbei. Was kann deine Mutter schon im voraus gewußt haben, sie war doch keine Wahrsagerin. Was wissen wir, was uns die Zukunft bringt. – Nun ja . . ."

„Vieles ist uns aber doch auch bekannt, was da auf uns wartet: Freude und Leid, mehr oder weniger Erfolg und Enttäuschung, und manche Prüfung steht an, und mancher Versuchung gilt es zu widerstehen. Und eines Tages kommt das Ende. Meine Mutter sagte, daß dieses Ende für viele Menschen früher kommt als sie denken, und bei vielen kommt es auch ‚wie ein Dieb in der Nacht'. Sie belehrte mich, daß der Herr Jesus dereinst der Richter der Lebendigen und der Toten sein werde, daß Er aber zuvor als der Heiland der verlorenen Sünder in die Welt gekommen und ihretwegen am Kreuz gestorben sei, um sie vor dem Gericht und dem ewigen Tod zu erretten. Sie bat mich, doch an Ihn, der Sein Blut vergossen hat, zu glauben, Ihm meine Sünden zu bringen, Sein Eigentum zu werden und mich Seiner Führung anzubefehlen. Es würde gewiß manches Schwere auf mich warten, und mein fernerer Lebensweg liege dunkel vor mir; aber wer auf den Herrn Jesus vertraue, werde nicht zuschanden werden, sondern Trost und Hilfe in jeder Not bei Ihm finden . . ."

„Wie ein Pfarrer, wie ein Pfarrer, Kind! Hoffentlich hat sie dich auch nützlichere Dinge gelehrt. Wie willst du sonst allein im Leben zurechtkommen? Mit frommen Sprüchen allein ist es da nicht getan", mahnte die Kranke ärgerlich. „Was verstehst du denn von Krankenpflege?"

„Ich habe ja Mutter gepflegt all die Zeit hindurch . . ."

„Deine Aufgabe wird auch sein, mich zu versorgen und zu pflegen. Dazu ist hier im Hause sonst niemand fähig – und willens!"

„Ich werde mir alle Mühe geben, auch darin. Ich möchte mich wirklich nützlich machen, so lange ich hier im Hause bin", antwortete Maria fest.

„Nun, das wird sich zeigen. Vergiß nicht, daß unser Leben uns große Verpflichtungen auferlegt und daß wir nicht die Hände in den Schoß legen dürfen, sondern frisch und anhaltend schaffen müssen. Wer seinen Träumereien nachhängt, der taugt zu nichts."

„Das ist mir bewußt, Tante. So ähnlich sagte es auch meine Mutter. Der Herr Jesus erwarte auch, daß wir unsere Pflichten treu erfüllen."

„Offenbar besaß sie auch ein wenig gesunden Menschenverstand", warf die Tante ein, „und das freut mich."

„Ich glaube nicht, daß es bei meiner Mutter in dieser Hinsicht einen Mangel gab", verteidigte Maria die Mutter,

„ – und doch standen die Belange Gottes bei ihr stets an erster Stelle; die treue Erfüllung ihrer Pflichten war eine Folge davon."

„Hast du kühle Hände?" Energisch lenkte die Tante das Gespräch auf ‚vernünftige Dinge'. „Wenn nicht, wirst du nie die Butter richtig fertigen können." –

Am folgenden Morgen wurde Maria im Haus umhergeführt und mit ihren Pflichten vertraut gemacht. Tante Betty übergab ihr die Schlüssel und damit auch die Aufsicht und die Verantwortung für das gesamte Hauswesen.

„Du kannst von jetzt an alles nach deinem eigenen Ermessen entscheiden und anordnen. Du kannst schalten und walten, wie du es für richtig hältst. Nur bitte ich dich, mich mit allem zu verschonen, was diesen ganzen Bereich betrifft. Solltest du wirklich einmal nicht weiter wissen und Rat brauchen, dann wende dich bitte an Tante Esther."

Auch Tante Esther hatte anscheinend trotz aller Vorbehalte doch Vertrauen zu ihr und ließ sie Einblicke tun in die Haushaltsfinanzen. Bisher war es die Gewohnheit der alten Dame, die Schlüssel zu ihren Koffern und Schränken sorgfältig unter ihrem Kopfkissen zu verwahren. Maria bekam nun von Zeit zu Zeit den Auftrag, in den einzelnen Fächern nach dem Rechten zu sehen und jeweils ein bißchen Ordnung zu schaffen. Eines Tages reichte die Tante ihr erneut den Schlüsselbund und befahl:

„Öffne mir den Schreibtisch und reiche mir das Schreibkästchen her."

Sie zeigte auf ein altmodisches Möbelstück aus Nußbaum am Fußende ihres Bettes. Im oberen Fach, dessen Deckel heruntergeklappt werden konnte, um darauf zu schreiben, lag ein dickes, mit starken Krampen versehenes altes Buch, und darauf stand das aus Ebenholz gefertigte Schreibkästchen. Maria nahm es heraus und setzte sich ans Bett der Kranken. Diese zeigte ihr, wie das Kästchen zu öffnen war.

„Es ist nicht viel darin", bemerkte die alte Dame, „nur ein wenig Schreibpapier, ein Buch mit wertvollen Rezepten gegen allerlei Übel, einige Briefe und Notizen und ein wenig Geld. Hier ist meine Börse. Ich nenne sie meine Alltagsbörse. Zähle das Geld darin, Maria."

Maria zählte ein Pfund und sechzehn Schillinge.

„Ich bezahle manches hier im Haus gern selbst", fuhr die Tante fort, „und wenn ich dir dieserhalb einen Auftrag gebe, dann greifst du zu diesem Beutel hier, hörst du? – Und nun schiebe deine Hand unter diese Leiste hier und drücke auf die Hinterkante . . ."

Maria schaute die Tante erstaunt an, schob die Hand vorsichtig hinein, und sachte öffnete sich ein schmales Geheimfach, in welchem ein kleines Taschenbuch lag. Die Kranke deutete darauf, Maria reichte es ihr hin, die Kranke schlug es auf und nahm ein zusammengefaltetes Papier heraus. Sorgfältig glättete sie es. Es war eine Banknote von hundert Pfund! Ein kleines Vermögen!

„Das sind meine gesamten Ersparnisse", erklärte sie ihrer Nichte. „Es könnte viel mehr sein, denn alle Einnahmen des Hühnerhofes standen mir zu. Aber ich verstand das Sparen nie so recht. Weißt du, wenn hier und da in der Verwandtschaft Schmalhans Küchenmeister ist, dann geht das zu Lasten des Sparstrumpfes. Nun ja, du verstehst mich. Gib dem, der dich bittet. Man hat ja schließlich kein Herz aus Stein. Ich zeige es dir. Du sollst wissen, was es mit diesem Schreibtisch auf sich hat. Aber nun achte auch darauf, daß er immer schön verschlossen bleibt!"

Noch hielt Maria die Banknote in der Hand, als Tante Betty mit der Zeitung ins Zimmer trat.

„O, hier geht's um viel Geld!" sagte sie erstaunt.

„Ich habe Maria einiges gezeigt und erklärt, daß sie Bescheid weiß in meinen Sachen. Sie bekommt ohnehin ab und zu den Schlüssel in die Hand. Sonst braucht niemand darum zu wissen. Gelegenheit macht Diebe, und diese Banknote könnte jemandem zur Versuchung gereichen."

„Warum läßt du diesen Geldschein nicht von William zur Bank bringen und dort verwahren? Es brächte dir auch Zinsen", fragte ihre Schwägerin.

„Hier ist es auch sicher. Gewiß, es ist richtig, die nötigen Vorsichtsmaßnahmen zu treffen; es ist ein kleines Vermögen. Deshalb habe ich Maria auch ins Vertrauen gezogen. Nun, Kind, lege den Schein wieder an seinen Platz."

Maria faltete den Geldschein wieder zusammen, steckte ihn in das Taschenbuch und legte dieses wieder in das geheime Fach. Die Tante erklärte ihr, wie es verschlossen wurde. Tante Betty verließ nachdenklich das Krankenzimmer.

„Ist das eine Bibel?" fragte Maria und zeigte auf das dicke Buch, auf dem das Schreibkästchen stand.

„Ja. Sieh sie dir einmal an. Es war die Bibel deiner Großmutter. Alle Namen ihrer Kinder sind darin verzeichnet."

Maria stellte das Schreibkästchen auf den Tisch, griff nach der Bibel und öffnete die Verschlußkrampen. Der schöne Druck mit den deutlichen großen Buchstaben fesselte ihre Aufmerksamkeit. Schließlich rief sie:

„O Tante, welch herrliches Buch! Papa sprach öfter von der Bibel seiner Mutter. Das ist sie gewiß, ja?"

„Ja, das ist sie", bestätigte die Tante. „Meine Mutter nannte sie oft ihre Schatzkammer; darum habe ich sie auch stets gut verschlossen gehalten. Ich glaube übrigens nicht, daß eines ihrer Kinder Interesse für die Bibel hatte."

„O doch, Tante; Papa kannte auch diesen Schatz. Ich weiß nicht, ob er ihm vor Mamas Heimgang schon so viel bedeutete, aber ganz sicher danach. Da war ihm Gottes Wort so wichtig wie das tägliche Brot."

„Wir waren zu Hause mit zehn Geschwistern", murmelte die Kranke, „und wie sieht's jetzt aus? Einige sind gestorben, einige in die Ferne gezogen. Nun, das ist so in großen Familien. Man muß dahin gehen, wohin einen die Vorsehung ruft. Niemand kann daran etwas ändern, und die in der Jugend gemachten Pläne verfliegen oft sehr rasch. Na ja, ich und dein Onkel William haben stets alle Hände voll zu tun gehabt und kaum Zeit gefunden zum Lesen. Nun, schau dir die Namen an, und dann schließ das Buch wieder weg, es ist noch eine Menge zu tun."

Maria schaute auf das Familienregister, dessen Schriftzüge schon ziemlich verblaßt waren. Laut las sie die einzelnen Namen. Tante Esther, Onkel William und Tante Susanna waren die einzigen, die noch lebten.

„An Tante Susanna Barrington kann ich mich gar nicht mehr so richtig erinnern", sagte Maria nachdenklich.

„Das wundert mich durchaus nicht", entgegnete Tante Esther. „Sie heiratete diesen jungen Arzt, der im Dienst unseres indischen Truppencorps steht, und reiste mit ihm nach Indien. Das Klima dort bekommt ihr anscheinend recht gut, jedenfalls besser als den meisten Europäern. Du wirst sie bald wiedersehen, denn sie möchte im kommenden Winter einige Wochen hier bei uns verbringen. Sie ist zur

Zeit in Schottland bei Verwandten ihres Mannes. – Aber nun lege die Sachen wieder an ihren Platz und verschließe den Schreibtisch. Und dann lies mir die Zeitung vor, daß ich auf andere Gedanken komme."

„Tante, o, darf ich dir zuerst noch ein Kapitel aus der Bibel vorlesen?"

„Das ist hier bei uns nicht üblich; bei euch scheint das jeden Tag der Fall gewesen zu sein . . ."

„So lange Mama lebte, las sie uns morgens und abends daraus vor und nach ihrem Tod hat Papa es getan. Bitte, Tante, ich möchte es so gern tun, täglich einen kleinen Abschnitt aus dem kostbaren Worte Gottes lesen!"

„Nun, wenn du unbedingt willst und es dir Freude macht, dann will ich mich fügen."

Maria öffnete die große Bibel, im stillen zu Gott rufend, ihr das passende Wort zu zeigen, damit die Tante einen Segen habe. Doch sie wurde in ihren Gedanken unterbrochen:

„ D a s Buch nicht, Kind! Ich will nicht, daß diese Bibel benutzt wird. Die ist viel zu schade zum Lesen. Drüben im Wohnzimmer muß noch eine andere Bibel sein, irgendwo . . ."

„Ich werde sie sehr sorgsam zur Hand nehmen; sie ist doch nicht nur dazu da, um unter Verschluß gehalten zu werden."

„Es ist die Bibel meiner Mutter. Sie hat ihren Platz in meinem Schreibtisch, und dabei bleibt es!"

Maria legte das Buch an seinen Platz zurück, stellte das Kästchen darauf, verschloß alles sorgfältig und reichte der Tante die Schlüssel, die sie wieder unter ihrem Kopfkissen verbarg. Dann holte Maria ihre eigene Bibel, schlug sie auf und las das Kapitel, das ihr Vater am letzten Tag seines

Lebens morgens zur Andacht gelesen hatte. Als sie später ihrer Tante sagte, warum sie diesen Abschnitt gelesen hatte, kamen ihr die Tränen. „O, Tante Esther, wie wahr ist doch Gottes Wort: ‚Die Welt vergeht und ihre Lust; wer aber den Willen Gottes tut, bleibt in Ewigkeit'." –

Der Herbst nahte, und die Bewohner des Torfhofs rüsteten sich, liebe Gäste aufzunehmen. Tante Barrington, die jüngste der beiden Schwestern des Herrn William West, wollte etliche Wochen zu Gast sein, bevor sie wieder zurück nach Indien reiste. Maria freute sich sehr auf die Tante aus Indien. Ach, wie schnell veränderten sich Pläne, Hoffnungen, Erwartungen! Noch im Frühling hatte Susanna Barrington ihrem Bruder Thomas, Marias Vater, ihren Besuch mit dem Versprechen angekündigt, einen Teil ihres Urlaubs bei ihm zu verbringen!

Franziska Chambert, die jüngere Schwester von Frau Betty, die ungefähr so alt war wie Maria, war schon eingetroffen. Die junge Dame war sehr gewandt, selbstsicher und sympathisch. Tante Esthers Urteil war jedoch ohne Gnade, denn sie kannte Franziska schon länger. Als sie von der Ankunft der jungen Dame hörte, meinte sie: „So, nun ja. Die Puppe ist schon angereist? Nun, dann haben wir die Ehre, sie monatelang hier zu Gast zu haben, wo sie das Unterste zu oberst kehrt. Keine erfreuliche Aussicht!"

„Kann man sich nicht freuen über ihren Besuch?" fragte Maria erstaunt.

„O, sie ist sehr angenehm und liebenswürdig – hier und da. Aber ich kenne sie besser. Ich will mich da nicht länger auslassen, Kind. Aber deinen Onkel kann ich wirklich nicht begreifen; manchmal ist er eine richtige Schlafmütze. Sieh du nur zu, daß du nicht unter Franziskas Einfluß gerätst, der ist nicht der beste."

„Aber warum denn?"

„Sie wirkt bezaubernd – wenn sie es für angebracht hält; aber wehe dem, der ihr in die Quere kommt. Ihr Vater ist Rechtsanwalt in London. Doch trotz seines guten Einkommens ist er ärmer als eine Kirchenmaus. Keiner aus der ganzen Familie versteht auch nur im geringsten hauszuhalten und zu sparen. Das ist ein Volk, diese Chamberts, sag ich dir! Laß dich von ihnen!"

Nachdenklich verließ Maria das Krankenzimmer. Ob die Tante da nicht ein wenig zu hart urteilte? –

Eines Morgens kam der junge Alfred Walther zu Besuch nach Fenheim. Maria freute sich sehr. Für zwei Tage wolle er bleiben, erklärte er. Es war ihr erstes Wiedersehen mit ihm seit Vaters Tod, und heftig schoß das Heimweh in ihr hoch. So Vieles wollte sie ihn fragen in einem ruhigen Augenblick, besonders um ihre Brüder. Jedoch Franziska fand anscheinend Gefallen an dem jungen Mann. Sie war ganz reizend, und Alfred sah bald nur noch sie und ihre Wünsche. Maria fand kaum Gelegenheit, mit ihm zu sprechen. Vielleicht ergab es sich am Abend? Doch auch da wurde sie von Tante Esther so sehr in Anspruch genommen, daß keine Zeit dazu blieb. Maria vertröstete sich auf den nächsten Tag.

Der Morgen kam. Tante Esther klagte sehr über die vergangene Nacht, in der sie fast nicht geschlafen habe. Maria hatte viel zu tun. Nach dem Mittagessen bat sie die Kranke, daß sie einverstanden sein möge, wenn sie kurze Zeit von Franziska versorgt werde; sie, Maria, möchte gern dringend mit Alfred sprechen wegen ihrer beiden Brüder, da er doch bereits am nächsten Morgen wieder abreise.

„Ich bin es zufrieden, Kind", antwortete die Tante in auffallend gütigem Ton. „Aber ich fürchte, Franziska wird nicht auf deinen Wunsch eingehen. Versuche es nur, und du sollst sehen, daß ich recht habe."

Maria eilte die Treppe hinab, traf im Flur auf Franziska und trug ihr ihren Wunsch vor. Jedoch ihre Bitte wurde glatt abgelehnt. Das komme gar nicht in Frage, einen solchen schönen Nachmittag in einem Krankenzimmer zu verbringen; dafür seien schließlich andere da!

„Ich habe Dringendes wegen meiner Brüder mit meinem Vetter zu besprechen, so daß ich Sie noch einmal herzlich bitte, mich ausnahmsweise zu vertreten . . ."

„Meinen Sie, daß es Herrn Walther ein Vergnügen ist, eine ganze Stunde lang Ihr trübseliges Gesicht zu sehen und die alten Geschichten Ihrer Familie anzuhören? Was könnten Sie ihm auch sonst zu sagen haben? Im übrigen haben er und ich für heute nachmittag einen Ausflug verabredet, und ich kann mir nicht gut vorstellen, daß er Ihretwegen davon absieht. Nein, tut mir leid, ich kann Ihnen nicht helfen."

Damit ließ sie Maria stehen und wandte sich zur Haustür. Maria schaute ihr kopfschüttelnd nach. Eine solche Abfuhr hatte sie nicht erwartet! Sie hörte, wie Franziska dem Kutscher gebot, sofort anzuspannen. Da sie unbedingt noch mit Alfred sprechen wollte, ging auch sie nach draußen. Sie sah ihn, er wollte gerade in die Kutsche steigen. Allen Mut zusammennehmend fragte sie ihn:

„Kommst du öfter mit Georg und Oswald zusammen?"

„Ab und zu", erwiderte er ungeduldig. „Nicht mehr so oft wie früher."

„Was machen sie abends?" fragte Maria ängstlich.

„Komische Frage! Du traust ihnen wohl nicht, oder? Hast du Angst, sie seien auf Abwege geraten? Nun, deswegen kannst du beruhigt sein. Ihr knappes Taschengeld erlaubt ihnen keine Extravaganzen."

„Ich hoffe zu Gott, daß sie bewahrt bleiben", entgegnete Maria. „Aber ich mache mir oft Gedanken; es macht mir Sorgen, wie vielen Versuchungen sie ausgesetzt sind. Könntest du nicht ab und zu nach ihnen sehen? Du bist älter als sie und erfahrener, und du könntest ihnen eine Hilfe sein in manchen Dingen und ihnen raten. Und die wenigen Freistunden, daß sie sinnvoll ausgefüllt werden! Du bist der einzige Verwandte, den sie dort haben, – o bitte, sieh öfter nach ihnen!"

„Nun, wenn es sein muß", erklärte Alfred immer ungeduldiger. „Übertreibst du nicht alles durch übergroße Ängstlichkeit? Wer feste Grundsätze hat . . ."

„Aber wie mancher schon hat den geraden Weg nach dem Worte Gottes verlassen und ist auf ungute Bahn geraten! Die Jungen . . ."

Alfred hörte schon gar nicht mehr richtig hin, grüßte noch flüchtig und schwang sich in den Wagen zu Franziska, die sich maßlos ärgerte, daß sie so aufgehalten wurden. Maria schaute dem davonrollenden Gefährt nach. Mit wehem Herzen ging sie dann ins Haus zurück. Es war die letzte Möglichkeit gewesen, mit Alfred zu sprechen. Schon in aller Frühe am nächsten Morgen reiste er ab.

In der folgenden Woche kam dann auch Susanna Barrington zu Besuch. Sie nahm sich ihrer Nichte herzlich an, nachdem sie schon gleich in den ersten Stunden erkannt hatte, wie hart Maria arbeitete. Sie übernahm auch oft die Krankenpflege bei Tante Esther. Maria hatte wirklich stets alle Hände voll zu tun. Vom frühen Morgen bis spät am Abend war sie auf den Beinen. Onkel William hatte keinen Grund zu bedauern, daß er seine Nichte ins Haus aufgenommen hatte. Bei Maria schien sich der Grundsatz der Tante Esther, einen erfahrenen Kopf könne man nicht auf junge Schultern setzen, nicht zu bewahrheiten. –

Wochen, Monate vergingen. Der Winter begann dem Frühling Platz zu machen. Die winterliche Ruhe, die auch in Fenheim geherrscht hatte, ging zu Ende und machte dem Lenz und seinen Blumen und Liedern Platz. Tante Susanna bereitete sich vor auf ihre Rückreise nach Indien. Das war schwer für Maria, denn außer einer mütterlichen Freundin verlor sie an ihr auch eine unermüdliche Stütze in der Pflege der Tante Esther. Bei der Kranken zeigten sich keinerlei Anzeichen einer Besserung; im Gegenteil – im März stellte sich eine schwere Lungenentzündung ein.

An einem Sonntagnachmittag, an dem sich Tante Esther recht wohl fühlte, ging Maria ein wenig ins Freie. Es war ein stiller Nachmittag. Die Luft war rein und weit milder als sonst in dieser frühen Jahreszeit. Mehrere Wochen lang hatte es geregnet, und Felder und Wiesen zeigten ihr zartes junges Grün. Froh schaute Maria sich um – sie war ja so lange Zeit kaum mehr nach draußen gekommen. Sie ging durch den Garten und durch ein kleines, ein wenig verborgen gelegenes Türchen hinaus auf die Straße. Einige Augenblicke zögerte sie, sich an den Pfosten des Türchens lehnend, schlang sich ihren Wollschal enger um den Hals und sah über die Felder zum angrenzenden Wald und auf zu den Wolken, die so friedlich dahinzogen, die sie hinwiesen auf die Herrlichkeit des Himmels, sie erinnerten an ihre verstorbenen Eltern und vor allem auch an Den, dem ihre Liebe galt, ihrem Heiland Jesus Christus. Dort droben in der

Herrlichkeit war ihr wahres Zuhause! Sie ahnte, daß es ein noch sehr mühsamer Weg sein werde, bis sie dieses Zuhause erreichte; aber sie setzte ihre Zuversicht auf ihren Heiland. Hatte Er sie nicht geliebt und sich selbst für sie hingegeben? Nie würde Er ihr Seine Hilfe, Seinen Beistand versagen. Wie gut, Ihn zu kennen!

Sie schrak aus ihren Gedanken auf, als sie Schritte hörte. Ein junger Mann kam heran, der Hilfsprediger Herr Lister, der am Vormittag Gottes Wort verkündigt hatte. Der Ortspfarrer war schon seit längerem leidend, und der junge Prediger vertrat ihn seither in allen seinen Aufgaben.

Herr Lister grüßte das Mädchen freundlich und fragte dann:

„Ich sah Sie seit Wochen nicht unter Gottes Wort. Ihre Tante ist sicher kränker geworden . . .?"

„Ja, ihre Kräfte nehmen immer mehr ab. Ich möchte sie nicht gern allein lassen."

„Ein schweres Leiden! Und es ist für sie wohl doppelt hart, weil sie stets an unermüdliches Wirken gewöhnt war."

„Das ist so", bestätigte Maria, froh, einmal mit jemandem offen über die Tante sprechen zu können. „Sie macht sich viele Sorgen um den Gang des Hauswesens, um Küche und Keller, Obst und Garten. Als ob die Arbeit nicht auch ohne sie zu schaffen sei! Mir tut sie so sehr leid, denn ist es nicht an der Zeit, ihre Gedanken auf die Ewigkeit zu richten?"

„Sei meinen auf den Ernst der Ewigkeit, nicht wahr?"

„Ja", antwortete Maria; „die arme Frau rechnet mit einer baldigen Genesung und will durchaus nichts hören von Sterben und Tod und dem ewigen Gericht. Aber es heißt doch ausdrücklich: ‚Es ist den Menschen gesetzt, einmal zu sterben, danach aber das Gericht'! Sollte die Tante in ihrem jetzigen Zustand vor Gottes Thron gefordert werden, ohne mit Ihm versöhnt zu sein, wie schrecklich! Ein Sterben ohne Hoffnung! Was aber kann ich daran ändern? Was kann ich für sie tun? So oft ich von diesen Dingen anfange, wehrt sie ab."

Maria war wirklich sehr besorgt. Schon länger hatte sie sich mit dieser Not beschäftigt; doch nie hatte sie die Gefahr so deutlich verspürt wie gerade in den letzten Tagen. Wie schnell konnte für die Tante die letzte Minute ihres Lebens kommen! Auch Herrn Lister machte dieser Gedanke Not, das war für Maria ein gewisser Trost. Er versprach, am Abend dieses Tages die Kranke zu besuchen und mit ihr in allem Ernst über das Heil ihrer Seele zu sprechen.

„Beten Sie treu weiter für sie, daß der Herr Jesus ihr Herz öffnen möge", sagte Herr Lister, als er sich verabschiedete und weiterging.

Maria wollte gerade ihren Spaziergang beginnen, als erneut ein junger Mann auf sie zukam. Der war anscheinend äußerst ermüdet, er vermochte sich kaum noch auf den Beinen zu halten. Maria stockte der Atem: das war doch ihr Bruder Georg! Warum kam er? Und warum sah er so mutlos, so heruntergekommen aus? Wie oft hatte sie sich auf den Augenblick gefreut, einen ihrer Brüder zu sehen. Aber doch nicht so . . .? Er kam heran.

„Du – ?" preßte sie mühsam hervor.

„Leise! Ich möchte nicht gern gesehen werden vom Onkel oder sonst jemandem hier", flüsterte er. „Ich muß unbedingt mit dir sprechen – unter vier Augen. Es gibt hier im Garten sicher ein verstecktes Plätzchen – vielleicht auch mit einer Bank, ich muß unbedingt von den Beinen."

Mit zitternden Knien führte sie ihn zu einer hinter allerlei

Strauchwerk verborgenen Sitzecke, wo sie beide Platz nahmen.

„Was ist mit dir, Georg? Warum kommst du nicht mit ins Haus? Warum bist du so müde? Du hast doch wohl nicht den Weg nach hier zu Fuß gemacht?"

„Doch", antwortete Georg völlig erschöpft. „Seit gestern abend bin ich unterwegs, zwischendurch habe ich einige Stunden in einer Schutzhütte geschlafen. Wie gern wäre ich mit der Bahn gefahren, aber – ich habe kein Geld. Maria, mit wenigen Worten: es steht nicht gut um mich. Ich habe ein schweres Unrecht begangen und muß nun die Folgen tragen."

Bei diesen Worten sah er beschämt zu Boden. Entsetzt starrte das Mädchen ihn an. „Was denn bloß, Georg – was hast du denn getan?"

„Ich habe mich verleiten lassen zum – zum Kartenspielen", bekannte er leise und wagte noch immer nicht aufzusehen.

„O Georg, Georg!"

Der junge Mann schlug die Hände vors Gesicht und seufzte immer wieder tief auf. Schließlich bekannte er weiter:

„Die Spielleidenschaft hat einen Großteil der jungen Leute in unserer Stadt völlig in ihren Bann gezogen. Sie kommen in fragwürdigen Häusern zusammen, stellen Wetten an, lassen sich in die unmöglichsten Spekulationen ein . . ."

„Gar auch in öffentlichen Lokalen – ?"

„Wenn es nicht anders zu machen ist, warum nicht? War das nicht auch schon früher so? Nun, einer meiner Bekannten lud mich auch einmal ein mitzugehen, und ich Dummkopf sagte zu. Er zog mich aus bis aufs Hemd!"

„Du verlorst dein ganzes Geld?" flüsterte Maria betroffen. „Ich verlor – ja, Geld, das ich gar nicht habe. Ich machte Schulden, und die muß ich binnen einer festgesetzten Frist bezahlen. Und geschieht das nicht, bin ich erledigt. Dann verliere ich auch meinen Arbeitsplatz. O ich Schafskopf! Noch weiß mein Chef nichts von alledem. Aber er behält mich ganz sicher nicht in der Bank, wenn er erfährt, in welche Dinge ich mich eingelassen habe."

„Ist es viel, was du schuldest?" forschte Maria.

„Ich wage es kaum, dir die Summe zu nennen", gestand Georg. „Ich schäme mich vor mir selbst. Wie konnte ich nur! Vierundzwanzig Pfund Sterling! Eine Summe – wo soll ich das Geld hernehmen?"

Maria schüttelte den Kopf, sie war wie benommen. Vierundzwanzig Pfund!

„Ich bin seitdem dabei, jeden Penny zusammenzubringen", erklärte Georg nach einigem Schweigen. „Ich habe mich sogar von Vaters Uhr getrennt. – Ach, Maria, sieh mich nicht so vorwurfsvoll an, das fiel mir wirklich nicht leicht! Die Uhr war mir äußerst wertvoll, das weißt du. Aber ich hatte keine andere Möglichkeit! Auch einige Kleidungsstücke gab ich her und mehrere andere kleine Habseligkeiten. Und doch langt es noch immer nicht; vierzehn Pfund kamen zusammen, mehr nicht. Es fehlen noch immer zehn. Ich sehe keinen Ausweg, habe keine andere Hoffnung, als daß du mir hilfst . . ."

Er nahm Marias Hand, und die Schwester weinte an seinem Hals. „Georg, lieber Georg", flüsterte sie, „ich möchte dir keine Vorwürfe machen, und du weißt, daß du nicht nur zehn, sondern hundert Pfund von mir erhalten würdest, wenn ich sie zur Verfügung hätte! Aber ich habe doch nur wenige Schillinge! Onkel und Tante haben mir bisher noch keinen Heller gegeben! Ich brauchte ja auch nichts weiter, meine Kleider sind noch gut, und notwendige Kleinigkeiten bringt mir die Tante aus der Stadt mit. Ich habe wirklich kein Geld! Wir müssen Onkel William alles sagen und ihn um Hilfe bitten."

„Nein, Maria", fuhr Georg hoch, „nein, lieber will ich die Folgen meines Leichtsinns tragen als die Hilfe Onkel Williams in Anspruch nehmen; er würde ohnehin keinen Finger für mich krümmen. Ich kenne ihn zur Genüge."

Maria wußte, daß das stimmte. Angestrengt dachte sie nach. Schließlich meinte sie:

„Ich weiß hier auch nicht weiter. Vielleicht würde Tante Esther uns helfen, aber –"

„Sage nicht u n s ", unterbrach Georg. „Dies alles ist meine Schuld. Ich habe gefehlt, habe gesündigt, und nur ich habe dafür zu büßen. Ich glaube nicht, daß Tante Esther Verständnis dafür aufbringt und mir hilft."

„Wann muß das Geld bezahlt werden?" fragte Maria.

„In der zweiten Hälfte des kommenden Monats, also in vier Wochen", erklärte Georg.

„Ich will sehen, was ich machen kann", versprach Maria. „Ich werde alles versuchen. Aber wenn es vergeblich bleibt . . .?"

„Dann bin ich ruiniert", antwortete der Bruder dumpf. „Ich weiß, daß Gott recht tut, wenn Er mich die Folgen meines Handelns fühlen läßt."

Eine ganze Zeitlang starrte Maria vor sich hin. Dann fragte sie unsicher:

„Und könnte dir geholfen werden, würdest du dann jemals wieder zu den Spielkarten greifen?"

„Ach, Maria! Ich weiß jetzt, wozu ich fähig bin! Wie recht hat der große Apostel: ‚Ich weiß, daß in mir, das ist in meinem Fleische, nichts Gutes wohnt.' Und ich weiß auch, daß ich allein auf die Gnade Gottes angewiesen bin – und sie mir auch zur Verfügung steht. Sie kann und will mich bewahren, daß ich nie wieder auf diese schlüpfrige Bahn komme. O, was habe ich mitgemacht! Wie bitter waren diese Erfahrungen! Wochenlang habe ich kaum mehr geschlafen. Möchte mein Heiland mir die Gnade schenken, meinen Arbeitsplatz zu behalten; wer wollte mich sonst annehmen?"

„Was veranlaßte dich denn, mit dem Spielen anzufangen?"

„O, Maria, du weißt ja gar nicht, wie mächtig die Versuchung sein kann, wenn man Abend für Abend allein auf seinem Zimmer sitzt! Man wird eingeladen, bekommt alles so schön ausgemalt und läßt sich schließlich nicht mehr länger bitten. Und dann gibt es kein Halten mehr. Dann geht es Schritt um Schritt abwärts. Man weiß das zwar, aber es fehlt die Kraft zu widerstehen. Ich sträubte mich lange. Und eine ganze Weile flehte ich immer wieder in meinen Gebeten, daß ich bewahrt bleiben möge. Schließlich hatte ich keine Kraft mehr und ließ mich treiben. Heute weiß ich, wenn es wirklich mein aufrichtiger Wunsch gewesen wäre, bewahrt zu bleiben, der Herr hätte die nötige Kraft geschenkt. Es fing aber auch alles so harmlos an! Und was bei mir den Ausschlag gab zu spielen, war die Tatsache, daß Vetter Alfred sich auch daran beteiligte, alles auf eine Karte setzte und einen Riesengewinn machte. Ich wollte es ihm gleichtun . . ."

„Wie, auch Alfred spielt? Er, der doch sonst so vorsichtig ist und sich so solide gibt?"

„Ich wollte eigentlich seinen Namen nicht nennen, er schlüpfte mir so über die Lippen. Ich denke, Alfred ist alt genug, um sich nicht wie ich von so einer Leidenschaft mitreißen zu lassen. Mir wäre lieb, wenn du das für dich behieltest."

Maria schwieg. Also auch ihr Vetter, von dem sie gehofft hatte, er werde ein wachsames Auge auf ihren Bruder haben, beteiligte sich am Glücksspiel! Deutlich wurde ihr bewußt, daß sie ihr ganzes Vertrauen nur auf ihren Herrn und Heiland richten sollte.

„Ich kann nicht mehr länger bleiben und muß nun wieder aufbrechen, damit ich morgen pünktlich an meinem Arbeitsplatz bin. Wer weiß, wie lange man ihn mir läßt."

Maria vermochte sich kaum noch zu beherrschen. „Georg", flüsterte sie, „sei auf der Hut! Bleib in der Nähe dessen, der allein dich zu bewahren vermag. Vertraue nicht guten Vorsätzen, sondern allein Ihm, der dich liebt und auch allmächtig ist, für alles Sorge zu tragen. Halte dich in Seiner Nähe auf, bleib in Seiner Gegenwart! Unser Herr und Heiland läßt Versuchungen zu, damit wir unsere Ohnmacht, unser ganzes Unvermögen erkennen und unsere Zuflucht zu Ihm nehmen. Nur bei Ihm und in Ihm ist die Kraft zum Überwinden, und Er reicht sie uns willig, wenn wir sie begehren. Wende dich zu Ihm, Georg! Dann wird alles gut gehen."

Die beiden Geschwister wechselten noch einige Worte der Hoffnung und der Zuversicht. Dann knieten sie nieder und schütteten ihre Herzen aus vor ihrem Gott und Vater, der Herz und Sinn bewahren will. Als Georg sich verabschieden wollte, bat Maria: „Noch einen Augenblick", lief in die Küche und richtete ihm eine kleine Wegzehrung zu. Nach herzlicher Umarmung schieden sie voneinander, nachdem Maria ihm auch noch ihre wenigen Schillinge in die Tasche gesteckt hatte. Wie schwer wurde ihnen der Abschied! –

Schweren Herzens kehrte Maria ans Krankenlager der Tante zurück. Dort traf sie Tante Susanna, die sich bereit erklärte, ein Weilchen bei der Kranken zu bleiben. Maria wollte gerne noch ein wenig im Freien sein. Sie ging wieder in den Garten und setzte sich auf eine Bank unter dem großen Maulbeerbaum, durch dessen Zweige die untergehende Sonne ihre letzten Strahlen sandte. Wie freute sie sich, allein zu sein und ihren Gedanken nachhängen zu können.

In diesem Augenblick schritt Herr Lister durch den Vorgarten auf die Haustür zu. Maria gewahrte ihn nicht. Ihre Gedanken waren bei Georg. Wie konnte sie ihm helfen?

Eine ganze Stunde verging. Dann ließen nahende Schritte Maria aufhorchen, und Herr Lister stand vor ihr. Er berichtete von seinem Besuch bei Tante Esther:

„Ich denke, unsere Sorgen wegen ihr sind nicht mehr ganz so groß. Sie verschloß sich nicht mehr so sehr einer Aussprache – auch bezüglich ihres Seelenheils; sie ist allerdings noch immer davon überzeugt, wieder gesund zu werden."

Das Mädchen nickte nur. Herr Lister schaute ihr von der Seite her nachdenklich ins Gesicht. Wie traurig sie aussah! Ob da noch andere Sorgen waren? Teilnahmsvoll fragte er:

„Ist da eine besondere Sorge, die Ihnen zu schaffen macht? Sie sehen so traurig aus . . ."

Jedoch schien es ihr noch nicht ratsam, über die Dinge zu sprechen, die ihr so sehr zusetzten. „Es ist nun mal nicht jeder Tag ein Sonnentag", antwortete sie leise.

„Das ist wahr", bestätigte Herr Lister. „Aber je mehr wir in die ‚Schatten' dieses Zeitlaufs gestellt sind, desto heller dringen die Sonnenstrahlen der zukünftigen Welt zu uns herüber. Der Glaube erfaßt sie und erfreut sich ihres Lichtes und ihrer Wärme. Der Herr sei mit Ihnen", fügte er hinzu. „Er kann jedem Kummer begegnen und selbst die größten Leiden versüßen. Leben Sie wohl!"

Maria ging ins Haus zurück und ins Krankenzimmer. Tante Esther war allein.

„Maria!" begann sie nach kurzem Schweigen, „hattest du mir den Prediger geschickt?"

„Ich denke, Tante, der Besuch hat dir vielleicht ein wenig Freude gemacht? Herr Lister kam gern."

„Nun, er ist mir nicht unsympathisch. Er fühlt mit anderen, die Schwierigkeiten haben; und er verzichtet darauf, ihnen ihre Sünden vorzurechnen. Da käme er bei mir auch schlecht an. Ich habe mich mein ganzes Leben lang bemüht, rechtschaffen meine Pflicht zu erfüllen. Da braucht von Bekehrung wirklich nicht die Rede zu sein, – oder hattest du ihn wohl doch deswegen zu mir geschickt?"

„Ich hatte es gut gemeint, wirklich . . ."

„Du meinst anscheinend, bei mir sei ein geistlicher Zuspruch angebracht, oder?"

„Ein Erinnern an den Tod und die Ewigkeit ist gewiß ab und zu vonnöten, besonders – besonders wenn man so krank ist."

„Du willst sicher sagen, wenn es mit einem zu Ende zu gehen scheint, oder? Nun, wie war denn mein Leben? War es nicht von morgens bis abends, jahraus, jahrein ein sich Mühen und Plagen für andere? Und mein Geld? Gespart habe ich, gespart und gespart. Für wertlosen Tand hatte ich weder Geld noch Zeit, das können viele bezeugen, die mich kennen."

„Ja, Tante, das weiß ich, das war ganz sicher so. Aber . . ."

„Was aber? Was meinst du damit?"

„Aber genügt das, um eine wirkliche gute Hoffnung zu haben für die Ewigkeit? Sind nicht alle Menschen verlorene Sünder, die der Gnade Gottes bedürfen? Die Vergebung brauchen – einen Heiland, der für sie den Lohn der Sünde auf sich nahm? O, Tante Esther, ohne diesen Heiland geht der Mensch in sein ewiges Verderben. ‚Da ist keiner, der Gutes tue, da ist auch nicht einer!' Aber Gott möchte sie alle retten . . ."

„Habe ich nicht auch Ihm gegenüber meine Pflichten erfüllt? Habe ich je nach mir und meinen eigenen Wünschen gefragt? Und ich bin auch immer in die Predigt gegangen, bis ich krank wurde; ich habe kaum eine versäumt. Und was die zehn Gebote anbelangt, nun, mit Wissen kam ich stets allem nach. Was konnte ich mehr tun?"

„Gott weiß um alles. Er kennt jedes Wort, jeden Gedanken von uns. Wer vermag vor Seiner Herrlichkeit bestehen zu können? O, Tante, verlaß dich nicht auf deine vielen guten Werke, so schön dies alles auch war. Um mit Gott versöhnt zu werden, Frieden mit Ihm zu bekommen, Sein Kind zu werden und in die ewige Herrlichkeit eingehen zu können, müssen wir den Heiland haben, Seine Gnade in Anspruch nehmen, Sein Versöhnungswerk im Glauben erfassen . . ."

„ – den ganzen Tag beten und fromme Lieder singen und unsere Pflichten versäumen – Kind, das kann nicht wahr sein!" entgegnete die Tante gereizt.

„Durchaus nicht. Doch warum sandte Gott Seinen geliebten Sohn? Nur in Seinem am Kreuz vollbrachten Werk und nicht durch eigenes Tun vermag der Mensch Ruhe zu finden für seine Seele. O, Tante, das ist es ja gerade, daß man meint, man bedürfe nicht des Erlösers, und man stützt sich auf seine eigenen guten Werke. Seit ich die Gnade Jesu kenne, versuche ich auch die Pflichten des täglichen Lebens zu erfüllen; aber ich arbeite für Ihn, und Er kräftigt mich und erfüllt mich mit Lob und Anbetung. Und ich tue jetzt keine guten Werke, um errettet zu werden, sondern weil ich aus Gnaden errettet bin; und je treuer ich meine Pflichten erfülle, desto glücklicher bin ich. Auch wird Er selbst den niedrigsten Dienst belohnen. Tante Esther, wir alle sind Sünder, verlorene Sünder; und wenn wir dies anerkennen und uns dem Urteil Gottes beugen, dann wenden wir uns zu Jesu um Erbarmen; denn Er ist die Wahrheit, der Weg und das Leben. Sein Blut reinigt von allen Sünden. Wie furchtbar, angesichts des Todes, am Rande der Ewigkeit noch keine Gewißheit der Vergebung zu haben, noch unversöhnt zu sein mit diesem großen heiligen Gott! Möchte der Herr doch jeden davor in Gnaden bewahren! Möchte jeder zum Heiland kommen, so lange Er zu finden ist!"

Die Kranke sprach kein Wort. Erneut begann Maria:

„Liebe Tante, diese lange Krankheit, diese vielen leid- und schmerzvollen Wochen hat der Herr Jesus zugelassen in Gnade und Barmherzigkeit, damit du Ihn suchen und finden möchtest und durch Ihn mit Gott versöhnt wirst. Er möchte so gern, daß auch du in Seine Ruhe eingehst."

„Du bist ein seltsames, ein – gutes Kind!" flüsterte Tante Esther und ergriff Marias Hand, die sie eine ganze Weile fest umschlossen hielt. –

Schon vor mehreren Wochen hatte Maria ihr Bett in das Zimmer der Tante stellen lassen, um zu jeder Zeit zur Verfügung zu stehen. In dieser Nacht, als alle Hausbewohner schliefen, brach über Maria der Kummer um Georg mit solcher Macht herein, daß sie heftig zu schluchzen begann. Sie dachte, die Tante schlafe; aber auch diese lag wach und überdachte das Gespräch vom Abend vorher. Sie rief plötzlich:

„Maria – ?"

„Ja, was ist, Tante? Möchtest du von deiner Arznei?"

„Nein; aber setz dich zu mir und sage mir, warum du so weinst."

Maria erschrak. Was sollte sie sagen? Nach kurzem Überlegen faßte sie Mut und berichtete in wenigen Worten, was geschehen war. Die Tante würde sicher Verständnis haben und mitfühlen können. Aber da täuschte sich Maria. Unwillig erklärte die Kranke:

„Nein Kind, da helfe ich auf keinen Fall; denn das hieße gutes Geld sinnlos verschleudern. Der junge Tunichtgut würde ganz sicher weitermachen mit seinen Dummheiten. Ich weiß, was Spielen auf sich hat. Da besteht keine Hoffnung für einen jungen Burschen, wenn ihn diese Leidenschaft gepackt hat."

„Aber es muß doch eine Hilfe möglich sein, wenn bei ihm selbst die nötige Einsicht und der feste Wille dazu vorhanden sind – und auch das Vertrauen auf die Hilfe des Herrn."

„Über die Folgen seines Tuns hätte er früher nachdenken sollen. Wäre er ohne seine Schuld in irgendeine finanzielle Verlegenheit gekommen, gerne würde ich zu helfen versuchen. Aber in diesem Fall erhält er von mir keinen Penny. Und nun wollen wir dieses Thema lassen."

Vergeblich versuchte Maria noch einmal, die Tante umzustimmen, aber sie ließ sich nicht erweichen. –

Zwei Tage danach reiste Susanna Barrington ab.

„Werden wir uns wiedersehen, liebe Esther?" flüsterte sie ihrer Schwester zu. Ihr kamen dabei die Tränen. „Und wann wird das sein?"

„Ich rechne nicht mehr damit, Susanna", antwortete die Kranke. „Es wird Jahre dauern, bis du wieder zu uns kommst, und dann triffst du mich hier ganz sicher nicht mehr an. Doch für die nächste Zeit habe ich gute Hoffnung, bald geht es sicher wieder aufwärts mit mir. Ich m u ß aus dem Bett, muß wieder auf die Beine, sonst werde ich immer kraftloser."

So sprach Tante Esther. Die Schwestern nahmen Abschied voneinander.

Einige Stunden danach sprach Maria Tante Betty an.

„Ich habe eine Bitte an dich, Tante", begann sie. „Erlaubst du mir, morgen einmal in die Stadt zu reisen? Tante Esther hat es mir auch schon gestattet."

„Was willst du denn in der Stadt?" wunderte sich Tante Betty; denn Maria hatte, so lange sie in Fenheim war, noch nie den Wunsch geäußert, zur Stadt zu fahren.

„Ich muß dort dringend etwas besorgen", entgegnete Maria zögernd.

„Nun, dann bitte, ich lege dir nichts in den Weg", antwortete Tante Betty und sah Maria ein wenig erstaunt an.

„Und ich werde Sie begleiten", mischte sich Franziska ein. „Ich war auch schon mehrere Wochen nicht mehr dort. Ich lasse dann anspannen, und wir sind schneller am Ziel."

„Für dieses Mal kann ich Ihre Begleitung nicht annehmen", wandte Maria ein, indem sie noch mehr in Verlegenheit geriet. „Ich möchte gern ganz allein sein."

Mit diesen Worten verließ sie das Zimmer.

„Was hat sie?" fragte Franziska ihre Schwester. „Irgend etwas liegt hier vor. Daß sie es fertigbringt, so ohne weiteres mein Angebot abzulehnen! Was steckt da bloß dahinter?"

„Gewiß nichts Wesentliches", lachte Frau West. „Sie ist viel zu ehrlich und gradlinig, um Dinge zu tun, die das Licht scheuen müssen. Im Gegenteil. Ihre Ansichten sind manchmal so altmodisch, daß man manches fast gar nicht mehr für möglich hält, was sie sich vornimmt. Aber sie ist nun mal so, und im Grunde können wir uns darüber eigentlich nur freuen, denn sie ist dadurch auch absolut zuverlässig. Vielleicht hat sie auch einen geheimen Auftrag meiner Schwägerin Esther, irgendwelche Dinge einzukaufen. In früheren Tagen machte Esther auch schon mal eine solche uns mysteriös erscheinende Reise in die Stadt, und später ließ sie uns wissen: sie hatte eine Schürze gekauft."

Am folgenden Morgen war Maria schon beizeiten auf dem Weg in die Stadt. Frau West hatte ihr mehrere Aufträge erteilt und Einkäufe aufgetragen, die einige Zeit in Anspruch nahmen. Und was sie selbst zu erledigen hatte, war auch nicht in einigen Minuten getan. So begann es bereits zu dämmern, als sie sich auf den Heimweg begab.

Als der Torfhof in Sicht kam, schaute Maria erstaunt auf. Irgend etwas schien dort nicht in Ordnung zu sein, denn fast alle Fenster des Hauses waren hell erleuchtet. Da öffnete sich auch die Haustür, einer der Bediensteten verließ das Haus, eilte in den Stall, und kaum eine Minute später ritt er querfeldein auf kürzestem Weg der Stadt zu. Maria begann zu laufen. Als sie zu Hause ankam, begegnete ihr im Flur Franziska.

„Bleiben Sie aus Tante Esthers Zimmer, sonst bekommen Sie einen gewaltigen Schrecken! Man kann sie nicht ansehen, so sieht sie aus! Sie hatte wieder einen Anfall, Krämpfe, ganz schrecklich!"

Maria lief hinauf ins Krankenzimmer. Dort mühten sich William und Betty um die Kranke, gaben ihr von ihrer Arznei, doch diesmal blieb sie wirkungslos. Der Arzt kam, er vermochte nicht mehr zu helfen. Hörte sie noch, was Maria ihr aus der Bibel vorlas, was Herr Lister, den man gerufen hatte, zu ihr sprach?

Die Lebensuhr der Tante Esther war abgelaufen.

Wenig später umstanden alle Hausbewohner die Tote. Die Bestürzung bei allen war groß.

Am Tage der Beerdigung fand es der sonst nie rastende William West schicklich, einmal seine Hände ruhen zu lassen. Den Nachmittag blieb er zu Hause bei seiner Familie. Doch das Stillsitzen war ihm nun einmal nicht gegeben. Angestrengt überlegte er, wie er den Rest des Tages verbringen sollte. Da fiel ihm ein, er könne sich ein wenig mit Esthers Nachlaß beschäftigen. Das würde sowieso eines Tages auf ihn zukommen. Auf seine Bitte hin trug Maria den Schreibkasten ins Wohnzimmer, wo die ganze Familie sich aufhielt. Maria fragte, ob sie auch die dicke alte Bibel mitbringen dürfe. Doch dafür interessierte sich niemand. „Wozu denn bloß?" wehrte Herr West ab. Dann fragte er nach dem Schlüssel für den Schreibkasten. Maria brachte Tante Esthers Schlüsselbund und deutete auf den betreffenden Schlüssel. Da meldete sich Frau West zu Wort:

„Der Kasten hat auch noch ein zweites Fach, ein Geheimfach. In diesem liegt eine Hundert-Pfund-Note. Wäre es nicht besser, William, wenn du das Geld in Verwahrung nähmest? Das ist doch eine große Menge Geld."

„Und wie öffnet man dieses Fach?"

Maria faßte unter das Ende einer schmalen Leiste, und der Deckel sprang auf. Im Fach lag ein Taschenbuch; dazu fanden sich verschiedene Briefe und Notizzettel sowie auch zwei Fünf-Pfund-Noten. Aber eine Hundert-Pfund-Note war nicht dabei.

„Die Banknote muß in dem Notizbuch sein", erinnerte sich Maria.

Aufmerksam blätterten sie noch einmal das kleine Notizbuch Seite um Seite durch, forschten auch noch jedes Eckchen des Geheimfachs aus, aber die Banknote fanden sie nicht.

„Seltsam", wunderte sich Herr West.

„Ich war überzeugt, den Schein hier sofort herausnehmen zu können", erklärte Maria. „Hier habe ich ihn zuletzt gesehen."

„Und wo ist er jetzt? Wo ist er hingekommen?" fragte der Onkel erneut. „Wer hatte die Schlüssel?"

„Seit Esthers Tod hat ihn Maria in Verwahrung", bemerkte Frau West. „Ich habe sie ihr selbst zu treuen Händen übergeben. – Hast du sie irgendwo einmal für einige Augenblicke ohne Aufsicht liegen gelassen? – Aber ich kann mir wirklich nicht denken, wer sich daran vergriffen haben sollte."

„Die Schlüssel sind nie aus meiner Tasche gekommen, Tante. Niemand außer mir hat sie in Händen gehabt, wie ich sicher weiß."

„Aber dann sage uns auch, wo die Banknote geblieben ist", forderte Franziska.

„Noch kurz vor Tante Esthers Tod lag sie in diesem Taschenbuch hier. Ich kann mir auch nicht erklären, wo sie hingekommen ist."

„Weißt du den Tag noch genau?" fragte Onkel William.

„Es war vor genau acht Tagen, kurz bevor Tante Susanna abreiste."

Das bestätigte nun auch Herr West. Er war fest davon überzeugt gewesen, die Banknote an ihrem Platz zu finden, denn seine Schwester hatte kurz vor ihrem Tod auch mit ihm davon gesprochen und sie ihm gezeigt, worüber er sich ein wenig gewundert hatte. Ob die Tante ihren nahen Tod ahnte? Und auch über die Verwendung des Geldes hatte sie mit ihm gesprochen. „Die Unkosten meiner Bestattung sollen damit bezahlt werden. Was dann noch da ist, möchte ich gern Georg und Oswald vermachen, vorausgesetzt, sie sind nicht auf unguten Wegen; du kannst dich zunächst nach den beiden erkundigen", hatte sie ihm ausdrücklich anbefohlen.

Maria freute sich sehr, als sie davon erfuhr. Wie hatte Tante Esther doch an alles gedacht, was andere betraf!

„Aber nun, wo ist das Geld?" fragte Herr West erneut. „Ich wollte mit dem was ich soeben sagte nur belegen, daß das Geld vor einer Woche noch da war. Und du, Maria, hast es also auch noch hier im Fach gesehen. Und – wo ist es jetzt? Es kann doch nicht einfach verschwunden sein!"

„Die Schlüssel zum Kasten waren seitdem ausschließlich in deinem Besitz, Maria", warf Tante Betty ein.

„Ich kann mir das beim besten Willen nicht erklären; ich hätte mein Wort darauf gegeben, daß der Geldschein hier in diesem Notizbuch liegt."

„Ich selbst habe die Schlüssel unter Tante Esthers Kopfkissen hervorgeholt, nachdem diese verstorben war, und sie dir zu treuen Händen übergeben", erinnerte Tante Betty noch einmal recht eindringlich. „Und ich kann mir nicht gut vorstellen, daß wir Diebe im Hause haben . . ."

„Ich versichere, daß sie niemand sonst in die Hände bekommen hat, Tante. Ganz gewiß nicht! – Aber . . . der Geldschein . . .?"

„Nun, wo ist der? Mehr wollen wir ja nicht wissen!" bohrte Franziska.

„Laßt uns noch einmal alles durchsuchen", schlug Herr West vor.

Gemeinsam gingen sie nach oben in Tante Esthers Zimmer und untersuchten noch einmal den ganzen Schreibtisch aufs genaueste. Maria spürte ihr Herz pochen, als wolle es zerspringen. Zeigte sich denn gar keine Antwort auf all ihr Fragen und Suchen?

Herr West überdachte die ganze Angelegenheit noch einmal nach allen Seiten hin. Daß der Geldschein entwendet wurde, lag klar auf der Hand. Aber durch wen? Unter seinen Angestellten wußte er niemanden, dem er ein solches Vergehen zutraute. Doch wann auch der Diebstahl erfolgt und durch wen er auch ausgeführt worden war, eines war anzunehmen: Der Schein war sicher in kleinere Einheiten umgetauscht worden, und zwar in einem der Geldinstitute der Stadt! Deshalb beschloß Herr West, sofort mit entsprechenden Nachforschungen zu beginnen. Er m u ß t e dem Dieb auf die Spur kommen! Schon am nächsten Morgen ließ er anspannen und sich in die Stadt fahren. Erst spät mittags kehrte er heim. Er sah sehr müde aus, sprach kaum ein Wort und konnte sich nur mühsam beherrschen. Seine Frau schaute ihn besorgt an.

„Was ist, William?" fragte sie leise.

„Ich komme noch von Verstand!" preßte er hervor. „Was suche ich noch dauernd! Was soll das ganze Fragen – es liegt doch völlig auf der Hand, wer das Geld gestohlen hat!"

Aufgeregt ging Herr West im Wohnzimmer auf und ab. Schließlich ließ er Maria zu sich rufen:

„Woher stammte die Zehn-Pfund-Note, die du vorige Woche an deinen Bruder Georg schicktest?" fragte er streng.

Maria sah ihn erschrocken an. Unsicher sagte sie: „Das möchte ich gern für mich behalten. Ich habe versprochen, darüber zu schweigen."

„Woher stammte das Geld? Ich will es wissen! Noch vor gut einer Woche erwähntest du gegenüber Franziska, du habest kein Geld. Stimmt das?"

„Es stimmt", hauchte sie. „Aber kurz danach bekam ich die zehn Pfund geschenkt."

„Und wo ist der Rest – von der Hundert-Pfund-Note, die man dir – die du dir selbst geschenkt hast, he?"

„Welcher Rest, Onkel . . .?"

„Maria, – Kind, ich hätte jeden anderen für fähig gehalten zu einem solchen Diebstahl, nur dich nicht! Wie konntest du das tun!"

„Onkel William!" stöhnte sie. „Onkel, was sagst du da . . .?"

„Ich bin der Sache nachgegangen und habe herausgefunden, daß du am vorigen Mittwoch eine Postanweisung von zehn Pfund an deinen Bruder geschickt hast – nun sag du mir doch, was ich davon denken soll!"

Fassungslos starrte Maria den Onkel an, und entrüstet wies sie alle Anschuldigungen von sich.

Herr West zwang sich zur Ruhe. Ernst und streng versuchte er noch einmal, seine Nichte zu einem Bekenntnis zu veranlassen. Doch da sah er, wie sich plötzlich ihre Augen schlossen und sie zu wanken begann. Er trat schnell auf sie zu und fing sie auf. Zusammen mit seiner Frau brachte er die Ohnmächtige in ihr Schlafzimmer. –

Tag und Nacht wurde Maria von heftigen Fieberschüben geschüttelt. Noch nie war sie so krank gewesen, noch nie so ohne Hoffnung, noch nie so ohne jegliche Zuversicht. Ob sie je wieder gesund würde? –

Während dieser Zeit machte die Kunde von dem, was geschehen war, die Runde im ganzen Dorf. Man sprach mit vorgehaltener Hand, denn so ganz genau wußte niemand, wie die Dinge wirklich lagen. Diese Maria West – eine Hundert-Pfund-Note sollte sie veruntreut haben?

Herr und Frau West waren es nicht, die diese Neuigkeit unter die Leute brachten. Das geschah durch Franziska. Aber Onkel und Tante taten auch nichts, dies zu verhindern. Als es Maria besonders schlecht ging und sie kaum bei Besinnung war, untersuchten die beiden Marias Koffer und alle Schubladen, um irgendwo das verschwundene Geld zu finden.

Während Maria so krank war, wurde aus Rücksicht von niemandem im Haus über die Geldgeschichte gesprochen. Nachdem aber ihr Zustand sich allmählich besserte und sie hin und wieder für einige Minuten vor dem Bett im Sessel sitzen konnte, meinte Onkel William sie noch einmal dieserhalb ansprechen zu müssen. Maria weinte nur, sie vermochte gar nicht zu antworten. Unwillig ging Herr West hinaus. Der Heilung war dies durchaus nicht förderlich. Erst zu Beginn des Sommers konnte Maria ihr Zimmer verlassen und ein wenig ins Freie gehen. Meistens saß sie aber noch im Wohnzimmer im großen Lehnsessel, noch immer ohne Kraft und Lebensfreude.

So traf auch Herr Lister sie eines Tages an, als er sie besuchte. Herzlich begrüßte er die Kranke.

„Ich freue mich, daß es Ihnen ein wenig besser geht und Sie einen kurzen Besuch ertragen können", sagte er.

„Ach, wozu bin ich noch hier? Wäre ich doch im Himmel! Dort fiele ich niemandem zur Last."

„Sie sind noch sehr schwach, Maria; das ist verständlich. Aber es geht nun sicher von Tag zu Tag ein Stückchen weiter aufwärts . . ."

„Mein körperliches Befinden ist es nicht, was mir ständig soviel Not macht; dieser Verdacht, Sie wissen, er lastet ständig auf mir und verdunkelt meinen Weg. Alles ist so hoffnungslos."

„Sie müssen nicht zweifeln an der Gnade Gottes, an Seiner vergebenden Liebe. Gott wird es nicht zulassen, daß wegen eines Fehltritts dem Leben eines Reumütigen der Stempel einer fortdauernden Gewissensangst aufgedrückt bleibt."

„Herr Lister", sagte sie vorwurfsvoll, „auch Sie halten mich für schuldig, obwohl ich schon so oft gesagt habe, daß ich das Geld nicht gestohlen habe?"

Herr Lister hatte mit dieser Frage nicht gerechnet. Ein wenig verlegen sah er Maria an. Unter allen ihm bekannten jungen Leuten würde er gerade Maria keinesfalls für schuldig gehalten haben, einen solchen Diebstahl zu verüben. Aber alles sprach gegen sie. Sogar ihre eigenen Familienangehörigen zweifelten nicht an ihrer Schuld!

Maria sah seine Verlegenheit und meinte leise:

„Was wird Ihnen alles zugetragen worden sein über mich . . ."

„Ich habe Sie nie verurteilt!"

„Das weiß ich. Aber – aber – ", und wieder kamen ihr die Tränen. „Herr Lister, wir sprachen öfter miteinander – über das, was meine Hoffnung anbelangt und meinem Herzen Ruhe und Frieden schenkt: die Person meines Heilandes. Glauben Sie, ich sei fähig, Seine Gemeinschaft zu genießen und zugleich derart zu sündigen? Ich – ach, wie soll das weitergehen!"

Von ihrem Kummer überwältigt, schwieg sie.

„Ich kann Ihnen versichern, im Grunde meines Herzens nie an Ihrer Unschuld gezweifelt zu haben. Aber die vielen Beweise und Beteuerungen Ihrer Verwandten ließen mich unsicher werden. Ich stellte die ganze Geschichte Dem anheim, der recht richtet und Herz und Nieren prüft. Kann ich etwas anderes tun?"

„Nun, Herr Lister, was ich schon immer versichert habe, wiederhole ich hiermit erneut – vor dem Angesicht Ihres und meines Gottes: In dieser Sache bin ich unschuldig."

„Und ich glaube Ihnen. Wenn mir Zweifel kamen – die mir von Ihrem Onkel persönlich geschilderten Umstände zwangen mich anzunehmen, daß Sie in einem Augenblick schwerster Versuchung wegen ganz ungewöhnlicher Umstände keinen Widerstand mehr zu leisten vermochten –, so tut es mir leid. Ich schäme mich dieserhalb. Aber, Maria, warum verschweigen Sie, von wem Sie das Geld für die Postanweisung erhielten? Das muß Sie ja verdächtig machen. Warum sagen Sie es Ihrem Onkel nicht?"

„Man darf ein einmal gegebenes Versprechen nicht so schnell vergessen. Auch das hat mit Glaubwürdigkeit zu tun. Sie meinen, ich sollte mit meinem Onkel darüber sprechen?"

„Unbedingt!"

„So will ich Ihnen nun sagen, daß ich das bereits getan

habe. Aber der Onkel glaubt mir nicht. Erinnern Sie sich noch an jenen Sonntagnachmittag, den letzten vor dem Tod meiner Tante? Sie trafen mich an unserer Gartentür und sprachen mich an . . ."

„Ich weiß noch, was Sie zu mir sagten. Offen gesagt, mich freute es sehr, Ihre Liebe zu Gott und Seinem Wort zu spüren!"

„Sie waren gerade weitergegangen, da kam mein Bruder Georg. Er zog mich hinter die Sträucher im Garten zurück, denn er wollte von niemandem sonst gesehen werden. Es sah nämlich nicht gut aus. Äußerste Not hatte ihn mich aufsuchen lassen. Er war in Geldschwierigkeiten – hatte Geld verspielt. Es ging zuletzt noch um zehn Pfund, denn was über diese Summe hinaus verspielt worden war, hatte er sich inzwischen zusammengespart. Aber ich konnte ihm nichts geben, denn ich besaß selbst keinen Penny. Völlig verzweifelt verließ er mich und kehrte zurück in die Stadt. Ich überlegte, wie ich ihm doch noch helfen könnte. Meinen Onkel wagte ich nicht anzusprechen, denn er kennt kein Mitleid in solchen Dingen und verzeiht keinen Fehltritt. In der Nacht wandte ich mich dann an Tante Esther. Aber auch sie schlug es mir ab. Doch am Tag darauf rief sie mich noch einmal dieserhalb zu sich. Sie habe es sich überlegt und gebe mir die zehn Pfund. Sie machte mir jedoch zur Bedingung, mit niemandem wegen dieses Geldes zu sprechen. Sie schenkte mir sogar noch einige kleine Münzen für die Postanweisung. Sehen Sie, Herr Lister, so war das mit diesem Geld. Glauben Sie mir das?"

„Ja, natürlich, Maria!"

„Onkel William glaubt es mir aber nicht. Das hätte ich mir ausgedacht mit den zehn Pfund, denn Tante Esther, die das bestätigen müßte, sei ja nicht mehr da. Was will ich da noch machen? Wundert es Sie, wenn ich so ganz am Ende meiner Kraft bin und es mir oft auch am Vertrauen zu meinem himmlischen Vater mangelt – so leid wie mir das selbst tut?"

„Sie gehen einen schweren Weg, Maria. Und doch, gelten die Verheißungen des Herrn nicht gerade für solche Tage? Übergeben Sie sich immer wieder Seinen treuen Händen. Das Ausharren in solchen Übungen ist in Seinen Augen etwas sehr Wertvolles, und es wird eine reiche Belohnung finden. Der Tag wird kommen, wo Ihre Unschuld offenbar wird, und dann werden Sie Ihm für alles danken. Seine Liebe ist ohne Grenzen."

Herr Lister erhob sich. Er reichte Maria die Hand und sagte voller Zuversicht:

„Der Herr will für jede Stunde Ihre Stütze und Ihr Stab sein. Wer Ihm vertraut, wird nicht zuschanden. Er hat die Seinen noch nie verlassen! Denken Sie an Sein Versprechen, keines der Seinen zu verlassen oder zu versäumen. Er ruft Ihnen durch Sein Wort zu: ‚Befiehl dem Herrn deine Wege, und hoffe auf Ihn; Er wird's wohl machen, und Er wird deine Gerechtigkeit hervorbringen wie das Licht, und dein Recht wie den Mittag'." –

Von diesem Tage an erholte sich Maria sichtlich. Ihr Onkel hätte sich nun gern bald von ihr getrennt, aber Tante Betty bestand darauf, daß Maria auf dem Torfhof blieb. Sie konnte sie nicht entbehren! So nahm Maria nach und nach ihre Tätigkeit wieder auf, aber ihre fröhliche, ungezwungene Art im Umgang mit ihren Verwandten und Bekannten schien für immer verloren. Meist saß sie in ihrer wenigen freien Zeit allein im Zimmer. Gern suchte sie dann Trost in Gottes Wort. Immer wieder las sie von Menschen, die gleich ihr verkannt, verachtet, beiseitegesetzt wurden und doch im Glauben ausharrten und ihrem Gott vertrauten. Wie gesegnet war es, sich vor allem mit der Person des Herrn Jesus zu beschäftigen! Er, verachtet und verworfen von den Menschen, ging unbeirrt Seinen Weg und erduldete sogar das Kreuz – um der vor Ihm liegenden Freude willen. Und war Er nun nicht im Himmel? War Er nicht zur Rechten Gottes, gekrönt mit Ehre und Herrlichkeit? Und verwendete Er sich nicht jeden Tag für die Seinen? Kannte Er nicht allen Kummer, alles Leid, alle Mühsal?

Maria erlebte trotz all des Mißtrauens gerade in diesen stillen Stunden den vollen Segen der engen Gemeinschaft mit dem Herrn. Eines Tages las sie mit besonderer Aufmerksamkeit die Geschichte Josefs, der mehrere Jahre vergessen und verlassen im Gefängnis zubringen mußte. Und doch war der Herr mit ihm. Gottes Ratschlüsse und Gnadenabsichten wurden gerade dadurch Wirklichkeit, daß Josef sich dieser Drangsal willig beugte. Wurde nicht dadurch auch das Haus seines eigenen Vaters vor dem Hungertod bewahrt? – Ein andermal las sie die Geschichte Hiobs. Hat wohl je ein Mensch in seinem kurzen Erdenleben soviel Trübsal durchlitten wie er? Er harrte geduldig und ging schließlich geläutert aus dem Feuerofen der Prüfung heraus. Er wurde errettet aus all seinem Elend, und das Leid wandte sich in Freude.

Auch kurze Gespräche mit Herrn Lister machten Maria immer wieder Mut. Der junge Mann hatte stets ein Wort des Trostes und der Aufrichtung. Immer war es sein Bestreben, Maria auf den Herrn Jesus hinzuweisen, der keinen Fehler mache und sie nicht vergesse.

Eines Tages bat Herr Lister: „Sollten Sie nicht auch wieder mitgehen unter Gottes Wort? Lassen Sie sich nicht von Menschen davon abhalten. Es kann dem Herrn gefallen, bis zur Aufdeckung der Geldsache noch Monate verstreichen zu lassen – wollen Sie sich so lange fernhalten von dem Platz, wo man gemeinsam Gottes Wort hört?"

„Haben Sie bitte noch ein klein wenig Nachsicht mit mir, noch fehlt mir der Mut. Es wird sicher eine harte Probe für mich."

„Aber ich denke, je länger Sie sich zurückziehen, desto schwerer wird ein Neubeginn."

„Aber Sie wissen doch, wie man mich ansieht, was man von mir denkt . . ."

„Blicken Sie auf Jesum! Hat Er nicht als der absolut Gerechte Schmach und Schande, Not und Tod, ja den Tod am Kreuz erduldet?" entgegnete Herr Lister ernst. „Gewiß, Ihnen ist ein schweres Kreuz auferlegt. Aber ist dies alles zu vergleichen mit dem, was Ihm angetan wurde, was Er zu erdulden hatte? Schauen Sie auf Ihn. Auch wenn Sie Seine Absichten nicht verstehen, es kann nur Liebe sein, was Er Ihnen auferlegt. Und es wird auch die Stunde kommen, wo Sie Ihm danken, Ihn für alles preisen. Er will aber auch jetzt schon Ihre Kraft, Ihre Stütze sein, und Er freut sich, wenn Sie Ihm vertrauen."

So ging also Maria am folgenden Sonntag zum ersten Male wieder mit zur Bibelstunde.

Wohl fühlte sie sich den gefürchteten Blicken so mancher Neugieriger ausgesetzt, und es war ihr recht unbehaglich zumute. Aber bald folgten ihre Gedanken ungeteilt den Worten des jungen Predigers. Sie wußte sich in der Gegenwart ihres Herrn, dessen Hände stets bereit sind, zu segnen und mühseligen und beladenen Herzen Ruhe zu geben.

Als Maria nachher ins Freie trat, war es ihr sehr unangenehm, daß sie so angestarrt wurde. Ihre von langem Kranksein noch bleichen Wangen wurden purpurrot. Ihre Schritte wurden unsicher, und unwillkürlich schaute sie sich nach einem Halt um. Tante Betty und Franziska blickten nicht einmal zu ihr hin. „O Herr", betete sie im stillen, „wenn mich alle verlassen, so verläßt Du mich doch nicht!" Da schob jemand seinen Arm unter den ihren. Sie schaute auf und Herrn Lister ins Gesicht.

„Sie waren so lange und schwer krank, darf ich Ihnen meinen Arm anbieten?"

„Ja, gern, danke sehr."

„Es wird von Tag zu Tag ein wenig besser werden", sagte er leise, „haben Sie nur Geduld. Auch mit sich selbst muß man manchmal Geduld haben – das ist gar nicht so einfach." Damit geleitete er Maria durch die Menge derer, die aus nah und fern zusammengekommen waren. Er grüßte den einen und anderen und richtete an etliche ein freundliches Wort, bis sie die Gartenpforte erreichten. Hier warteten Frau West und Franziska auf Maria. Höflich begrüßte Herr Lister sie und sagte zu Frau West: „Ich freue mich sehr, daß es Ihrer Nichte nun wieder besser geht, daß sie heute auch wieder mit zur Bibelstunde kommen konnte!" Dann verabschiedete er sich.

„Ein seltsamer Mensch", murmelte Franziska und sah ihm nach. „Eine ungewöhnliche Ritterlichkeit – einer Diebin gegenüber. Kaum zu glauben!"

Herr Lister hatte dann Gelegenheit, auch mit Herrn West zu sprechen, der sich ein wenig mit einem Nachbarn unterhalten hatte.

Herr West meinte zunächst: „Es war nett von Ihnen, sich meiner Nichte anzunehmen. Aber ob das für sie dienlich ist? So lange sie jemanden auf ihrer Seite weiß, der sie unterstützt – und besonders wenn dies durch Sie geschieht –, wird kaum Aussicht bestehen, sie zu einem Schuldbekenntnis zu bewegen."

„Ich bin überzeugt, daß sie unschuldig ist. Mögen die Umstände noch so sehr gegen sie zeugen, sie hat das Geld nicht genommen."

„Aber mein lieber Herr Lister, Sie können doch klar denken", eiferte Herr West. „Wenn Maria das Geld nicht entwendet hat, woher stammt dann die Zehn-Pfund-Note, die sie überwies? Irgendwo hergenommen hat sie doch dieses Geld, sonst hätte sie es nicht fortschicken können!"

„Trotzdem, mag dies alles gewesen sein wie es will – die Wahrheit wird eines Tages ans Licht kommen. Aber Ihr Verhalten und das Ihrer Gattin und Ihrer Schwägerin eben nach Schluß des Gottesdienstes Maria gegenüber – war das menschlich? Ich bot ihr meinen Arm, denn sie vermochte sich kaum noch auf den Beinen zu halten. War das recht von Ihnen allen, sich derart von ihr zu distanzieren? Ein solches Verhalten einem Schuldigen gegenüber hat noch nie Buße bewirkt und ein offenes Bekenntnis. Das zeugt nur von schlimmstem Pharisäertum. Herr West, verzeihen Sie mir meine Offenheit, aber ich muß einmal deutlich werden. Es kommt die Stunde, wo sich Marias Unschuld erweisen wird; welche Vorwürfe müssen Sie sich dann machen! Gewiß, zur Zeit sieht alles anders aus, alles spricht gegen sie. Aber Gott sitzt im Regiment, und Er wird die Unschuld Ihrer Nichte ans Licht bringen."

„Sie lassen sich durch unangebrachtes Mitleid irreführen. Wenn Sie recht hätten, wer würde sich dann mehr freuen als ich? Ist sie nicht meines Bruders Kind? Aber so lange sie kein ehrliches Schuldbekenntnis ablegt, kann sie auch nicht auf mein Mitleid hoffen. Oder spricht da Gottes Wort anders?"

„Ob Gottes Wort anders spricht – ? O Herr West! – haben Sie sich noch nie im Lichte Gottes gesehen? Haben Sie noch nie Ihren hoffnungslosen Zustand erkannt? Und welch ein 'Mitleid' von seiten Gottes, welch eine Gnade – Er will nicht Ihr ewiges Gericht, Er will Sie retten, heilen, Ihnen ewiges Leben schenken. Doch was tun Sie? Sie verstocken Ihr Herz! Sie haben sich Ihm gegenüber noch nicht bereitgefunden zu einem klaren, offenen Schuldbekenntnis. Und es geht dabei – in Ihrem Fall – um weit mehr als um eine Banknote! Es geht um Ihre unsterbliche Seele!"

Herr West antwortete nicht. Die beiden Männer nickten einander zu und trennten sich. Herr West sah Herrn Lister eine Weile nach, dann ging auch er nach Hause. —

Der Umgang mit Maria auf dem Torfhof blieb auch weiterhin kühl. Man sprach nur das Nötigste mit ihr, und sie brauchte viel Kraft, um jeden Tag neu ihren vielen Verpflichtungen nachzukommen.

Eines Morgens, nachdem die Post eingegangen war, wies Frau West Maria an, das Gastzimmer in Ordnung zu bringen.

„Erwartest du Besuch, Tante?" fragte sie.

„Ja", war die kurze Antwort, „Alfred Walther will uns besuchen."

„Mein Vetter Alfred?" Nachdenklich sah Maria Tante Betty an. Ein beengendes Gefühl wollte sie beschleichen. Sie hatte zufällig gehört, daß Alfred während ihrer schweren Krankheit auf dem Torfhof gewesen war. Ungute Erinnerungen ließen in ihr keine rechte Freude aufkommen, vor allem der Gedanke an seine Glücksspielerei. Sie wußte auch, daß man ihm die Sache mit der verschwundenen Banknote erzählt hatte, und seitdem spürte sie, daß er sie zu meiden suchte. Sie hatte ihm trotzdem einen Brief geschrieben und darin ihre Unschuld zum Ausdruck gebracht. Auf diesen Brief hatte er gar nicht geantwortet. Das schmerzte sie.

Am folgenden Samstag kam er, früher als erwartet, und fand Maria allein vor zu seiner Begrüßung. Wie erschrak er, als er sie sah! Zögernd reichte er ihr die Hand.

„Du mußt sehr krank gewesen sein, du bist ja so schmal und blaß", sagte er.

„Ja, ich war sehr krank, das habe ich dir ja bereits in meinem Brief mitgeteilt. Hast du ihn eigentlich erhalten? Ich habe so lange gewartet auf eine Nachricht von dir..."

Sein Gesicht verfinsterte sich; Maria wußte, woran er dachte, und sagte leise:

„Auch du glaubst, ich sei eine Diebin? O, wann wird es endlich offenbar, wo das Geld hingekommen ist! Ich habe es nicht gestohlen, glaube mir!"

„Nun ja, Maria, ich ... ich möchte dir gern glauben, aber das geht gegen jeden klaren Verstand. Man hat mir alles genau erzählt, und da kannst du dich wirklich nicht wundern, wenn man deinen Beteuerungen nicht glaubt..."

„Alfred, ich lasse dir deine Meinung und dein Urteil, bis Gott die Sache aufklärt. Aber wenn du noch ein klein wenig auf mich hören möchtest, – sieh, Alfred, ich meine es gut mit dir, bitte, laß deine Hände von den Spielkarten! Bleib weg aus diesen Häusern!"

Er sah sie verblüfft an. „Was unterstehst du dich – gerade

du! Du willst mir Moralpredigten halten, und selbst machst du lange Finger! Ellenlange!" Er bebte vor Zorn.

„Verzeih, aber ich meine es gut. Sieh, ich dachte auch an Georg. Er hat ja auch schon gespielt, und er ist doch fast noch ein Kind. Ich kam für seine Schulden auf, und gerade dadurch geriet ich in diesen schrecklichen Verdacht."

„Ah, nun sehe ich klar!" entgegnete Alfred aufgebracht. „Also um die Schulden des Herrn Bruders zu bezahlen, machtest du so lange Finger!"

Maria beherrschte sich mühsam: „Der Herr möge dir diese Worte nicht zurechnen. Er weiß, daß ich mich nicht an fremdem Gut vergriff, als ich meinem Bruder zu helfen suchte. Ich schickte ihm zehn Pfund, das war zu der Zeit mein ganzes Hab und Gut. Hättest du dein Versprechen, ein wenig auf ihn acht zu haben, erfüllt, dann..."

„Was tue ich noch hier, was soll das ganze Gerede! Ausgerechnet du willst mir Moralpredigten halten!" Alfred ging hinaus und knallte die Tür hinter sich zu.

Von diesem Augenblick an würdigte Alfred Maria keines Blickes mehr; sie schien für ihn gar nicht mehr da zu sein. Um so mehr sah man ihn in den nächsten Tagen in Begleitung Franziskas. Oft waren sie mit Onkel Williams Einspänner unterwegs, machten allerlei Besuche, versäumten kein Tanzvergnügen in größeren Nachbarorten, und nie verlosch auf dem Torfhof das letzte Licht vor Mitternacht. Dann eines Morgens verkündeten sie, daß sie sich verlobt hatten. Onkel William sprach Maria an in recht freundlichem Ton:

„Was sagst du zu diesem Verlöbnis, Maria?"

„Ich wünsche beiden, daß es ihnen zum Segen gereiche."

„Nun, Kind, du kennst deinen Vetter besser als ich. Kannst du mir sagen, wodurch er so gut bei Kasse ist?"

„Er ist gut bei Kasse? Davon weiß ich nichts", antwortete Maria überrascht.

„Er sagte mir, er habe durch glückliche Spekulationen einige tausend Pfund gewonnen", berichtete der Onkel.

„Und worin hat er spekuliert?" fragte Maria, die kaum mehr ihre Zweifel zu unterdrücken vermochte.

„In Staatspapieren, wie er sagt. Franziska schwimmt in einem Meer von Glück und fährt schon jetzt im Geist in einer eigenen Equipage."

Maria sagte nichts dazu, und Onkel William ließ sie wieder allein. Von unten im Haus tönte Frohsinn, ja Ausgelassenheit; man feierte Verlobung. Maria war dazu nicht eingeladen worden. Schweren Herzens kleidete sie sich aus und ging zu Bett. —

Der Herbst war gekommen. Die Trauungsfeierlichkeiten waren beendet, und Alfred Walther und seine junge Frau Franziska hatten in der Stadt Wohnung bezogen. Auf dem Torfhof hatte sich, nachdem der Trubel zu Ende war, einförmige Stille ausgebreitet. Wenige Tage nach dieser Hochzeit kam ein Brief aus Indien. Frau Barrington teilte mit, ihr Gatte sei nach ganz kurzem Kranksein einem heimtückischen Fieber erlegen. Da sie nun keine Veranlassung mehr sehe, in Indien zu bleiben, habe sie sich entschlossen, nach England zurückzukehren.

Sonst störte nichts die Ruhe auf dem Torfhof oder unterbrach die Eintönigkeit der nebligen Herbsttage. Selbst als dann der Winter vorbei war und sich überall in der Natur neues Leben regte, änderte sich dort kaum etwas. Auf Maria lastete nach wie vor der schlimme Verdacht. Und sie trug ihre Last Tag für Tag, ohne ein Ende zu sehen. Es gab Stunden, in denen sie sich voll Ergebung still der züchtigenden Hand ihres himmlischen Vaters unterwarf; aber dann kamen auch Stunden, in denen ihr Kummer sie so belastete, daß sie zu verzweifeln drohte.

Aber nicht nur die Sache mit dem Geld bereitete ihr Not; sie sorgte sich auch um ihre beiden Brüder. Wie mochte es um sie stehen? Zwar erhielt sie hin und wieder einen Brief vom einen oder anderen, und diese Nachrichten ließen sie hoffen, es stehe gut um die beiden; aber wie verbrachten sie ihre Zeit? Wie stand es um ihr äußeres und inneres Wohl? Fühlten sie sich sehr allein? War irgend jemand um sie besorgt? Schließlich machte Maria auch in dieser Not Herrn Lister zu ihrem Vertrauten. Als sie wieder einmal während eines kurzen Spaziergangs mit ihm zusammentraf und er schon gleich bei der Begrüßung ihre niedergedrückte Stimmung bemerkte, ermunterte er sie: Ob es so schwer sei, dem Herrn zu vertrauen? Ob durch Sorgen und Nachgrübeln und Grämen irgend etwas gewonnen werde? Ob der Herr nicht sehr wünsche, daß man sein ganzes Vertrauen auf Ihn setze und Seine Stunde abwarte?

„Sie wissen, daß ich Ihre Not verstehe", fuhr der junge Mann fort. „Aber legt nun nicht der Unglaube mehr und mehr seine Schlingen um Ihr Herz? Geduld und Ausharren – nicht nur Harren, sondern Ausharren – sind Früchte echten Glaubens, während der Unglaube die Wege, die er gehen will, dem Herrn vorschreiben möchte. O, Maria, warten Sie doch auf Seine Zeit, die Er vorgesehen hat. Er kennt die passende Stunde; und nur ein stilles Unterwerfen unter Seine Führungen macht die Seele still und zufrieden. Blikken Sie doch auf die Person unseres Herrn und Heilandes, der ohne Murren und Widersprechen sanftmütig und von Herzen demütig war und Seinen Leidenspfad ging im Vertrauen auf Seinen himmlischen Vater. Sie sind Sein Eigentum, sind um einen so hohen Preis erkauft, besitzen Sein

Leben, Seinen Geist, stehen unter Seiner Fürbitte, dürfen Seiner Teilnahme, Seines Trostes gewiß sein – und drohen zu unterliegen in dieser Prüfung, die Er in Seiner unendlichen Weisheit auf Ihre Schulter legte? Fühlen Sie nicht, daß Sie Ihn betrüben, der auch Ihre Sorgen auf sich nimmt? Sie werden nicht unterliegen, wenn Sie Ihm vertrauen, und Seine Hilfe wird rechtzeitig kommen."

„Ich weiß, Sie haben recht", gab Maria zu, „und ich spüre, daß Sie es auch gut mit mir meinen. Aber wie ist das manchmal so schwer..."

„Er ist nahe allen, die Ihn anrufen, die Ihn mit Ernst anrufen. Sein Arm ist nicht zu kurz, um jeder Not ein Ende zu machen. Aber bis dahin vermag Er das Herz durch alle Prüfungen hindurch still und glücklich zu erhalten."

Nachdem sie sich verabschiedet hatten, wurde es in Marias Seele ruhig. Sie empfand die Nähe Dessen, der allein wahrhaft zu trösten weiß. An einem versteckten Plätzchen des Gartens, hinter dichtem Gebüsch, kniete sie nieder und schüttete vor ihrem Heiland und Herrn all ihre Not aus. Mit glücklichem Herzen kehrte sie ins Haus zurück. Ihr Glaube war lebendig. –

Seit mehreren Wochen wuchs mehr und mehr in ihr der Wunsch, einmal nach ihren Brüdern zu sehen. Aber woher sollte sie das Geld nehmen für die Bahnfahrt? Als Tante Esther noch lebte, hatte diese ihre Nichte stets mit dem Notwendigsten versorgt und ihr auch ab und zu einen kleinen besonderen Wunsch erfüllt – das war ja nun vorbei. Zwei Jahre lang hatte Maria nicht nach Georg und Oswald schauen können und war nur angewiesen auf deren Briefe. Wie gern hätte sie die beiden, an die sie täglich im Gebet dachte, in der Stadt besucht! Sie wandte sich immer wieder in dieser Angelegenheit zu ihrem Herrn. Sie wußte, daß nur bei Ihm Rat und Hilfe zu finden war. Bald wurde ihr klar, daß sie offen mit Onkel William sprechen mußte. Einige Tage später fügte es sich, daß sie mit ihm allein war und in Ruhe ihren Wunsch vortragen konnte.

„Onkel William, ich habe eine große Bitte...", begann sie mit klopfendem Herzen.

„Ja?" fragte der Onkel und sah sie gespannt an.

„Ich – ich brauche ein wenig Geld."

„Geld?" fragte er verwundert. „Ich denke, deine Tante versorgt dich mit dem Nötigsten, oder?"

„Ja, danke; gewiß. Da fehlt es mir an nichts. Aber ich brauche jetzt ein bißchen Bargeld – zwei Pfund würden genügen. Wenn du so gütig sein willst – "

„Ich denke, du hast wahrlich Geld genug! Hundert Pfund! Warum nimmst du nicht davon?" entgegnete er nicht ohne Spott.

Erneut faßte sich Maria ein Herz. „Ich weiß, Onkel, wie ihr alle über mich denkt. Gott weiß es auch. Und Er weiß auch, daß ich keinen Penny unrechtmäßig an mich nahm. O, Er weiß es! Nie würde ich dich um Geld ansprechen, wenn ich selbst welches besäße. Wann glaubt man mir endlich?"

„Wozu brauchst du denn auf einmal Geld?"

„Ich möchte gern einen Besuch machen bei Georg und Oswald; und da muß ich mit der Bahn fahren..."

„Ich weiß nicht...", murmelte der Onkel und ging ein paarmal im Zimmer auf und ab.

„Onkel, meinst du nicht, daß es richtig ist, wenn ich einmal nach ihnen sehe? Sind sie nicht die Söhne deines Bruders, den du doch immer so geschätzt hast? Bitte, gib mir das

Reisegeld, sonst muß ich mich zu Fuß auf den Weg begeben; hast du denn gar nicht ein klein wenig Verständnis für mich, – für deine Nichte?"

Er wollte eine unschöne Antwort geben, doch als er ihre Augen so bittend auf sich gerichtet sah, entgegnete er:

„Wer weiß, ob deine Tante dich so lange entbehren kann. Wer soll denn die ganze Zeit hier nach dem Rechten sehen?"

„Ich habe schon gut vorgesorgt und mit dem Personal einiges abgesprochen; im Augenblick stehen keine besonderen Arbeiten an. Es ginge einige Tage auch ohne mich."

Noch zauderte der Onkel. Dann langte er nach seiner Geldbörse und legte zwei Goldstücke auf den Tisch.

„Du holst jedoch zuerst Tante Bettys Erlaubnis ein", fügte er hinzu.

„Ja, Onkel William. Und ich danke dir sehr!"

Auch Tante gab, wenn auch nicht gerade freundlich, ihre Zustimmung. Wie freute sich Maria! –

Bereits am folgenden Samstag reiste sie ab. Sie hatte ihre beiden Brüder von ihrem Besuch vorher nicht in Kenntnis gesetzt. So stand sie plötzlich völlig unerwartet vor deren Tür. Welch ein Wiedersehen! Überglücklich fielen sie einander um den Hals.

Maria freute sich sehr, als sie hörte, daß sie im selben Haus ein Stübchen mit Bett für etliche Tage beziehen könne, denn sie gedachte ein Weilchen zu bleiben. Am Abend saßen sie dann lange zusammen, in der Mitte Maria und ihr zur Seite ihre beiden Brüder, die immer wieder zum Ausdruck brachten, welche Freude sie ihnen durch diesen Besuch machte.

„Ich mußte mich doch endlich einmal persönlich nach eurem Wohlergehen erkundigen und hier nach dem Rechten sehen", strahlte sie und drückte ihnen die Hand. „Wie glücklich war ich, euch beide hier zu Hause anzutreffen. Das konnte doch auch anders sein, nicht wahr?" Dabei sah sie Georg an, und ein großer Ernst sprach auf einmal aus ihren Augen. „Maria", antwortete Georg, „ich versicherte dir damals, daß die Erfahrungen, die ich hinter mir hatte, mir zur Warnung sein würden – durch die Gnade des Herrn; und das war dann auch so. Mich bringt so leicht abends nichts und niemand mehr vor die Haustür, so daß manche junge Kollegen über mich den Kopf schütteln. Die freie Zeit benutze ich zum Lesen. Gottes Wort wird nicht vernachlässigt, und daneben habe ich soviel Gelegenheit, mich mit Fachliteratur zu beschäftigen, die mir beruflich viel nützen kann. Und was Oswald anbelangt, nun, er kann dir selbst..."

„Ja, nun, Maria, du weißt, was schon früher mein Wunsch war – den habe ich bis heute noch nicht ganz aufgegeben. Deshalb verbringe ich die meiste Zeit abends mit Sprachstudien. Ich tauge nun einfach nicht für den Beruf eines Bankkaufmanns; das bestätigen mir sogar meine Vorgesetzten, obgleich sie viel Nachsicht haben mit mir, vielleicht mehr als ich verdiene. Wenn man mir bis jetzt noch nicht kündigte, dann sicher im Andenken an unseren Vater, der beim Vorstand der Bank in hohem Ansehen stand. Nun, dem Herrn sei Dank, bisher ging alles soweit gut, und Er wird wohl auch weiterhin alles wohl machen. Er ist doch unseres ganzen Vertrauens wert!"

„Das ist so!" bestätigte auch Maria. Dann wandte sie sich erneut an Georg:

„Wie denkst du über seine beruflichen Pläne für die Zukunft?"

„Genau wie er selbst. Für einen Bankkaufmann ist er nicht im geringsten geeignet. Auch ich würde mich freuen, wenn er studieren und sich vor allem dem Studium fremder Sprachen widmen könnte. Wäre das nicht eine Lebensaufgabe für ihn, wenn er Missionar würde?"

Lebhaft berichteten die jungen Männer von ihren Erfahrungen und ihren Wünschen und Plänen für die Zukunft. Schließlich fragte Maria auch nach Alfred Walther.

„Seht ihr ihn hier ab und zu?"

„Nicht oft. Er hat eine gute Position, ist Kassierer und verdient jährlich fünfhundert Pfund. Er und seine junge Frau scheinen finanziell gut gestellt zu sein; sie halten sich Wagen und Pferde sowie mehrere Bedienstete und geben häufig sehr aufwendige Empfänge."

„Aber das ist doch nicht gut möglich bei einem Einkommen von nur fünfhundert Pfund im Jahr!" warf Maria ein.

„Gewiß nicht. Aber er beteiligt sich am Glücksspiel, und er scheint wirklich auch glücklich zu spekulieren. Doch ich fürchte, er ist nicht mehr der besonnene, ruhige, abwägende junge Mann von früher. Wie gut, daß ich dieser Leidenschaft nicht mehr ausgeliefert bin..."

„Der Herr Jesus hat sich in Gnaden über dich erbarmt", sagte Maria froh.

„Ja, das hat Er. Dafür kann ich Ihm gar nicht genug danken. Wie gut, daß ich mich durch das, was vorgefallen war, warnen ließ."

Dann erkundigte sich Oswald: „Wir beide sprechen dauernd von uns und fragen nicht einmal nach deinem Befinden, Maria. Wie geht es dir? Du bist noch so blaß...

Hast du das lange Kranksein noch immer nicht so ganz überstanden?"

„So lange dieser schreckliche Verdacht auf mir lastet, werde ich wohl nicht völlig zu Kräften kommen", antwortete Maria, und sie sah traurig zu Boden.

„Aber das ist doch grausam, dich ständig für eine Diebin anzusehen!" erregte sich Georg.

„Laß gut sein, Georg", entgegnete Maria; „gewiß, das ist etwas ganz Furchtbares. Aber im Grunde muß ich für die anderen Verständnis aufbringen, denn tatsächlich sprechen alle Umstände gegen mich."

„Der einzig stichfeste Grund kann doch nur sein, daß du mir die Zehn-Pfund-Note sandtest. Hätte ich damals geahnt, was dir meine Spielleidenschaft einbringen würde, – ich muß mich noch immer schämen!"

Noch lange unterhielten sich die Geschwister.

Nur in einer Sache gingen ihre Ansichten auseinander. Marias Brüder wünschten, daß ihre Schwester während ihres Besuchs alle ihre alten Bekannten in der Stadt besuchen sollte. Doch das wollte sie nicht. Würde man sie nicht auch hier in der Stadt verachten? Georg entgegnete, von dieser Sache wüßten allenfalls Alfred und seine Frau etwas, sonst bestimmt niemand. Doch Maria wehrte sich dagegen, Besuche zu machen. Schließlich entschloß sie sich zu einer Ausnahme. Schon seit Jahren kannte sie eine alleinstehende Frau, wesentlich älter als sie und oft krank; diese würde sich ganz gewiß über einen Besuch freuen.

An einem Nachmittag machte sie sich denn auch auf den Weg dorthin. Unterwegs wurde sie plötzlich von hinten angerufen: „Maria! Hallo, Maria!"

Sie wandte sich um. In der Tür eines großen, vornehmen Hauses stand eine elegante junge Frau und winkte ihr zu. Maria stutzte. Franziska Walther!

Maria zögerte einen Augenblick, dann ging sie auf die Winkende zu und reichte ihr die Hand. Herzlich begrüßte Franziska sie und bat sie freundlich, mit in die Wohnung zu kommen. Da half kein Sträuben; Maria mußte mitgehen.

„Was führt Sie denn hier in unsere Stadt?" wollte Franziska wissen, als sie beide im Wohnzimmer Platz genommen hatten.

„Ich bin auf einige Tage zu Besuch hier – bei meinen Brüdern", erklärte Maria. „Und wie geht es Ihnen?"

Frau Walther gab darauf keine deutliche Antwort. Es entstand eine kleine Pause. Dann sagte sie leise:

„Maria – , ich bin überzeugt, man tut Ihnen unrecht! Sie haben ganz sicher nicht die Banknote gestohlen."

„Ich habe noch immer die Hoffnung, daß sich die ganze Geschichte eines Tages aufklärt."

„Alfred denkt ebenso wie ich", erklärte Franziska weiter. „Ich bewundere Sie! Eine solche Standhaftigkeit! So jemanden müßte man zur Freundin haben in Tagen der Not! Wie nötig brauche ich eine Freundin! Ach, Maria! Wie schäme ich mich heute, Sie damals so gekränkt zu haben! Würden Sie mir vergeben? Würden Sie mir zur Seite stehen – jetzt, in meiner Not? An wen soll ich mich sonst wenden? Ich brauche dringend Rat und Hilfe!"

„Sie? – in Not? Und ich könnte Ihnen helfen...?"

„Ja, ja Sie! Darf ich Ihnen alles sagen, alles anvertrauen?"

„Wenn ich Ihnen helfen kann...?"

„Maria, – Alfred ist in großen Schwierigkeiten, in sehr großen!"

„Wie soll ich das verstehen?" fragte Maria verwundert.

„In Geldschwierigkeiten. Die ganze letzte Zeit war er immer so fahrig, so völlig abwesend mit seinen Gedanken. Und er trank auch viel – immer mehr, so daß ich ihn deswegen schon mehrmals warnen mußte. ‚Ach', sagte er dann immer, ‚wenn du wüßtest, was alles auf mir lastet!' Ich wollte nicht weiter in ihn dringen und kann mir dies alles nicht so recht erklären. Etwas aber scheint sicher: Es geht um viel Geld. Er muß Schulden gemacht haben. Vergangenen Samstag kam er heim . . . ich sah sofort, daß er wieder zu viel getrunken hatte. Er ging gleich ins Schlafzimmer, wo er allein gelassen werden wollte. Ich hörte ihn dort eine Zeitlang umhergehen. Plötzlich kam er wieder hier zu mir ins Wohnzimmer, in der einen Hand Hut und Mantel, in der anderen seinen Reisekoffer. ‚Alfred!' fuhr ich auf, ‚was hast du vor? – wo willst du hin?' – ‚Leise!' antwortete er, während er immer wieder nach draußen auf die Straße schaute. ‚Ich muß von hier fort – für einige Tage. Ich fahre nach Fenheim – so jedenfalls sagst du, wenn dich jemand nach mir fragt.' – ‚Was ist geschehen? Wozu diese überstürzte Abreise? Was hast du wirklich vor?' wollte ich wissen. ‚Bis Montag weißt du alles', tröstete er mich, nahm mich noch einmal in die Arme, und im nächsten Augenblick war er fort. Ich sank auf den Stuhl dort. ‚Da muß etwas ganz Schlimmes dahinterstecken!' wußte ich sofort. Aber was? Ich stand vor einem Rätsel – bis heute morgen. Da ist dieser Brief gekommen. Bitte, Maria, lesen Sie ihn!"

Sie entnahm einem dicken Buch auf dem Bücherbord einen Brief und reichte ihn Maria hin. Der Brief trug weder Datum noch Unterschrift. Er lautete:

„Liebe Franziska!

Wegen sehr schwerer persönlicher Schwierigkeiten sah ich mich gezwungen, die Stadt für einige Zeit zu verlassen. Fürchte Dich deswegen nicht und verliere nicht das Vertrauen zu mir, was immer Du auch über mich hörst. Deine bisherige Wohnung bleibt Dir sicher, denn die Miete ist weit im voraus bezahlt. In meinem Schreibtisch – Du weißt wo – liegt eine größere Banknote, die für Dich bestimmt ist, so daß Dir keine Not entsteht. Wenn ich einen geeigneten Aufenthaltsort gefunden habe, gebe ich Dir Nachricht, so daß Du nachkommen kannst. – Bitte verbrenne diesen Brief sofort. – Lebe wohl, bis zum Wiedersehen!"

Maria wurde unruhig, als sie den Brief gelesen hatte. Sie ahnte, daß Alfreds ‚Schwierigkeiten' mit seiner Spielleidenschaft in Verbindung standen.

„O, Maria, verehrte Freundin, was raten Sie mir? – was soll ich tun?"

„Nun, ich denke, zunächst können Sie gar nichts tun. Alfred will sich ja zu gegebener Zeit melden."

„Ich fürchte, er hat gespielt und hoch verloren, und er hat wohl Schulden, die er nicht bezahlen kann. Und vielleicht hat er auf eine nicht ganz redliche Weise sich zu helfen versucht..."

Ein lautes Klopfen an der Haustür unterbrach das Gespräch. Frau Walther trat ans Fenster und schaute hinaus. Da sah sie Herrn Wilson, den Chef ihres Mannes. Als Franziska mit dem Öffnen zögerte, setzte Herr Wilson aufs neue den Türklopfer in Bewegung.

„O, Maria, bitte, ich kann diesen Herrn jetzt nicht empfangen, bitte, lassen Sie ihn herein und fragen Sie nach seinen

Wünschen." Und schon war sie in ein Nebenzimmer verschwunden.

Maria öffnete und sagte dem Besucher, daß Frau Walther im Augenblick außerstande sei, ihn zu empfangen.

"Ich muß auf einer kurzen Rücksprache mit ihr bestehen", entgegnete Herr Wilson unwillig. "Aber ich bitte um Entschuldigung – habe ich nicht die Ehre, Fräulein West vor mir zu sehen?" fügte er in wesentlich freundlicherem Ton hinzu, indem er Maria die Hand reichte. "Nun darf ich auch gewiß sein, daß ich offen und ehrlich mitgeteilt bekomme, wo Herr Walther sich zur Zeit aufhält."

"Ich kann Ihnen da keine Auskunft geben, denn ich weiß nicht, wo Herr Walther ist. Und ich kann Ihnen versichern, daß auch seine Gattin keine Ahnung hat, wo er hingereist ist. Sie ist dieserhalb in großer Sorge."

"Kann ich Ihren Worten glauben?" fragte Herr Wilson eindringlich.

"Ich sage die Wahrheit, Herr Wilson", entgegnete Maria fest.

"Dann ist er ein noch größerer Gauner als wir ahnten. Er hat also auch seine Gattin im Stich gelassen!"

"Aber was ist denn eigentlich geschehen, Herr Wilson?" fragte Maria gespannt.

"Was geschehen ist? – Ehe dieser Tag zu Ende geht, wird die ganze Stadt wissen, was für ein Halunke dieser Bursche ist. Er hat sich versteckt! Als ob ihn das vor den Konsequenzen bewahrte! Das Gericht wird über ihn entscheiden! Und seiner Strafe wird er nicht entgehen!"

"Aber was hat er denn gemacht?" stammelte Maria.

"Er hat sich an fremdem Geld vergriffen. Es geht um Tausende! Unglaublich! Der Verlust wurde zwar schon ein wenig früher entdeckt, weil aber auf Herrn Walther kein Verdacht fiel, konnte er sich rechtzeitig aus dem Staub machen. Meine nächsten Schritte führen zur Polizei. Damit hatte ich zunächst nicht gerechnet. – Nun, Fräulein West, das sind die Folgen des Glücksspiels!"

Maria schaute ihn fassungslos an.

„Ich möchte noch wissen, Fräulein West, wieviel Vermögen Herr Walther von seiten seiner Gattin erwarten kann, – Sie verstehen meine Frage..."

„Gar keines", antwortete Maria der Wahrheit gemäß.

„Wie? Gar keines?" rief Herr Wilson zornig. „Dann hat er mich auch darin belogen! Sein ganzer Lebensstil ließ darauf schließen, daß er finanziell nie in Verlegenheit kommen könnte! – Nun, also, Fräulein West, – Ihnen glaube ich, es weiß hier also niemand, wo er sich im Augenblick aufhält?"

„Frau Walther weiß es ebensowenig wie ich", versicherte Maria. „Ich fürchte, sie ahnt nicht einmal, was da alles auf sie zukommt; sie vertraut ihrem Mann ganz und gar..."

„Die Ärmste! Ihr bleibt kein Heller! Ich darf Sie bitten, Fräulein West, sie schonend auf diese Dinge vorzubereiten. In wenigen Minuten wird jemand hier bei Ihnen eintreffen, der Sorge trägt, daß alles unberührt bleibt und nichts entwendet wird, denn ganz sicher kommt es zu einer Zwangsversteigerung."

Damit verabschiedete sich Herr Wilson und reichte Maria die Hand.

Diese bat leise: „Ach, Herr Wilson, haben Sie doch Nachsehen mit Herrn Walther um seiner Gattin willen, sie ist völlig unschuldig."

„Verehrtes Fräulein", entgegnete Herr Wilson, „wo sollten wir hinkommen, wenn wir ein solches Verbrechen unserer Angestellten nicht bestrafen wollten aus Rücksicht auf die Gattinnen!"

Kaum war der Besucher gegangen, da trat Franziska aus dem Nebenzimmer.

„Was wollte er?" fragte sie gespannt. „Sie sind ja ganz bleich, Maria! Was ist passiert?"

„Bitte, nehmen Sie zunächst den Brief an sich; ich verbarg ihn in meinem Kleid, obwohl es vielleicht gar nicht geschadet hätte, wenn Herr Wilson ihn gelesen hätte. Er wußte offenbar mehr als wir beide. Franziska, ich soll Ihnen sagen – o, schreckliche Dinge muß ich Ihnen mitteilen, und zwar sofort."

Franziska schaute Maria voll Angst an. „Ist Alfred tot?"

„Nein, nicht tot, aber – die Polizei sucht ihn."

„Die Polizei – ? So reden Sie doch, was ist los?"

„Er hat sich an fremdem Geld vergriffen."

„Was? – an fremdem Geld?" fragte Franziska entsetzt. „Hat er etwa – die Kasse . . . Wieviel fehlt denn?"

„Ich fürchte, einige Tausend."

Diese Mitteilung schien die junge Frau fast zu Boden zu werfen. Doch plötzlich richtete sie sich auf und rief:

„Über alles, was hier im Hause ist, verfüge ich! Es gehört mir! Alfred hat es mir überschreiben lassen!"

„Herr Wilson sagte, Ihnen gehöre nicht das mindeste mehr, und in wenigen Minuten würde hier alles beschlagnahmt. Ich kann Ihnen bei bestem Willen nicht helfen."

„Aber diese fünfzig Pfund sind mein, die bekommen sie nicht", flüsterte Franziska zu Tode erschrocken und versteckte das Geld im Ärmel. Dann warf sie sich in einen Sessel und begann hemmungslos zu schluchzen. Maria sah sie an, und sie tat ihr leid, trotz allem, was vorgefallen war. Sie verabschiedete sich mit tröstenden Worten und begab sich auf den Heimweg zur Wohnung ihrer Brüder. Zu dem beabsichtigten Besuch bei der alten Bekannten kam es nicht mehr.

Ehe der Tag zu Ende ging, waren die Unterschlagungen und eine ganze Anzahl wahrer und unwahrer Gerüchte Stadtgespräch. Was wußte man nicht alles zu erzählen! Ja, Alfred Walther hatte beim Spiel hoch verloren. Zunächst verspielte er sein eigenes Geld; und um dieses zurückzugewinnen, ‚borgte' er in der Bank mehrere kleinere Summen aus. Aber er hatte kein Glück, und schnell wuchs sein Schuldenberg so sehr an, daß er schließlich einen hohen Betrag entwendete. Seine Vorgesetzten sprachen von viertausend Pfund. Zwar hatte er vorsichtshalber seiner Frau sein gesamtes Hab und Gut überschrieben; weil dies aber erst geschehen war, nachdem er hoffnungslos verschuldet war, wurde der Vertrag nicht anerkannt, und Franziska war über Nacht bettelarm.

Noch lange saß Maria an diesem Abend mit ihren Brüdern beisammen. Georg sagte sich immer wieder, daß es die Gnade Gottes gewesen war, die ihn noch rechtzeitig vor einem solchen Abgrund bewahrt hatte.

Maria blieb zehn Tage lang in der Stadt. Als sie dann die Heimreise antrat, fühlte sie sich bedeutend wohler und unbeschwerter als vor ihrem Urlaub. Am Tag vor der Abreise hatte sie eingekauft und war auch an Alfreds Wohnung vorbeigekommen. Gähnende Leere hatte aus allen

Fenstern herausgeschaut. Frau Walther war nirgends zu sehen gewesen. Sie hatte offenbar die Stadt verlassen. Nachbarn wollten wissen, sie sei zu ihrem Vater nach London gefahren.

Zunächst reiste Maria mit der Eisenbahn, und für die letzte Wegstrecke gedachte sie die Droschke zu benutzen. Als sie das Gefährt bestieg, sah sie überrascht auf: Im Fahrzeug saß Herr Lister. Er begrüßte sie mit gewohnter Herzlichkeit. Schnell kamen sie ins Gespräch. Maria erkundigte sich, ob er in den letzten Tagen einmal auf dem Torfhof gewesen sei.

„Ja, gestern noch", berichtete der junge Mann. „Man wartet mit Sehnsucht auf Sie. Anscheinend weiß man, was man an Ihnen hat. Sie scheinen wirklich unentbehrlich zu sein. Nun sind Sie ja wieder zurück. Darf ich fragen, wie Sie es in der Stadt antrafen, wie es Ihren beiden Brüdern ergeht?"

„Gut, wirklich gut. Ich bin ja so froh, sie beide wohlbehalten und zufrieden vorgefunden zu haben. Ich kann Gott gar nicht genug dafür danken. Aber sagen Sie mir jetzt bitte auch, was es auf dem Torfhof Neues gibt. Hatten sie dort vielleicht auch einmal Besuch oder Gäste?"

„Ja, gerade jetzt. Frau Walther ist vor wenigen Tagen gekommen. Ich habe sie selbst nicht gesehen; man sagt, sie sei nicht so recht gesund im Augenblick."

„Wie? Frau Walther auf dem Torfhof?" fragte Maria erstaunt.

„So habe ich gehört. Sie scheint allein gekommen zu sein, ohne ihren Mann. Vielleicht ist er geschäftlich so sehr in Anspruch genommen, daß er nicht abkommen kann. Es muß ihnen beiden finanziell ausgezeichnet gehen; aber es ist doch schade, wenn ihnen nicht einmal ein gemeinsamer Urlaub möglich ist." Maria schaute durchs Wagenfenster hinaus und schwieg eine ganze Weile. Dann wandte sie sich wieder an ihren Reisegefährten:

„Ach, Herr Lister! Mein Vetter befindet sich in größter Verlegenheit und hat die Stadt mit unbekanntem Ziel verlassen. Ich denke nicht, daß es Frau Walther lieb ist, sie dieserhalb anzusprechen..."

Herr Lister horchte auf. Doch ehe er weitere Fragen stellen konnte, hatte das Gefährt eine kleine Anhöhe erreicht, von wo aus man die Dächer des Torfhofs durch das Laubwerk der Bäume schimmern sah.

„Wieder zu Hause!" sagte Maria nachdenklich. „Was wird nun weiter werden? Ob meine Not nicht bald ein Ende hat? Wie glücklich fühlte ich mich bei Georg und Oswald, weg von hier, von den Verhältnissen und den Menschen hier..."

„Fassen Sie Mut!" entgegnete Herr Lister. „Dunkle Wolken vermögen zwar die Sonne uns zu verbergen; aber sie bleibt trotzdem stets hell und klar. Der Herr hat Sie nicht verlassen. Ist nicht gerade das unsere Not, daß unser Blick die Wolken nur von unten sieht, während der Glaube sie durchdringt und von oben sieht, wo sie hell sind und ohne jeden Schatten? Betrachten Sie die Wolken doch von oben, von der Himmelsseite aus. Ist über ihnen nicht unser Vaterhaus und ein mit unendlicher Liebe erfülltes Vaterherz? Ist die Hand unseres Gottes verkürzt? Hat Er Freude daran, Seine Kinder zu quälen? Doch ganz sicher nicht. Er ist doch auch der himmlische Weingärtner, der die Reben beschneidet, damit sie Frucht bringen, ja, daß sie mehr Frucht bringen und auch solche, die bleibt. So setzt Er oft das Messer an. Aber fügen Sie sich Seinem Tun. Vertrauen Sie Ihm. Er sitzt im Regiment, und es wird ganz bestimmt alles gut."

„Sie haben recht, Herr Lister", verabschiedete sich Maria

zuversichtlich. „Ich sehe zuviel auf die Umstände, anstatt auf den Herrn – der über ihnen steht. Haben Sie Dank, und leben Sie wohl." –

Mehrere Monate waren seitdem vergangen. Die unglückliche Franziska hatte sich auf dem Torfhof nicht so recht heimisch gefühlt und bei ihrem Vater in London ein Unterkommen gesucht. Der Herbst mit seinem reichen Erntesegen war angebrochen und hatte den Bewohnern des Hofes eine Überfülle von Arbeit beschert. Dazu erwartete man die Ankunft der aus Indien zurückgekehrten Frau Barrington, die bereits vor einer Woche in England Zwischenstation machte.

Maria hatte seit ihrer Rückkehr aus der Stadt und dem Gespräch mit Herrn Lister wieder ein wenig mehr Zuversicht. Sie betrachtete jetzt das Sorgengewölk mehr von der Sonnenseite, von oben her. Ohne Kampf gelang das nicht; aber sie befahl sich in Stunden der Anfechtung immer wieder aufs neue Dem, der recht richtet. „Wer bin ich, daß ich wider Ihn murren sollte?" sagte sie sich oft. „Er ist weise und gut und weiß, was für mich nützlich ist." Und dieser Herzensfriede spiegelte sich dann auch in ihrem Gesicht wider.

Eines Tages brachte eine Droschke aus Fenheim dann Frau Barrington. Vor der Haustür wurde sie von allen Hofbewohnern herzlich willkommen geheißen. Maria fiel ihr um den Hals und preßte sie fest an sich. Wenig später saß Familie West mit dem Gast im Wohnzimmer, und das Fragen und Antworten wollte kein Ende nehmen. Die Freude des Wiedersehens war jedoch nicht frei von Wehmut im Gedanken an die Verstorbenen, an Herrn Barrington und Tante Esther.

Frau Barrington fragte dann auch nach Herrn Lister. „Was ist mit diesem jungen Mann geworden, der damals hier vertretungsweise Gottes Wort verkündigte? Ist er noch da?"

„Ja, aber wohl nicht mehr lange", erklärte Herr West. „Die Predigerstelle hier wird demnächst frei, denn unser Prediger ist alt und schwach, und man schaut sich schon um nach einem Nachfolger. Ob ein so junger Mann wie Herr Lister schon für eine solche Stelle in Frage kommt?"

„Warum sollte er dazu nicht geeignet sein? Ich denke sehr wohl, daß er für euch hier der rechte Mann wäre..." Und sich dann an Maria wendend, sagte sie: „Maria, du siehst so blaß aus, du bist doch hoffentlich nicht krank?"

Maria sah zu Boden und schwieg.

Frau Barrington schaute Maria fragend an. Offenbar hatte sie von der ganze Sache noch nichts erfahren; denn Herr und Frau West hatten eine entschiedene Abneigung gegen jegliche Art von Korrespondenz, sonst hätten sie Frau Barrington ganz sicher schon von diesem ‚unverzeihlichen Vergehen' in Kenntnis gesetzt.

„Nun ja", sagte Herr West zögernd, „Maria trägt an den Folgen eines unverzeihlichen Vergehens..."

Frau Barrington schaute erstaunt von einem zum anderen.

„Maria?" wünschte sie nun genau zu erfahren. „Was liegt denn hier gegen sie vor?"

„Eine Banknote hat sie gestohlen! Eine Banknote von hundert Pfund!" erklärte Herr West. „Und das verwerflichste ist, sie gibt es nicht zu! Sie leugnet es ab! Wir hätten ihr ganz sicher vergeben und die Sache längst vergessen. Aber so... Nun, du wirst dich erinnern, daß Esther während ihres Krankseins in ihrem Schreibkasten eine Hundert-

Pfund-Note aufbewahrte. Und nun stell dir vor, diese war verschwunden, als wir sie nach der Beerdigung Esthers herausnehmen wollten. Das Taschenbuch und der Kasten wurden vielemale gründlich untersucht. Nur Maria hatte die Schlüssel. Dazu kommt noch, daß sie an ihren Bruder Geld schickte, obwohl sie keinen Penny besaß. Sie behauptete zwar, diese zehn Pfund von Esther erhalten zu haben, aber wer mag ihr noch glauben?"

„Und dieser Verdacht liegt auf dir, solange ich von hier fort war?" fragte Frau Barrington und reckte sich auf. „Warum wehrst du dich nicht gegen diese Anschuldigung, die doch gar nicht wahr ist, mein Kind?"

„Man glaubt mir ja nicht!" sagte Maria erregt.

„Das stimmt, was sie sagt, was diese zehn Pfund betrifft. Ich war dabei, als Esther ihr den Schein schenkte."

Herr West sah seine Schwester groß an. Auch Frau West hielt betroffen den Atem an.

„Aber wo ist das andere Geld?" fragten sie zu gleicher Zeit.

„Ich denke, der Schein liegt da, wo er lag, als ich von hier abreiste. Darf ich einmal um den Schlüssel bitten, den Schlüssel zu Esthers Schreibkasten . . ."

Herr West holte ihn und reichte ihn ihr hin. Gemeinsam stiegen alle die Treppe hinauf.

„Dein Suchen wird erfolglos sein, Susanna. Ich kann mir nicht denken, wo hier noch gesucht werden müßte. Spar dir die Mühe", sagte Herr West nicht ganz frei von Spott.

Da stand nun der Schreibkasten; und dann legte Frau Barrington auch die große Hausbibel daneben, die unter dem Kasten ihren Platz hatte.

„Dieses Buch scheint bei euch hier im Hause nicht oft im Gebrauch zu sein. Schade! Ihr hättet euch viel Not und großen Ärger ersparen können. – Schlag sie auf, William!"

Herr West wußte nicht, wie ihm geschah; es war ihm, als träume er. Er öffnete den schweren Buchdeckel, blätterte ein wenig, und dann lag vor seinen Augen die so lange gesuchte Banknote!

Maria zitterte am ganzen Körper. Onkel William wurde weiß wie die Wand und mußte sich setzen.

„Armes, armes Kind!" flüsterte er schließlich und preßte die Hände vors Gesicht. „Was haben wir dir angetan!"

„Ich bin nicht ganz unschuldig", erklärte Frau Barrington, nachdem sich alle wieder ein wenig gefaßt hatten. „Ihr werdet euch erinnern; es war ein Dienstag, an dem ich von hier abreiste. In der Nacht vorher wurde ich durch Geräusche im Krankenzimmer wach. Ich hörte deutlich, wie Esther und Maria von Geld sprachen, und zwar von zehn Pfund. Maria brauchte das Geld dringend; so jedenfalls erzählte mir Esther am folgenden Morgen, als ich sie deswegen ansprach und meine Hilfe anbot. Das Geld war für Georg gedacht, der in Spielschulden geraten war. Ich machte mir dann aber auch Gedanken um Maria. Die Ärmste hatte demnach selbst gar kein Geld! Und – bedeutete das nicht zugleich eine gewaltige Versuchung für sie, diese Hundert-Pfund-Note im Geheimfach, von dem sie allein den Schlüssel hatte? Mit Esthers Einwilligung nahm ich deshalb das Geld aus seinem Versteck heraus und legte es in die Hausbibel. Daß Esther so schnell starb und euch dies alles nicht mehr mitgeteilt hat, konnte ich nicht wissen. Ach, hätte ich mich doch nicht in eure Angelegenheiten eingemischt! – Maria, es tut mir so leid . . ."

Auch jetzt wieder waren die Vorkommnisse um die verlorene Banknote tagelang in aller Munde. Der Herr des Hauses, William West, rief alle Hausbewohner zusammen, zeigte ihnen den Geldschein und drückte sein großes Bedauern aus, seine Nichte über ein Jahr lang eines solchen Vergehens verdächtigt zu haben. Keiner seiner Leute zögerte auch nur einen Augenblick, Maria die Hand zu reichen und auch um Vergebung zu bitten. „Daß du das alles so lange zu ertragen vermochtest", sagte Tante Betty und drückte sie an sich. Am meisten bedauerte Onkel William sein unschönes Verhalten seiner Nichte gegenüber. Noch oft sprach er sie an und bat um Verzeihung. „Wie man sich irren kann! Und wozu man fähig ist!" murmelte er immer wieder vor sich hin. –

Aber nur kurze Zeit währte die ganze Aufregung, und der Alltag verlangte die Aufmerksamkeit und Kraft der Torfhofbewohner. Einige Tage nach dem Geldfund begegneten Maria und Herr Lister einander vor dem Gartentor.

„Das Geld ist gefunden!" berichtete Maria glücklich.

„Dem Herrn sei Dank! Dem Herrn sei Dank! – Ich wußte, daß dieser Augenblick kommen würde! Gott sitzt im Regiment! Ihm sei Dank! Er gab Ihnen die Kraft zum Ausharren, Maria. Wahrlich: Er ist barmherzig!"

Herr Lister begleitete sie ins Haus, um Näheres zu erfahren und um auch ihre Angehörigen zu begrüßen. Dabei erklärte Herr West:

„Herr Lister, ich schäme mich, Ihnen unter die Augen zu treten. Wie recht hatten Sie! Das kann ich nie wieder gut machen!"

„O nein, Onkel", wehrte Maria ab. „Nun ist ja alles wieder gut. Ihr alle hier habt mich jetzt wieder lieb – lieber als zuvor.

Hat nicht gerade diese unselige Sache mit dem Geld dazu beigetragen, daß Gutes hervorkam? – daß Gott unser Herz voll Lob und Dank sein läßt?"

„Trotzdem, Kind, was hast du alles durchgemacht! – Aber nehmen Sie doch Platz, Herr Lister. Wir hörten zu unserem Bedauern, daß Sie bald von hier fortgehen. Wie steht es denn um die Neubesetzung der Predigerstelle? Ist da schon irgend etwas entschieden?"

„Ja, die Entscheidung ist gefallen."

„Wirklich?" fragten alle gespannt.

„Ja. Ich selbst bin überrascht: Man ließ mich nach einem Gespräch mit dem Gemeindeältesten wissen, daß gewünscht werde, mich zu behalten; und so wurde ich gestern mit der Stelle in Fenheim offiziell betraut. Eine große Überraschung für mich und ein besonderer Grund zur Dankbarkeit! – Möge Gott mein Werk segnen!" fügte der junge Mann bescheiden hinzu.

„Ja, möge Er uns alle segnen können", wünschte auch William West.

„Er will Sie segnen, Herr West. Lesen Sie Sein Wort. Öffnen Sie Ihm Ihr ganzes Herz. Erkennen Sie sich in Seinem Licht. Erkennen Sie sich als verloren, als ewig verloren – und nehmen Sie Zuflucht zu Seiner Gnade! Gab Er nicht Seinen Vielgeliebten auch für Sie in Not und Tod? O bitte, lesen Sie Gottes Wort! Lassen Sie es nicht länger ein verschlossenes Buch sein, es birgt Schätze von Ewigkeitswert! Es zeugt von Ihm, dem Heiland der Welt, dem Herrn aller Herren, der Quelle aller wahren Freude! Was anders als dieses kostbare Gotteswort hat auch Maria in ihrer großen Not aufrecht erhalten!"

Herr West hörte still zu. Es war, als rede sein verstorbener Bruder Thomas zu ihm. Plötzlich stand er auf, reichte Herrn Lister die Hand und bat:

„Herr Lister, ich spüre die Wahrheit Ihrer Worte! Maria hat mich auch schon oft genug gemahnt – bitte, lassen Sie uns niederknien und beten Sie für mich! Ich bin ein verlorener Sünder, und ich möchte doch nicht verlorengehen..."

Am selben Tag noch war Freude im Himmel. Denn der Torfhofbauer tat Buße, bekehrte sich, glaubte dem Evangelium und fand Frieden.

Und von diesem Frieden war von nun an immer etwas auf dem Torfhof zu spüren, sobald William West zugegen war.

„Maria", sagte er eines Morgens, „sollten wir es Oswald nicht ermöglichen zu studieren? Er möchte doch so gern in fernen Ländern Gottes Wort verkünden, und da muß er doch deren Sprachen sprechen können..."

Noch am selben Tag schrieb Maria ihren Brüdern einen langen Brief.

Als dann die Antwort eintraf, gab es erneut Anlaß zum Danken. Georg teilte unter anderem mit, man habe ihm Vaters Stelle übertragen und seine Dienstbezüge wesentlich erhöht. Er bemühe sich, dieses Vertrauen zu rechtfertigen. –

An einem der folgenden Abende klopfte es an der Tür, und Herr Lister trat ein. Alle begrüßten einander herzlich. Er wurde gebeten, ein wenig zu verweilen und von seinem Umzug zu erzählen. Eine Zeitlang berichtete der junge Mann und gab auch Antwort auf allerlei Fragen. Man merkte ihm an, daß er sich wohlfühlte auf dem Torfhof.

„Und wer wird für Sie sorgen, wenn Sie ihre Wohnung in Fenheim endgültig bezogen haben?" fragte Frau Betty angelegentlich.

„Ich bin sicher, mein himmlischer Vater wird mir die rechte Gehilfin schenken. – Gerade dieserhalb bin ich heute abend hier auf den Torfhof gekommen..."

Von Haus zu Haus erfuhr dann bald jeder in Fenheim, daß William Wests Nichte Maria bereit sei, Herrn Lister als Gattin zu folgen und ihm als Gehilfin mit Hingabe und Treue zur Seite zu stehen. Und es gab kaum ein Haus, in dem diese Nachricht nicht besondere Freude auslöste.

Quellennachweis

Die vorstehenden drei Erzählungen entstammen folgenden Quellen:

Um der Krone willen
Verfasser nicht genannt
aus „Kinderbote", Jahrgang 1902
Herausgeber: „Erziehungs-Verein Elberfeld"

Heimkehr (Originaltitel: ‚Aus dem Buch der Vergangenheit')
Erzählung von N. F.
aus „Kinderbote", Jahrgang 1922
Herausgeber: „Erziehungs-Verein Elberfeld"

Die verlorene Banknote
Verfasser nicht genannt
aus „Kinderbote", Jahrgang 1870
Herausgeber: „Erziehungs-Verein Elberfeld"

Im selben Verlag erschienen ferner:

Der Weg nach Luv

Band 1: „Schiff in Not"
(240 S.) „Allein in London"
„Bessies Mission"
„Hans Kohl"

Band 2: „Der Leuchtturm auf dem Glockenfelsen"
(240 S.) „Lieschens Hauptmann"

Band 3: „Gold"
(320 S.) „Toon, der Landstreicher"

Band 4: „Auge um Auge"
(240 S.) „Eigene Wege"
„Ja, ich bin glücklich"

Band 5: „Die Ferienreise"
(248 S.) „Giuseppe"
„Jenseits der Brücke"

Band 6: „Überwunden"
(264 S.) „Weg hat Er allerwegen"
„Die Fledermaus"
„Der Weidenhofbauer"

Band 7: „Sturmzeiten"
(232 S.) „Wer nur den lieben Gott läßt walten"
„Der Findling des Fenlandes"
„Die Versuchung"

Band 8: „In des höchsten Herzogs Dienst"
(248 S.) „Der Sieg des Glaubens"

Band 9: „Schiffbruch"
(256 S.) „Alles mit Gott"
„Vergib uns unsere Schuld"
„Der Sohn des Künstlers"
„Friede nach Streit"

Band 10: „Licht in der Finsternis"
(248 S.) „Gefahr! – Schleuse zu!"
„Der Sonnenschein von der Kleinweid"